J.M.CÓRDOVA
TODOS TENEMOS UNA HISTORIA QUE CONTAR

Edición: BoD – Books on Demand, Estocolmo, Suecia
Impresión: BoD – Books on Demand, Norderstedt, Alemania
ISBN: 978-91-7785-437-1

J.M.CÓRDOVA
TODOS TENEMOS UNA HISTORIA QUE CONTAR

Testimonios de una época sumida en la guerra civil y la indolente incoherencia política. Décadas de incomprensión y desavenencias irresueltas que desencadenaron desconciertos e injusticias que terminaron socavando las últimas expectativas de los pobres e indígenas guatemaltecos.

Siglo XX: Guatemala

Guatemala

Tomado de *Problèmes d'Amérique Latine*, núm. XLIII.

ÍNDICE

Guatemala es un país multilingüe donde se hablan 23 lenguas, 21 de ellas están estrechamente ligadas a la cultura maya, las dos restantes: Garífuna y Xinca, luego del desembarque en tierras americanas de barcos europeos con esclavos procedentes de África, la primera se convirtió en lengua propia de los habitantes de Izabal y es actualmente hablada exclusivamente por el 0.4% de la población del país. Y la segunda, Xinca, algunas hipótesis sugieren que pudo haber llegado del sur. Al igual que la garífuna es una lengua que está en peligro de extinción y es apenas hablada por unas doscientas personas en los departamentos de Santa Rosa y Jutiapa.

Los místicos rituales heredados de la ancestral cultura maya mantienen viva la presencia del impresionante imperio en el espíritu de cada uno de sus habitantes. Gente humilde, honesta, hospitalaria y trabajadora que son el orgullo de nuestra raza. El nombre Guatemala, procede de la palabra Quauhtlemallan cuyo vocablo proviene de la lengua Nauhualt, que significa "lugar de muchos árboles". Guatemala limita al norte y oeste con México. Al este con Belice y el Golfo de Honduras. Al sureste con Honduras y el Salvador. Y al sur con el océano Pacifico. Cuenta con una extensa zona montañosa, bosques, lagos y volcanes. Su selva petenera cuna de la civilización maya abriga en su fauna y flora primorosa un manantial de maderas preciosas y aves exóticas que le dan una belleza exuberante.

San Pedro Cuesta Arriba, en este místico lugar pasé mis años de infancia y algunos de mí adolescencia. Pequeño y pintoresco pueblecito situado en el departamento de Guatemala, región genuinamente indígena emplazada a una altitud de 2100 metros sobre el nivel del mar a escasos 22 kilómetros de la ciudad capital. La experiencia de vivir en este místico lugar dejó en mí una visión folclórica y colorida de Guatemala. Tuve la ocasión y el privilegio de convivir entre sus pobladores, estar cerca de ellos y compartir su riqueza tanto cultural como espiritual.

La conducta intrínseca y mística de esta raza despertó en mí la curiosidad por lo inexplorado y la búsqueda conceptual del existencialismo a temprana edad. Sin embargo a mis escasos diez años todo aquello me traía confundido y no podía comprender exactamente la significancia de las creencias de los nativos: ¿para qué realmente los muertos necesitaban utensilios y vestimenta "para el viaje al más allá"?

¿Acaso sus allegados ya muertos ralamente les esperaban "al otro lado"?

Mi inocencia y la poca información que tenía al respecto terminó enredándome más. Fue tan así que a pesar del paso del tiempo conservo en mi memoria aquellos rituales inundados por la fragancia del incienso que ancianos murmurando conjuros en un lenguaje que jamás comprendí esparcían fervorosamente en sus eventos ceremoniales. Temiendo que todo aquello fuera parte de la realidad del futuro siempre orienté mí existencia por la senda del bien y el respeto.

Entiendo que es sumamente difícil escribir una obra sin tener experiencia literaria por lo que supongo que estas modestas narraciones en lenguaje sencillo y limitado dejarán mucho que desear desde el punto anteriormente referido. El deseo de dejar escritas estas reminiscencias para que mis hijos puedan tener una visión de las vicisitudes y experiencias que vivimos la mayoría de jóvenes en la Guatemala de los años sesenta y setenta del siglo pasado, es el primordial objetivo. Pero de igual forma quiero aprovechar para describir otros pasajes y remembranzas de mí vida. Año 1960, inicio de un periodo profundamente sombrío que asoló Guatemala durante muchos años. Dejó muerte y miseria por todas las esquinas de nuestro territorio nacional. De muchos hechos de violencia fui testigo visual más nunca pude entender la actuación de los psicópatas que mataban, perseguían y torturaban al pueblo indefenso. Y mucho menos su indolencia por la vida humana. Humildes campesinos que escaparon de ser masacrados contaban sus escalofriantes experiencias: "Ellos (los militares) no hacía distinción de edad o sexo. Eran muy malos. No tenían corazón". Afirmaba uno de ellos. "Vi salir de la casa al hombre que comandaba el grupo, eran militares, lo sabíamos no porque fueran vestidos de militar sino porque entre ellos iban desdichadamente algunos paisanos de por aquí que estaban alistados en el Ejército", comentaba otro. "Juntaron a muchos hombres del pueblo y los metieron a la casa, recuerda. Los más viejos permanecimos afuera vigilados por los soldados. Entonces, el comandante entró con una metralleta y empezó a disparar, se escuchaban gritos de terror. No sabíamos que hacer, pasamos mucho miedo. Luego se hizo un gran silencio, él salió… Se reía. Su uniforme verde había cambiado de color estaba rojo por tanta sangre. Los mató a todos, ¿no recuerdo cuantos? Cuando se fueron del pueblo entramos a la casa para sacar a nuestros muertos para luego darles una digna y santa sepultura. Fue aterrador. Nos espantamos al ver por el suelo, desgarrados a tiros los cadáveres de nuestros familiares y amigos y las paredes manchadas de sangre".

Algunos niños que sobrevivieron a estos hechos sirvieron como testigos para reconstruir la siguiente trágica historia. Esto aconteció en Petén, la noche del 6 de diciembre del año 1982. Y fue conocida como la masacre de Las Dos Erres, dejó un saldo de 178 víctimas entre hombres, mujeres y niños. Un bebe de meses de nacido fue lanzado vivo al fondo de un pozo y luego casi todos los menores de edad. Mientras se masacraba a los niños a los hombres adultos los mantenían encerrados en la iglesia del pueblo que fue elegida como centro de tortura. A la sepultura colectiva en aquel pozo siguieron las mujeres, después de violarlas las colocaban a orillas del pozo y les daban un garrotazo en la cabeza. Mucha gente seguía viva cuando fue arrojada. Familiares de las víctimas de esta masacre señalan como principales responsables a los coroneles: Roberto Aníbal Rivera Martínez y César Adán Rosales Batres, el mayor de infantería Carlos Antonio Carías López, el sargento mayor Reyes Colín Gualic, y el sargento Carlos Humberto Oliva Ramírez.

"Esperamos muchos años por ver la justicia, no éramos delincuentes, yo vi cuando mataban a la gente, a nosotros nos tuvieron durante cinco horas hincados, metían sus fusiles en nuestra boca amenazando con matarnos porque les pedíamos que no mataran a los demás", expresó Raúl Gómez, uno de los sobrevivientes que compareció en agosto del año 2011 como testigo.

Hasta aquí esta macabra historia.

Estos escalofriantes testimonios no quitan relevancia a otros. Otro testigo que logró sobrevivir otra masacre cuenta cómo un grupo de militares golpeaban con saña a niños de brazos contra las piedras del rio estando sus padres presentes.

Hay cerca de 600 masacres documentadas y cientos que han quedado en el olvido. Es muy fuerte y difícil revivir estos hechos pero considero necesario hacerlo para crear conciencia y al menos procurar cambiar está conducta irracional e insensata en nuestros jóvenes. Y que hechos similares no vuelvan a repetirse jamás en la vida. Aunque lo anterior descrito sea nada más una pequeña reseña de lo acontecido durante los 36 años de guerra es suficiente para definir la crueldad perpetrada en contra de cientos de miles de guatemaltecos. «La consciencia se resistía a dejarme en paz. El dolor aunque no sea tuyo también te desgarra y no te deja vivir». "Vi la muerte rondando por las calles" llenando de pavor y desesperación hasta el último rincón. El silencio, único testigo de aquellas acérrimas crueldades se aferraba a nuestros pensamientos para no exteriorizarse por temor a terminar como los miles de guatemaltecos inocentes que yacían enterrados en cementerios clandestinos en tumbas colectivas sin siquiera ser identificados por sus allegados. Por fortuna mis hijos nacieron en una sociedad más justa. En 1980, emigré a Suecia por causas que describirán algunas de mis narraciones. Gobernada durante el periodo 1969–1976, por el extinto primer ministro Olof Palme, abogado y líder del Partido Social Demócrata Sueco.

Suecia, se había ganado la simpatía de muchos grupos que resistían a la política de tierra arrasada aplicada por los perversos dictadores de América Latina y por su generosidad al convertirse en protectorado de los perseguidos. En los días posteriores a la muerte del presidente chileno, Salvador Allende, asesinado el 11 de septiembre del año 1973 por defender sus ideas políticas y pretender establecer un sistema justo y democrático. Sobre su muerte circulan muchas especulaciones, detalles aquí irrelevantes. Lo que sí es significativo señalar que fueron los bombardeos de los fascistas apadrinados por los yanquis y dirigidos por Pinochet los autores de aquella horrible tragedia. Fue uno de los primeros países en ofrecer ayuda a los desplazados chilenos. El día de su muerte muchos de ellos al igual que este confeso, no pudieron contener las lágrimas.

Durante el largo y próspero periodo de su gobierno Suecia fue severamente desacreditada y tachada de pertenecer al bloque comunista debido a su política socialista renovadora y atrevida. Olof Palme, perseverante pacifista y defensor de la humanidad, batallaba por lograr un mundo sin armas nucleares. Reprendió sin tapujos a las dictaduras tanto de izquierda como de derecha. Se pronunció en forma pública y clara contra la insensata guerra de Vietnam y las atroces injusticias que por doquier cometían los imperialistas, talante generoso que le llevaría a la muerte cuatro años después de haber recuperado el poder: 1982–1986. Murió asesinado en la ciudad de Estocolmo el 28 de febrero de 1986. Su muerte ha quedado en la total impunidad. Las razones han sido más que evidentes. Había "mil motivos" para eliminarlo.

La sociedad sueca, "es una sociedad igualitaria" donde la justicia y la repartición de las riquezas han tratado de orientarse en directrices vectoriales equitativas con exclusivo propósito de proteger a sus ciudadanos desde que nacen, llegan a la tercera edad y mueren.

¿Un mundo sin sufrimiento?

Bueno… También se sufre. Pero de manera diferente. Su vida mecanizada ha hecho olvidar algo importante. El calor humano. Aflorando el irracional egocentrismo en el comportamiento de sus habitantes. La tristeza, el frio y la oscuridad de las largas e interminables noches de invierno también ocasionan mucho sufrimiento, angustia y desesperación. Y sobre todo soledad y amargura infinita. Podría arriesgar a decir que la consolidada sociedad nórdica es la que apuntala el pujante desarrollo social en Europa. Suecia, se ha caracterizado por la calidad de vida excelente que brinda a sus habitantes y por el sumo cuidado con que atiende a sus ancianos y sobre todo por el proteccionismo extremo a la niñez. Polos totalmente opuestos a mí Guatemala donde mueren a diario muchos niños a causa de enfermedades curables y por algo inexcusable como lo es la desnutrición, abandonados íntegramente a su propia suerte por el único delito de haber nacido pobres y obviamente por pertenecer a grupos desfavorecidos de la sociedad.

Desde que tengo uso de razón la violencia se ha convertido en la sociedad guatemalteca en un lamentable lastre inevitable. En la actualidad, las madres viven con intranquilidad el día a día pensando si volverán después de sus labores cotidianas a casa sus seres queridos. Posiblemente no haya un solo guatemalteco que desconozca la cifra espeluznante de muertes debido a los actos de violencia y, mucho menos, la de niños muertos por hambre. Según datos de la Procuraduría de Derechos Humanos de la nación. En el año 2010 murieron 6575 niños por hambre. Esta cifra se traduce en 18 muertos por día.

Lamentablemente hasta nuestros días nada ha cambiado. En todo el territorio nacional se registran constantemente casos de desnutrición, tanto agudos como críticos. En Guatemala existen lamentablemente un millón 67 mil 907 menores de 5 años con algún tipo de desnutrición y que representan a la mitad de la población de esa edad, según proyecciones del Instituto Nacional de Estadísticas (INE) y de la Encuesta Nacional de Salud Materno Infantil 2014-2015 (ENSMI). El INE proyectó para el 2015 dos millones 262 mil 514 menores de entre 0 y 4 años, y de este grupo, según la ENSMI, el 46.5% sufre desnutrición crónica, lo que representa un millón 52 mil 69. Además esta misma institución alerta que la desnutrición aguda afecta al 0.7% de niños menores de 5 años: es decir que existen otros 15 mil 838 enfermos.

En el segundo informe de Gobierno del presidente Jimmy Morales, se presentó un documento, el cual señalaba que en el año 2017 se detectaron 60 mil 977 casos nuevos de desnutrición crónica en niños y niñas menores de cinco años, curiosamente en departamentos del occidente del país: Huehuetenango, Quiché, Quetzaltenango y Chimaltenango. Estos menores de edad se suman al millón 52 mil 69 niños y niñas con desnutrición crónica que registra la Encuesta Nacional de Salud Materno Infantil 2014-2015 (ENSMI).

Cifras espeluznantes y sobre todo inaceptables tratándose de un grupo tan vulnerable como son los niños. Creo, es hora de visitar menos iglesias y hacer más obra social. Ya que "las oraciones no curan los males del mundo".

La oligarquía guatemalteca argumenta que el único elemento para superar la pobreza y el hambre es el crecimiento económico. Para ellos esta es una ley imprescindible sobre la que no se admiten argumentos en contra. Las cifras sin embargo parecen refutar este contrafuerte. En los últimos 25 años, la economía guatemalteca ha mantenido ritmos de crecimiento anual oscilantes, que van de 2.5% hasta el esporádico 6% en los años del presidente Óscar

Berger. Para el periodo se calcula un promedio de 3.5%. Esta es una buena noticia. Sin embargo no somos capaces de alimentar a nuestra población, ni evitar la desnutrición crónica de por lo menos la mitad de nuestros niños de 0 a 5 años. Esto significa que no se han hecho los esfuerzos suficientes o que simplemente no existe voluntad para reducir este lastre que más que una necesidad es un derecho que todo ciudadano de un estado democrático tiene para vivir dignamente. La problemática social de Guatemala es simple de entender. En nuestro país al parecer los usos y costumbres no han cambiado siguen todavía detenidos en el tiempo. Los pobres e indígenas siguen siendo los grupos más frágiles. Podría casi con certeza afirmar que nadie que haya gobernado Guatemala, ha tratado de encontrar salida a las necesidades, y sobre todo a las injusticias a que son sometidos estos humildes pobladores que como guatemaltecos debiesen tener los mismos derechos que los opresores.

Guatemala es un país indiscutiblemente xenófobo donde la clase dominante actúa casi por inercia —de siempre ha sido así. Algunos ni siquiera se detienen a analizar las expresiones.

"En Guatemala, los y las indígenas, se llaman: José y María. Esto es humillante. En aquel lugar no había gente —tan solo indígenas". Y así podríamos continuar con muchas expresiones degradantes. En los bailes "sociales", los indígenas al igual que los ciudadanos negros en los años de dominancia segregacionista en los Estados Unidos, no tenían en los años 70, acceso a estos eventos, y muchas veces eran expulsados con violencia por el simple hecho de constituir parte de los grupos estigmatizados por la sociedad.

Estas son memorias de épocas que marcaron mí existencia. Algunas dejaron buenos recuerdos. Otras quisiera olvidarlas. Pero por tristes que nuestros recuerdos sean: Todos Tenemos Una Historia Que Contar...

Todos Tenemos Una Historia
Que Contar

Una pequeña ventana separaba aquellas dos puertas abiertas desde la mañana hasta entrada la noche. Un hombre curtido por los años, de baja estatura, piel morena y conducta circunspecta y cabellos blancos que revelaban el ingrato transcurrir de muchas primaveras, pasaba horas completas atendiendo aquellos dos negocios. Don Chepe, había llegado a esta casa siendo yo muy chico y desde entonces fue un miembro más de esta abrumada familia que padecía la irreparable reciente muerte de mi madre. Su semblante no podía ocultar la huella que había dejado la soledad y la tristeza. Esther, su única hija rara vez lo visitaba. Su esposa probablemente había muerto. Nunca habló de ella. El infortunio quiso que perdiera la mano izquierda. Quebranto que le imposibilitaba llevar una vida placentera y normal. Nunca me atreví a preguntarle, ¿cómo?, o a lo mejor mi poco interés de adolescente hizo pasar por alto este detalle.

No obstante en mis lívidos recuerdos de infancia, recuerdos casi incorpóreos que se mezclan con otros acaecimientos de la época que los hacen escasamente verosímiles, creo, en aquel soplo de tiempo, haber escuchado a mi padre alguna vez hablar de una explosión producida en una fábrica de pirotecnia de su propiedad y de las consecuencias trágicas del accidente. Siempre sospeché que este fatal y grave hecho estaba ligado a la desdicha de José. «Mi segundo padre». Mi padre le quería y debió sufrir al verle incapacitado, y quiso facilitarle la existencia abriendo al público los dos negocios que don Chepe regentaba. Fue un pormenor que cambió su vida. Las tareas distraían la maligna frustración y apartaban los malos fines que esta escondía. En la puerta izquierda de aquella perpetua e inolvidable casa color verdoso, se hallaba abierta a los devotos consumidores con un estante abundante en bebidas alcohólicas que hacían el mejor reclamo, una cantina. Un mostrador labrado hábilmente por un artesano local, en madera rústica, apartaba aquel modesto estante de los parroquianos, y junto a este, una larga banca acuñada a la pared que a la vez hacía de respaldo. Allí sentados los consumidores entablaban largas tertulias que al calor del alcohol en ocasiones todo aquello acababa en insultos y tirones de ropa. O liándose a golpes. Ritual casi habitual en aquel pequeño pueblecito. En la puerta derecha del frontispicio de aquel inolvidable caserón, una pequeña farmacia. Estas disparidades de una época entrañable también forman parte de estos recuerdos difíciles de dejar en el tintero. Ver a un asiduo cliente apresuradamente salir de una puerta y entrar a la otra en busca de cura a los malestares ocasionados por el alcohol, era una práctica casi habitual.

A partir de la pérdida de su mano anduvo parte de su vida corriendo de una puerta a otra tratando de ocupar su tiempo. Aunque muchas veces la frustración franqueaba los límites de su tolerante carácter, jamás, que yo recuerde, habló de ello. Hoy bullen por mí memoria pasajes y recuerdos de su desventura aún latentes a pesar del imperdonable e inevitable paso del tiempo. Como un gran guerrero jamás bajó la guardia. Siempre sus labios esbozaron una sonrisa más nunca supo mentir, sus ojos desconsolados llenos de melancolía lo delataban. Cómo quisiera poder viajar en el tiempo y darle gracias por tantos momentos felices que nos hizo pasar, a mis hermanos y, a mí, en especial. Sus relatos y sus fábulas marcaron de alguna forma ese espacio de mi vida. Corrían los años sesenta. Época política compulsiva que por mi edad la pasaba inadvertida. Las tiranías militares no daban tregua. Las injusticias, persecuciones y las crueldades de la tortura se convirtieron en parte de nuestra vida cotidiana, al igual que los asesinatos de los que no pensaban como el régimen. Esto sería tan solo el principio de lo que culminó con secuestros y matanzas indiscriminadas de políticos de la oposición, gente apolítica, campesinos y representantes sindicales. El inocente y siempre confiado pueblo guatemalteco en aquel momento no vislumbraba el largo "viacrucis" que le tocaría vivir. Fue un largo periodo de incertidumbre, oscuridad y terror, que comenzó allá por el año 1960 finalizando en la década de los noventa. Aunque a decir verdad nuestro suplicio había comenzado unos años atrás, con el derrocamiento de Jacobo Árbenz Guzmán, presidente democráticamente electo: 1950–1954. Fue sustituido por una junta militar comandada por el golpista Carlos Castillo Armas. Complot dirigido por la CIA (Central de Inteligencia de los Estados Unidos).

De hecho este país a principios de siglo ya había invadido nuestro país con sus inversiones que lejos de desarrollarlo lo condenaron a una muerte pausada y traumática que afectó a todos los guatemaltecos de aquel tiempo y continúa en pleno siglo XXI afectando nuestra precaria y dependiente economía de igual forma. El sufrimiento retrospectivo y contemporáneo de nuestro pueblo se lo debemos a nuestros "amigos" del norte que en su enfermizo afán por salvaguardar sus dólares no escatimaron ni escatiman esfuerzos para someter por la fuerza la voluntad de nuestros pueblos.

Los militares faltos de visón se toparon con la única posible disyuntiva: permitir una transformación o acometer contra el movimiento sublevado (unión de ladinos e indígenas). Y con su carencia de visión, haciendo gala de su talante ellos eligieron la represión. Los estadounidenses valiéndose de la poca perspectiva de los militares envolvieron astutamente a la ambiciosa oligarquía guatemalteca que embriagados por el futuro prometido se prestaron al juego. Usaron instituciones militares y policiacas y paralelo a estas establecieron inconstitucionalmente una tercera fuerza despótica (paramilitar) con el fin de reprimir a sus anchas y con firmeza cualquier expresión de descontento multitudinario, y actos de simpatía hacia grupos políticos progresistas. O agredir a personas de tendencias izquierdistas. De forma sistemática fueron demoliendo la intentona de democracia que habíamos logrado. Y así se establece un sistema sin ley. Anárquico. Y con el germina la violencia, la represión y naturalmente las dictaduras vitalicias.

Como costumbre protocolaria, "la necesaria reunión" entre el gobernante guatemalteco y el embajador estadounidense fue también inevitable para Árbenz. "Ambicionamos cambiar de un país semicolonial y subyugado a una Guatemala libre y soberana. Crear una sociedad viable, moderna", señaló Jacobo Árbenz. "No podemos seguir concediendo nuestros recursos", continuó. "El problema es United Fruit, esta empresa controla las mejores tierras, las vías para llevar los productos al mercado, las naves, los puertos, los ferrocarriles y no solamente son dueños de la infraestructura sino tampoco han tributado los correspondientes impuestos en 50 años".

El plenipotenciario, contrarió la prédica de Árbenz, y repuso: "El Gobierno de Estados Unidos no va a permitir una república Soviética roja entre Tejas y el canal de Panamá. Cuando sea devuelto a United Fruit lo expropiado, ¡hablaremos!".

Días más tarde en la televisión estadounidense un eufórico presentador decía: "El pueblo de Guatemala respira el dulce aire de la independencia. Solo diez días después de la renuncia del presidente rojo Árbenz, el líder de los rebeldes Castillo Armas ha tomado el poder y las tierras expropiadas a United Fruit son devueltas". Días después, el Secretario de Estado, Dulles, decía: "El poder está en manos de los guatemaltecos. Está en manos de líderes fieles a Guatemala. Estos eventos son un glorioso nuevo capítulo en la gran tradición de las Américas". Supongo, sería a la tradición del desvalijamiento a la que hacía referencia este "bien intencionado y siempre bien ponderado" servidor público yanqui. "Su enternecedora" preocupación por la bienandanza del conjunto de guatemaltecos "atestaba" las calles de Guatemala de cadáveres.

Recuerdo aquel frio mes de diciembre del año 1996, año que fue firmada la paz. El proceso se había iniciado en Oslo, el día 4 cuando fue firmado el Acuerdo sobre el Definitivo Cese al Fuego. Y unos días más tarde, exactamente tres, se rubricó el Acuerdo sobre Reformas Constitucionales y Régimen Electoral en Estocolmo, acto al que asistí invitado por el Consulado guatemalteco. Verdaderamente fue esperanzador ver a miembros del Gobierno, representantes de los grupos de resistencia y a más de un miembro de las fuerzas armadas vestido de paisano en el mismo salón de recepciones, aunque el futuro fuera más que incierto. La harmonía indudablemente representaba el primer obstáculo. Vivir a la vecindad del que había matado y torturado a tus seres queridos y verle por las calles paseándose como Pedro por su casa, no encajaba.

La última reunión y definitiva se celebró el 12 de diciembre en Madrid, fundamentando las bases para la incorporación política de la «UNRG» Unidad Nacional Revolucionaria Guatemalteca a la legalidad. Siete días después, el día 18 de ese mismo mes, el Parlamento de la República eufóricamente aprobó la denominada Ley de Reconciliación Nacional que establecía una amnistía limitada para los combatientes. Y así el 29 de diciembre, finalmente, las partes rubricaron los acuerdos de paz duradera ante una multitudinaria representación internacional.

Apropósito de la Paz y la harmonía, me gustaría reproducir este pequeño comentario hecho por el expresidente, Álvaro Colom: "Lamentablemente, se firmó la paz, pero fue sólo para callar los fusiles y las verdaderas causas, que originaron el conflicto armado, no se atacaron". Indicó, solemne el presidente Álvaro Colom en un discurso al final de un servicio religioso ecuménico en la Catedral de Ciudad Guatemala. "En un sistema corrupto, plagado de injusticias y segregación racial donde los pobres e indígenas están sometidos a los caprichos y voluntad de los oligarcas sería incongruente pensar en la convivencia. Las verdaderas causas que hace mención el exmandatario difícilmente alcanzarán ser transformadas o atacadas. La paz verdadera radica en el compromiso y la buena voluntad de conseguir acuerdos justos que sobrelleven a una restructuración social total. Y sobre todo, no hay que olvidar algo fundamental, no dejar de lado la distribución equitativa de las riquezas que ha sido en gran parte el origen primordial de la contienda. Que de paso sea dicho aprovecharon como siempre sagazmente los estadounidenses, para mantenernos divididos y subyugados".

Guatemala puntúa alto en la lista de potencias agrarias (quinto exportador mundial de café y azúcar) pero destaca más todavía como ganadora regional de la inseguridad alimentaria: uno de cada dos niños menores de cinco años padece desnutrición crónica, una cifra que se eleva al 70% cuando se trata de menores indígenas. Muchos se pueden preguntar: ¿cómo es posible que un país con un verdadero yacimiento de recursos naturales sufra niveles tan intolerables de pobreza y fundamentalmente de algo tan inhumano como lo es la inseguridad alimentaria?

"La respuesta obviamente no es técnica".

Las tierras naturalmente tienen rendimientos realmente altos, y el país cuenta con los recursos productivos necesarios. La traba es que estos recursos, desgraciadamente, comenzando por la tierra están concentrados ilegalmente en manos de unos pocos. Aunque cueste creerlo. A pesar de haber sido el primer país de América Latina en aprobar una Ley nacional de Seguridad Alimentaria y Nutricional, Guatemala conserva aún un régimen feudal en el reparto de las tierras (el 8% de los propietarios concentran el 80% de las tierras productivas), lo cual revela que buena parte de la pobreza extrema se concentre en zonas rurales, donde los productores pobres igualmente son consumidores pobres. Estando las cosas así esto convierte a nuestro país en el segundo del mundo con mayor inequidad en la tenencia de tierra.

Otro peligroso núcleo de desestabilización ocasionado por las causas anteriormente apuntadas lo constituye el surgimiento de las "maras" (pandillas). Las maras han proliferado por el abandono social y marginación que sufren estos grupos por su origen y clase. Estos jóvenes como "hijos de la guerra" llevan a rastras el sufrimiento de sus padres que sufrieron un día el mismo lastre. Marginación, persecución, represión y exclusión social. La nueva violencia hoy la padecen también los oligarcas. Nadie escapa a ella. ¡Cosecharás lo que siembres! Y esto fue lo que ellos sembraron. ¡Violencia!

Sin jóvenes no hay futuro. Hay que ser consecuentes y tomar medidas adecuadas para reinsertarlos de nuevo a la sociedad. La violencia no se combate con violencia. Sí no asumimos este desafío jamás habrá paz ni desarrollo mucho menos tranquilidad en nuestro país. Estos peligrosos grupos se han convertido ya en un problema serio de seguridad. No sólo para nuestro país sino también para Centroamérica, México y el sur de los Estados Unidos. Lo más grave de todo esto es que aprovechando su vulnerabilidad el crimen organizado halla en ellos una presa fácil de manipular.

Dado a que nuestro país posee gracias a los imperecederos déspotas "el privilegio" de pertenecer a los países con mayores índices de desnutrición infantil, podría perfectamente encajar en el mapa del continente africano y así competir con Burundi, Etiopía y Mali, en "las olimpiadas de la desnutrición". Y no lo digo con ironía sino coraje. Guatemala al igual que estos países no se merece esto, fundamentalmente Guatemala siendo un país tan rico en recursos alimentarios. ¡Qué vergüenza y repugnancia me dan los políticos! Pero más allá de esto hay algo que me desconsuela y alarma. Los guatemaltecos poco han aprendido del pasado. Sino a todos, a casi, se les ha olvidado la estela de dolor que dejó la indigna actitud de los militares durante los años de guerra. Y al conceder por las urnas la primera magistratura a uno de sus verdugos contrarían sus propios principios.

En la década de los 90, exactamente en el año 1982, el periodista estadounidense Allan Nairn, entrevistó a un mayor guatemalteco llamado "Tito Arias", en el peor período de los exterminios indígenas en Guatemala. Resultó ser que ese hombre en realidad era nada más ni nada menos que Otto Pérez Molina, expresidente del país, desaforado por el Congreso el primero de septiembre del año 2015, por corrupción. ¿Pero qué hay de nuevo? No me refiero al desaforo. ¿Hay acaso algún político honorable y honesto en Guatemala?

Otto Pérez Molina, afirma en esta entrevista con contenida emoción que los yanquis les proporcionan los helicópteros con los cuales combaten a la insurgencia y complacidamente afirma que se han convertido de mucha importancia para el combate de ella. Y como garante de su poder destructivo pone de ejemplo para ratificar la efectividad de estas malditas máquinas asesinas, otro capítulo amargo, lúgubre y vergonzoso. La guerra fratricida de Vietnam.

Allan Nairn: ¿Qué clase de mortero usan ustedes? Otto Pérez Molina: El mortero Tampella. Es un mortero de 60 milímetros afirma el militar y hace alarde de la certeza de esta arma terrorífica. Allan: ¿Dónde lo obtienen? Otto Pérez Molina: Lo estamos trayendo de Israel, contesta calmadamente el oficial. Aquí queda perfectamente señalada la complicidad de los países "amigos" de Guatemala que contribuyeron a exterminar a su pueblo campesino. En este mismo video se puede escuchar el testimonio de un soldado que no quiso dar la cara, miembro del destacamento de Nebaj, Quiche, bajo las órdenes de Pérez Molina. "Sólo los trajimos y los presentamos con el Mayor; y el

Mayor los interrogó que dijeran algo, pero aún no le dijeron nada… Ni por la buena ni por la mala". A los infelices, que este soldado se refería yacían ante los ojos incrédulos de los dos reporteros, Allan Nairn, y la desconcertada periodista que le acompañaba, ensangrentados y vilmente asesinados, esparcidos a lo largo del suelo frio del prolongado corredor de la casa donde fueron exhibidos por sus asesinos como trofeos con el macabro propósito de amedrentar y "aleccionar" a la población.

Las imágenes son aberrantes. Chocantes. En ellas se puede ver la irracionalidad y la nula humanidad de estos maniáticos. Un soldado desalmado presiona con su botín en son de superioridad el cadáver de aquel desdichado campesino que seguramente hasta el último segundo de su triste vida se preguntó: ¿cuál había sido su delito? Imágenes atroces que desgarran las entrañas hasta de los más indiferentes.

Que poco evolucionados estamos los humanos, en nombre de la paz, cargando consigo sendos fusiles y máquinas de matar queremos llevar serenidad y fraternidad a los pueblos. Que irónico y desvergonzado es el hombre que en su ambición de acaparar lo ajeno usa la paz para falsear el verdadero propósito de sus despropósitos.

Obama, Nobel de la Paz. Paradigma claro de lo que digo. ¿En qué malogrado cerebro podría caber este disparate? ¿Estamos todos locos?, se le da este distintivo a una persona que sacrifica parte de su vida en aras de la Humanidad, que antepone la vida de los demás ante la suya. Que lucha por el bienestar de los más necesitados y sobre todo por la paz. Con estos antecedentes no sería incoherente proponer ante el Órgano de las Naciones Unidas: la creación de la fundación de la conflagración —que otorgue el galardón equivalente al Nobel, al que más daño sea capaz de hacer. Quiero creer que Obama no es un ser ignominioso y que sus arrebatadas decisiones de seguir atizando la guerra del odio y permitir que sigan muriendo miles de niños, mujeres y ancianos inocentes en Medio Oriente, es fruto de desacuerdos políticos que le obligan a cumplir su papel de paladín justiciero. Dar la cara en tanto los verdaderos tiranos la esconden y lo comprometen.

En fin, pienso, haber devuelto o no aceptado tan distinguida presea le hubiera dejado mejor valorado. Sé que es un pequeño jilguerillo entre halcones que apenas le dejan autonomía y margen de maniobra. Y que quizá al no poder cumplir sus promesas se haya planteado más de una vez renunciar y dejar un cargo que hoy ya no le corresponde. Pero no es así de simple. Y deberá acarrear el brasero en las manos hasta el fin de su magistratura. Tendrá que llevar consigo a través de la historia la parte crítica de los que claman por justicia. Y al no poder cumplir con su juramento y dejar inconcluso lo que pudo ser y no fue, lamentará haber encauzado su vida en rumbos equivocados al decantarse por la política, en vez de hacer una vida pública honrada.

Un día muy orgulloso dijo: "¡Si nosotros podemos!". "Yes We can!". Palabras que han quedado en el pasado, perdidas en la memoria de los inocentes que creyeron en ellas, que se decantaron por una persona diferente, entonces con buenas intenciones. Pero que con el paso del tiempo fue perdiéndose en el camino y terminó emulando a sus antecesores. Hizo una seductora campaña como candidato presidencial en el año 2008, que diseminó de certidumbre todo el país. Todo parecía posible, creíble, desplegando su carisma y hablando de su programa. El día de hoy tiene poco o casi nada de qué presumir.

He aquí algunas de sus promesas quebrantadas e incumplidas. Reforma migratoria: Obama se llevó el voto hispano en 2008 con la promesa de resolver la situación de los 11 millones de indocumentados. Algo que nunca cumplió. Antimilitarismo: si bien es cierto que retiró las tropas de Irak y Afganistán aunque fuese alargando el calendario que inicialmente había anunciado, con el paso del tiempo surgió un mandatario que expande los ataques con drones, aviones no tripulados, so pretexto de combatir al terrorismo, con esto vulnerando la soberanía de los países y comprensiblemente, como no podía ser de otra manera, estas trasgresiones traen consigo consecuencias graves de las que nadie se hace responsable pues son acciones secretas. Y bajo las aterradoras bombas de estas malditas máquinas asesinas han terminado decenas de inocentes que nada tenían que ver con el terrorismo.

Igualmente es responsable de impulsar la guerra cibernética, como el ataque informático contra Irán. En este ataque el gusano Stuxnet destruyó mil máquinas en la central nuclear de Natanz. En el mes de enero del año 2010, los inspectores de la Agencia Internacional de Energía Atómica que inspeccionaban una planta nuclear en Natanz, Irán, advirtieron con bastante desconcierto, que las máquinas centrifugadoras encargadas de enriquecer el uranio, estaban fallando, los técnicos especializados iraníes que reemplazaban las máquinas igualmente parecían asombrados.

El fenómeno se repitió cinco meses después en el país, pero esta vez los expertos pudieron detectar la causa: el malicioso virus informático Stuxnet había tomado el control de las máquinas que participaban en la producción de materiales nucleares y les dio instrucciones de autodestruirse. Según señala Gordon Corera, acreditado corresponsal en temas de seguridad de la BBC. El código altamente avanzado había sido diseñado con una mentalidad bélica. Una vez dentro del sistema de Natanz, Stuxnet escaneó todas las computadoras con sistema operativo Windows que estaban conectadas a la red, en busca de un determinado tipo de circuito llamado Programmable Logic Controller (Controlador Lógico Programable) o PLC, que controla las máquinas. En este caso, el PLC que fue blanco del ataque se encargaba concretamente del control de la velocidad específica de las centrifugadoras. Symantec considera que se necesitaron entre 5 y 10 expertos en software, que trabajaron hasta 6 meses para crear el sofisticado gusano cibernético. "No señalo a Barack Obama como responsable directo de este ataque, pero sí de consentirlo. En 2011, el reconocido experto Ralph Langner dijo que el gusano fue creado en laboratorio por Estados Unidos e Israel para sabotear el programa nuclear de Irán".

¡Más claro no canta un gallo!

En el mundo: la imagen de Estados Unidos en el mundo musulmán está en los mismos niveles que la que había en el tiempo de George W. Bush. Es curioso el dato anterior pues muchos recordarán que Obama abrió su mandato con un viaje a Egipto, para dejar un claro mensaje que él era diferente a su antecesor. Cierre de Guantánamo: una de las promesas más comprometedoras. La prisión sigue abierta.

Ahora comprendo que la política es un arte. ¡Por supuesto que lo es! Estos deshonestos son como los falsos profetas, "íntegros", que predican en nombre de Dios pero sirven al diablo. Los Estados Unidos se justiprecian y arguyen tener un claro alejamiento entre la Iglesia y el Estado. Pero no parecen igualmente interesados en apartar la religión de la política. Ya que sus políticos se pavonean de su religiosidad para demostrar que ostentan meritorias particularidades personales y entrega a sus familias. La Biblia y el nombre de Dios siguen ocupando un lugar inviolable en los rituales políticos estadounidenses.

Los 45 presidentes estadounidenses han profesado ser cristianos y, han usado la religión, como elemento de dominio. Once pertenecieron a la Iglesia Episcopal, ocho presbiterianos. Los bautistas, metodistas y unitarios han tenido también cuatro mandatarios cada uno. John Kennedy, ha sido el único presidente católico. Sólo Thomas Jefferson, Andrew Johnson y Abraham Lincoln, todos en el siglo XIX ejercieron el cristianismo sin filiación específica. Entre los más recientes, George W. Bush es metodista, Clinton y Carter bautistas, George Bush padre asiste a una iglesia episcopal y Ronald Reagan era presbiteriano. Barack

Obama, es protestante. Y para despedazar el esquema puritano, por fin ha sido elegido un presidente sin escrúpulos, de poca moral y vergüenza que refleja la real hipocresía encubierta de sus antecesores. El representa sin duda alguna el sentir verdadero de la calaña política estadounidense que oculta las fauces feroces de chacal en dientes inofensivos de cordero, usando la religión como instrumento de seducción para lograr sus objetivos maniáticos de dominancia. Donald Trump: "Creo que la gente se sorprende cuando se enteran que soy cristiano. Me ven rodeado de tanta riqueza, que a veces no asocian eso con ser religioso". Este personaje ha sido claramente impuesto, llevado al poder con intenciones malévolas, y está siendo usado por los imperialistas para conseguir propósitos que caso contrario no sería posible alcanzar bajo la administración de un mandatario "coherente".

No nos dejemos engañar, no existe, ni ha existido ni existirá gobernante estadounidense que tenga el poder de decidir por sí mismo. Ellos lo saben. Simplemente son marionetas del sistema funestamente establecido. Este "actor", es simplemente algo así…, como el bufón del rey, el que entretiene y distrae pero el que manda es otro.

Se me enchina el cuero de ver tanta hipocresía sobre todo cuando juran sobre la Biblia. Juramento que correspondería llamarse "juramento hipócrita" para contender con tanto médico desvergonzado que se pasa el juramento hipocrático por donde la espalda pierde su nombre. Porque si se es cristiano y se cree en Dios, no se manda matar ni se jura falsamente en su nombre, mucho menos con una mano deshonesta sobre las sagradas escrituras, so pretexto jurar defender un pedazo de tierra que ni siquiera les pertenece. ¡Y si así fuera!, jamás debe mancillarse la creencia de los verdaderos creyentes. Estos desmanes son una burla grotesca que afrenta la moralidad. ¡Patético y prosaico!

Lo mágico de la lectura es que podemos viajar en el tiempo. Y para no perder la coordinación y hebra de nuestra narración nos transportamos de nuevo a los años 60. Mis primeros años escolares los pasé en la pequeña Escuela pública Justo Rufino Barrios, único establecimiento escolar en el entorno de aquel místico pueblecito. Fue llamada así en honor a Justo Rufino "el Reformador", que gobernó Guatemala de 1873 a 1875. Nació en San Lorenzo, San Marcos. Pretendió formar la Federación Centroamericana pero sus sueños se truncaron al ser rechazados sus planes por el Salvador. En el año 1885 se declaró la guerra entre ambos países, y el Reformador murió en Chalchuapa (Salvador), cuando intentaba con sus tropas invadir el país hermano.

La vida en aquel vergel a nuestra edad transcurría monótona y casi fastidiosa, sin embargo como el ingenio y la fantasía infantil no tienen límites y, con ayuda de los programas televisivos de la época, terminábamos perdidos en "cruentas batallas" donde vaqueros e indios se enfrentaban por el control de territorio de nadie. Obviamente, desde chicos estos programas nos inculcaron quien era el claro enemigo. "El indio salvaje e incivilizado que asediaba a los pobres colonos que lo único que ansiaban era vivir en paz". Conociendo esta infeliz historia reclutar indios representaba el primer tropezón a superar en aquella batalla imaginaria. Olvidados los conflictos agrestes del viejo oeste, y colgadas nuestras armas y caballos de madera, solíamos perdernos en la espesura de los bosques cercanos. Mis amigos con intensión de cazar a sus pequeños moradores, a mí, por el contrario, me atraía la tranquilidad de la vida silvestre. Desde niño aprendí a respetar la vida en todas sus formas y a venerar a la madre naturaleza por lo que siempre tomé distancia de "las diversiones" de ellos. El valle de los colibríes. Por estas verdes y coloridas planicies habitaban estas pequeñas coloridas avecitas de plumaje color iridiscente que me entretenían y deleitaban con sus actos de habilidad. Produciendo un peculiar zumbido mediante un admirable y rapidísimo aleteo a celeridad casi inapreciable para el ojo humano, eran capaces de mantenerse "inmóviles" en el aire e introducir su largo pico hábilmente en las corolas de las flores y así libar el néctar que les brindaba aquel hermoso multicolor valle plagado de florecitas repletas de aquel dulce manjar. A pesar de estar concentradas en su ritual jamás bajaban la guardia. Al menor ruido emprendían la huida. Lo que felizmente les salvaguardó todas las veces del acoso de mis mal intencionados amigos.

Esta pequeña avecilla suele medir apenas unos 5 centímetros de longitud y pesa escasamente unos 2 gramos, los machos son muy combativos y dada la velocidad que desarrollan en vuelo (100 Km por hora) carecen de enemigos distintos al hombre. Los colibríes baten sus alas unas 80 veces por segundo y se ha registrado que alcanzan vuelos ininterrumpidos de 700 Km. Creo, es la única ave que puede volar hacia atrás. Según últimos estudios: mueven la cabeza para quitarse el agua de sus cuerpos después de la lluvia con una aceleración que puede alcanzar una fuerza de 34G. Los profesionales corredores de Fórmula I, por ejemplo, llegan a estar sometidos a una fuerza de 6G (La fuerza G es una medida de aceleración, basada en la aceleración que produciría la gravedad terrestre en un objeto en ausencia de atmósfera u otra condición de rozamiento). Las maniobras de los colibríes tardan apenas una décima de segundo y logran expulsar hábilmente casi todas las gotas de agua de las plumas. Es un caso de movilidad extrema. La cabeza del picaflor puede hacer giros extraordinarios de 180 grados en fracción de segundos. En México, se encontraron en 1994 muestras arqueológicas de colibríes ofrendados al dios Huitzilopochtli, en su templo les llamaban "huitzitzilin", y valoraban la actitud agresiva de esta ave al defender a su hembra de machos intrusos. Mientras mis amigos exaltados aterrorizaban a toda criatura viviente, que era lo único que al final de la tarde lograban, el que hoy escribe estas letras se dedicaba a desplumar los guayabos y a esperar que "la faena" del día, terminara. Frente a la floresta del valle se hallaba enclavada una pequeña montaña que daba cobijo a otro morador de esos entornos —la colorida perica bulliciosa. Por las mañanas se despertaban con los labradores y como ellos volvían "a casa" a la llegada del crepúsculo. Los campesinos exasperados por la enorme nube de intrusos que dañaban los sembradillos erigían espantapájaros curiosamente ataviados en camisas de vistosos colores, pantalones y sombrero de paja, que colocaban por los alrededores de los campos de cultivo con la esperanza de disuadir o al menos reducir las indeseadas visitas. La necesidad al igual que los campesinos de buscar el sustento les llevaba a barrer con los campos de cultivo.

Puntuales cual relojes suizos a las 6 de la tarde regresaban al lugar que habían convertido su hogar. Movido por la curiosidad decidí un atardecer llegar hasta la cima de aquella colina, lo hice en solitario, pues sabía de antemano que ninguno de mis amigos estaba preparado para contemplar aquel espectáculo sin echar mano a la resortera (horqueta hecha de madera labrada por mis propios habilidosos amigos, compuesta por dos elementos más, un trozo de cuero cortado en forma de hojuela y dos tirantes de hule que hacían de catapulta para lanzar los proyectiles hechos de barro). Partí a eso de las cuatro de la tarde con dos horas de antelación del retorno de mis bulliciosas anfitrionas. Después de superar a lo largo del escabroso y espeso camino los estorbos de la maleza y sobre todo los espinosos morales y la molestia de mosquitos y zancudos me fui acercando a la tupida floresta donde pernoctaban. Por estas regiones no era común ver serpientes venenosas (aunque si las había). Si bien es cierto que por aquí merodeaban coyotes y lobos, lo más común era ver animales más afines, liebres, venados, ardillas, palomas, perdices, pequeñas aves y roedores eran los habituales moradores de aquel hábitat. No obstante había otros peligros: los repugnantes gusanos y los escurridizos alacranes, estos últimos ya se habían cebado conmigo clavándome el aguijón en un dedo, los efectos no se hicieron esperar. La terrible fiebre me tumbó.

El nervioso aleteo de las aves que huían espantadas del lugar evidenciaba que sería muy difícil posarme cerca de la zona escogida para la observación. Por su dificultoso acceso esta zona montañosa era muy tranquila, esto se manifestaba a mí paso en el huraño comportamiento de los animales.

A mis diez inquietantes años mí interés por la vida del campo absorbía gran parte de mí tiempo. Disfrutaba sobre manera pasar horas enteras «perdido» en los bosques, escuchando el trino de los pájaros y viendo a las liebres saltar de un lado a otro y a las recelosas ardillas trepar al árbol más próximo. Los largos paseos con mis amigos a lomo de caballo, me hacían percibir, y sobre todo apreciar, aquella belleza natural en su total esplendor. El aire puro penetrante oxigenaba las entrañas de todo ser que tenía el placer de respirar. Mi vida infantil estaba ligada a todos los momentos que pasaba en complicidad con la naturaleza. En ella encontraba protección y quizá consuelo a mi soledad. Innegable. Mi madre hacía mucha falta en mi vida. Y estas escapadas eran parte de ese retiro espiritual que a mi edad entendía muy poco. Esquivando los últimos matorrales alcancé la cota donde previsiblemente pasaban la noche. Me aposté junto al tronco de un árbol. No había terminado de hacerlo cuando en la lejanía escuché el gorjeo de la bulliciosa bandada que estaba por llegar.

Exaltado di poca importancia que el crepúsculo ya había empezado a cubrir el bosque con su penumbra. En pocos minutos fueron arribando cientos de ejemplares que fueron eclipsando las copas de los árboles. A pesar del bullicio ensordecedor permanecí inmóvil, sabía que al menor ruido detectarían mí presencia. Permanecí algunos minutos admirando aquel ritual del ir y venir antes de posarse en sus lugares predilectos. Por momentos todo aquel escándalo se reducía a pequeños gorjeos para en seguida volver a lo mismo. Salían en desbandada y se alejaban unos cien metros y volvían a la copa de los árboles. Este rito protocolario se repitió por enésima vez.

Perdí el control y al pisar la hojarasca las copas de los árboles quedaron completamente desnudas. Asustadas y percibiendo el acoso se alejaron. Mi intención no era perturbar por lo que aproveché aquel momento para abandonar el lugar lo más rápido que pude. Al abandonar la zona boscosa más tupida percibí que la noche ya cubría toda la floresta. En el horizonte pude apreciar en mí apresurada retirada, quebrada abajo, la enorme y brillante luna llena que por momentos se perdía sigilosamente entre los árboles apartándose de mi vista.

Corrí desesperado tratando de encontrar el camino de regreso a casa. Sabía que llegando a la falda de la montaña el trecho a recorrer para alcanzar la carretera era corto, sin embargo llegar allí, se tornó en una verdadera terrible pesadilla. El nerviosismo y la oscuridad me desorientaron. Sentía a cada paso los pálpitos del corazón atrapados en la garganta. Caminé con desespero, guiado únicamente por la luna y mi instinto. Con la mirada fija al frente, como tratando de penetrar la cortina oscura con los ojos espantados, dilataba las pupilas.

Y en mitad del silencio, apenas alterado por el rasgar del viento, los ulules de las lechuzas y los búhos terminaron de erizarme hasta el último centímetro de piel. Con los ojos húmedos y las lágrimas a punto de borbotones y un nudo en el pecho, recorrí cientos de metros sin siquiera atreverme a volver la mirada hacia los lados, mucho menos hacia atrás. No recuerdo cuanto tiempo anduve perdido en medio de aquella horrible y tenebrosa oscuridad. Y aquel breve silencio volvió a quebrarse, el sonido del discurrir del riachuelo devolvió a mi descoordinado cerebro la calma. Esto me hizo intuir que marchaba en dirección correcta ya que camino hacia la cumbre lo había cruzado. Serpenteando cerro abajo, agitadamente caminé hasta bordear el río. En sus aguas resplandecía el color plata de nuestro romántico astro. Dando tumbos incontrolados fui ganado terreno. Aquella extraña resonancia desgarró nuevamente la tranquilidad de la noche, el chirrido provocado probablemente por una ráfaga de viento al mover el rústico puente colgante me hizo brincar el corazón y un frio penetrante como agujetas heladas me recorrió de pies a cabeza.

Un extraño aullido. Indefinible. Que en mis escasos años de vida había escuchado me dejó totalmente estático, estampado en el melcochoso barro que en medio de aquella oscuridad no fui capaz de descubrir. Sin saber hacia dónde tirar permanecí en aquel lugar azorado de miedo, temblando, sin poder mover los pies que se resistían a mis exiguas órdenes, ablandándome extremidades y aguadándome las carnes. Las piernas escasamente lograban mantenerme en pie. Este anticuado y abandonado «camastro» unía la montaña con los terrenos colindantes a la carretera que pasaba a escasos 300 metros de allí. Jadeante, a punto de infarto, con impaciencia abrí la desvencijada portilla.

Mis amigos, jamás se enteraron de mi vertiginosa aventura aquella noche en los montes frente al valle. A los que jamás volví.

A la muerte de mi madre se le multiplicó el trabajo a mi padre y esto contribuyó a que ocupara todo su tiempo en sus negocios. Gracias a ella él había tenido éxito en todo los negocios que en su vida había emprendido. Su desaparición representó un duro golpe que repercutió en su vida económica y personal. Y como consecuencia de ello, debió ceder los derechos de una pequeña granja situada en las cercanías de Antigua Guatemala a un amigo muy cercano por no tener tiempo y posibilidades de atenderla.

Está ciudad colonial es la más representativa de Guatemala. Está situada junto a los volcanes de Agua, Fuego y Acatenango. Su bien preservada arquitectura colonial hace de ella una atractiva localidad. Todavía conserva edificaciones del siglo XVI. Se le conoce como "la Ciudad de las Perpetuas Rosas". Es un lugar hermoso de mucha afluencia turística. Sus calles empedradas y los característicos antiguos y bien cimentados balcones de sus edificaciones así como sus antiguos caserones atrapan al viajero y lo transportan a una época de carromatos, damas y caballeros medievales que al igual que ellos hoy, entonces, disfrutaron de paseos dominicales y de la belleza de esta atrayente ciudad.

Fue la tercera sede de la capital del llamado Reino de Guatemala, que comprendía: los Estados de Guatemala, El Salvador, Honduras, Nicaragua y Costa Rica así como Chiapas y una parte de México. Construida a partir de 1543 por el ingeniero Juan Bautista Antonelli en el Valle de Panchoy, a donde fue trasladada luego de la destrucción por inundación del segundo sitio ubicado en el Valle de Almolonga en las faldas del Volcán de Agua, a donde había sido trasladada tras abandonar el primer asentamiento en Iximché en el año 1527.

Durante su desarrollo y esplendor fue conocida como una de las tres ciudades más hermosas de las Indias Españolas. La ciudad cuyo nombre original era Santiago de los Caballeros de Guatemala, competía con ciudades como México, Puebla de Zaragoza, Lima, Quito y Potosí. Sin embargo debido a la devastación ocasionada por los terremotos acaecidos el 29 de julio de 1773 en pleno florecimiento del barroco, estancó su proceso de crecimiento. Los viajes por estos bellos parajes en compañía de mi padre dejaron muchos recuerdos. Recuerdos imperecederos de una bella época incomparable llena de paz, tranquilidad y armonía que gozamos muchos niños ignorantes del futuro desastroso que nos esperaba. "Fue el mejor padre del mundo". Jamás lo vi enojado. Seguramente sufrió tanto como nosotros o tal vez más ante la incapacidad de no poder hacer el papel de padre y madre. Vale recordar que por aquel tiempo no era muy bien visto que un hombre hiciera las tareas que estaban reservadas a las que tanto nos hacen sufrir. Las mujeres. Don Chepe fue ejemplo de tenacidad, de él aprendí que no hay que darse por vencido a la primera. Fue mi segundo padre y asimismo lo quise. Sufrí mucho cuando pasados los años tuvo que dejar aquella casa donde vivió gran parte de su vida acompañando mi triste infancia y parte de mi adolescencia. Esa tarde jamás la olvidaré, con ojos bañados en lágrimas sacaba sus pertenencias para trasladarse a vivir con la hija que le había ignorado por tantos años. Ella se lo llevó arrancando parte de nuestras vidas. Afectando especialmente al que hoy escribe esta historia, ya que fui el último en dejar la casa paterna.

A la pérdida de mi madre se sumó la desaparición de Marco Tulio, dos años menor. Mi hermano más chico, falleció en un lamentable accidente. Años más tarde infelizmente mi hermana Julieta, se sumó al carrusel del infortunio. Pequeña de estatura, no pasaría el metro y 55 cm. Su carácter arrebatado y aquella soledad en que vivía fue la combinación explosiva perfecta para aquel infausto desenlace. A su corta edad vivía amargada como presagiando el corto camino que le esperaba en esta existencia. Falleció antes de cumplir los treinta años víctima de una dolencia incurable. Ella, perdidamente enamorada de su único novio, arguyendo planes matrimoniales terminó persuadiendo sin mucho esfuerzo a mi padre sobre la adjudicación del derecho de propiedad de una casa, ubicada en Ciudad de Guatemala, todo esto aconteció un par de años antes de su fallecimiento. Jamás pudo sospechar que su enamorado, Romeo, que irónicamente así él se llamaba, tenía otros planes, vender la casa antes de consumado el matrimonio, quedarse con el dinero, y olvidarse de lo prometido. Este relato al igual que el de los Capuleto y los Montesco terminó en tragedia. Mi hermana se dio cuenta del engaño y terminó sus últimos días sumida en la tristeza. La cruel soledad terminó consumiéndole. No pudo confiar en nadie más.

Rebeca, a sus escasos 9 años se había convertido en mi amor platónico y para colmo de males un terreno baldío nos separaba.

Las tardes en espera de verle asomar por el ventanal o por la puerta se escurrían como agua entre los dedos. Y muchas de ellas mi espera infructuosa me desesperaba. Pero bastaba un instante que se cruzaran nuestras miradas para olvidar aquel infundado enfado. Amor de infancia, amor casto e inigualable que ha perforado nuestras almas dejando huella profunda en nuestras vidas. Nunca la olvidaré pues si la olvidara tendría que olvidar los pasajes más bellos de mi existencia. Su tez tersa y blanca contrastaba con su pelo y ojos negros como el azabache. Vestía calcetas blancas y falda moderada hasta la rodilla. A pesar de la influyente moda de la minifalda de la época, las chicas de mi pueblo apostaron por la falda tradicional. Esta inocente imagen ha perseverado en lo más recóndito de mi memoria. En principio, su flemática mirada y su indiferencia fingida ante los mayores me desmoronaba. Ser el ojo del huracán de las burlas a los chicos nos confundía y avergonzaba. Pasado el tiempo vi entusiasmado y con vehemente frenesí como mi suerte comenzaba a cambiar. Sus coqueteos me cautivaron y me hicieron el chico "más feliz de los años 60". A mis escasos diez años sentía por vez primera lo que era estar enamorado. Entiendo que los tiempos cambian y lógicamente, la gente, pero hoy en pleno siglo XXI sigo pensando que los nuestros fueron mejores. No sé si algún día alguien lea este diario de mi vida. Me hubiera gustado haber nacido escritor, y engalanado este cúmulo de inolvidables historias con palabras apropiadas para expresar tantas emociones acumuladas, de forma exquisita y explícita para así trasmitir un mensaje elocuente y sustancioso que lograra seducir al lector. Pero no ha sido así.

Como todo lo bonito nuestra fugaz relación se disipó al corto tiempo. El único quimérico beso que dio inicio y término a aquel idílico amor quedó plasmado en el tiempo y en mis recuerdos. La inocencia de aquella edad ha quedado en limbo de nuestras vidas. En este maravilloso lugar quedó mi infancia con sus inolvidables personajes y el cúmulo de buenos y malos recuerdos.

Gustavo Adolfo, se unió en matrimonio a Amparo siendo muy chico, si mal no recuerdo a los 17 años. «Él como muchos otros jóvenes de aquel entonces no tenía tiempo para perderlo "jugando" en la escuela». Necesitaban trabajar para poder sobrevivir. Estas prematuras responsabilidades acababan casi siempre en lo mismo. Desdicha. Y desgraciadamente atrapando y envolviendo a sus jóvenes inocentes protagonistas en una insana realidad que repercutía notoriamente en los nuevos miembros de la familia. El agobio de esas relaciones y la poca comprensión de los mayores, incitaba amargamente al abuso del consumo de bebidas alcohólicas a temprana edad, prácticas que reflejaban el abandono en que vivían muchos chicos de aquella remota época, íntegramente relegados por la sociedad.

Jamás conocí a su padre pero debió ser seguramente bastante blanco a juzgar por la fisonomía de su primogénito. Su cabellera cobriza de rizos desordenados incómodamente le cubría los ojos. Su abuelo, tío Bucho, hombre fuerte de corta estatura que a pesar de su edad se encontraba en un estado físico envidiable, vestía sombrero gambusino, zapatos estilo oeste, altos de amarre, y con un estilo muy peculiar de pararse, manos en los bolsillos, medio cuerpo inclinado y pierna izquierda hacia adelante. Su aspecto de personaje salido de las series televisivas del viejo oeste le dio popularidad en todo el pueblo. Mi primera bicicleta hizo furor entre mis amigos. Gustavo Adolfo, a cambio de pasearse en aquella codiciada bicicleta me ofrecía su potrillo siempre creí ganar en el trueque. Me llenaba de envidia verlo montado en aquel pequeño caballito. Inexplicablemente a veces anhelamos lo que otros ven con indiferencia. Como Gustavo Adolfo, mis otros amigos fueron leales y muy sinceros conmigo, vivíamos según ellos, en mundos diferentes. Mi padre, amigo de curas, militares, políticos y Jefes de policía. Los de ellos, de campesinos y gente sencilla. En parte tenían razón pero mi padre también fue muy humilde y amigo de esa gente modesta. Tan así fue, que hablaba la lengua cachiquel en la que se comunicaba con los oriundos del pueblo. Fue al igual que mi hermana Alejandra que también dominaba la lengua, padrino de muchos niños del pueblo.

Se celebraba el casamiento de dos jóvenes vecinos del pueblo, Horacio y María, ella gozaba de la popularidad de hacer las mejores longanizas (embutidos) de la región, y esto le había llevado a tener clientela puntual de los pueblos aledaños. Pero realmente de este hecho no debería siquiera recordarme.

En un pequeño y apartado rincón, en casa del novio, sentado casi agazapado con mis huesudos y afilados codos reposados sobre mis castigados muslos faltos de carne, sosteniendo mis mejillas enjutas frenético trataba de mantener los pies sobre el cilíndrico estribillo de la silla metálica para mantener el equilibrio. Parecía que a nadie de mis amigos le había molado aquella "aburrida fiesta". Bueno... si esto es para gente vieja, trataba de excusarlos.

Algunas chiquillas al otro lado del salón entre risas maliciosas y empellones me observaban. Me meneaba incómodamente y por momentos perdía aquella postura agallinada. Por fin, no soporté aquel tedio y decidí marcharme en busca de mis desleales amigos que me habían dejado en el estribo. Pero antes de dejar aquella malabárica postura, Antonio, un chiquillo ataviado seguramente en contra de su voluntad por la madre para asistir a aquel evento de mayores, introduciendo el incómodo y embarazoso largo cuello de la camisa por debajo de la ajustada chaqueta para disimularlo, se acercó, tendría unos 6 años aquel despabilado mozalbete.

— ¿Creí también estarías en el cementerio?, dijo con vos chillona, que se perdía con las altas notas musicales de la orquesta que amenizaba el convivio.

—Ven, acompáñame que no te escucho, le dije, tomándolo por los hombros. Arrastrando entre los zapatos por toda la superficie del colorido piso de mosaicos cuadrangulares amarillos y rojos de cerámica el tupido y disperso pino que despedía una fragancia exquisita, nos alejamos hacía el enorme y macizo portón que daba a la arteria principal. En Guatemala, entonces, el pino fue un aromático elemento que por su fragancia no faltaba en ninguna fiesta.

— ¿Cómo está eso? Pregunté. — ¿En el cementerio?

— ¡Sí, así es! Con impulso involuntario y casi puyándose un ojo, levantó el dedo índice y espetó:

—Yo les he visto a todos entrar.

— ¿Y a qué?, repuse. Se encogió de hombros y cándidamente dijo, "no lo sé".

— ¿Me haces compañía?, pregunté.

— ¡No! ¡Al cementerio no! Dando traspiés con expresión desmejorada en el rostro, como pudo, se alejó.

Llegué a la puerta... Me detuve. A pesar de ser de día me daba aprensión estar tan cerca de los muertos, aunque todos los míos incluyendo mi madre yacían a diez kilómetros en el cementerio de San Juan Cuesta Abajo. A lo largo de la amplia calle principal el encalado blanco de los panteones resaltaba el lúgubre paisaje. El silencio de aquel mediodía era extraordinario. Como que el viento no soplaba y el calor comenzaba ya a recorrer mí erizada piel. A pesar de mi consistencia huesuda sentía como las primeras gotas de sudor me asediaban, y con el dorso de la mano extraje el sabor saladillo que ya me inundaba la mesura de la boca. A pesar de mi corta edad mi vida estaba saturada de leyendas urbanas. Cabe señalar que por aquellos tiempos mi pueblo como muchos otros carecía de luz eléctrica. Escenario apropiado para relatos tenebrosos. Caída la noche a la luz de una vela o una lamparilla de gas solíamos reunirnos para intercambiar aquellas narraciones que nos ponían los pelos de punta y la piel de gallina. Como el de la Llorona. Según la leyenda este personaje femenino solía aparecer por las noches y lloraba, se decía que cuando su grito se escuchaba lejano era porque estaba cerca. Aparecía en los ríos, las pilas, los tanques y las fuentes buscando el cadáver de su pequeño hijo al que según la leyenda, había ahogado. Este legendario y característico personaje es originario de México, pero también muy conocido en otros países de Hispanoamérica. Este relato y muchos otros iguales de lóbregos ya rondaban por mi mente que ya me estaban haciendo titubear.

Dando tropiezos fui ganando camino, sentía la cabeza pesada y el sudor frio me había helado todo el cuerpo. El silencio sepulcral dejaba escuchar los latidos de mi corazón. Volví la vista atrás. El enorme portón metálico enrejado, labrado y adornado con barrotes de hierro macizo se había quedado unos veinte metros atrás. Unos raros vozarrones y unos agudos y penetrantes chillidos me devolvieron a la realidad. Espantado quedé pegado al suelo. Los pies se negaban a responder. Jamás había sentido tan pesadas las extremidades inferiores. En aquel desconcierto sentí como una mano caía bruscamente sobre mi hombro. No puedo describir aquel miedo horrendo que pasé.

"¿Qué haces entre los muertos?".

La fingida voz ronca de mi amigo Benjamín, me desubicó y debió descomponer más mi descolorido rostro, que se conmovió y me tomó por los brazos zarandeándome para hacerme volver en sí. Y en entonación de arrepentimiento, repuso, "¡Soy yo!, no pretendía asustarte, ¡perdona!".

Frente aquel panteón, con uno de sus nichos abiertos, con el corazón atrapado en la garganta comencé a reaccionar y volver en sí. Quedé pasmado al ver aquellos pequeños cuerpos inertes en el suelo, tumbados entre los mausoleos. ¿Cuántos?, no lo recuerdo. Entre ellos mi hermano Alberto, que ya comenzaba a volver en sí, al igual que el conjunto de los miembros de la pandilla.

Según Benjamín, "el único sobreviviente de aquel inocente y sacrílego festejo", el plan consistía en beber en aquel apartado lugar lejos de los mayores, "un par de tragos", para entrar en calor y luego pasarla bien en la fiesta. Los adultos tenían otras preocupaciones por resolver y rara vez se implicaban en la vida de los más pequeños de la casa. "Dejándolos a la buena de Dios".

Las chicas coquetas que en la fiesta esperaban, jamás pudieron intuir las razones de la ausencia de los galanes.

Guatemala, como muchos otros piases de América Latina se ha caracterizado por ser un país rico en tradiciones. Las fiestas navideñas eran esperadas con impaciencia. Diciembre, fue el mes que mejores recuerdos dejó en mi infancia.

Posiblemente el matiz religioso de estas conmemoraciones y las plegarias de los mayores convertían aquella realidad en menos cruel por esos días. Las festividades arrancaban el 7 de diciembre con "la quema del diablo", que daba el pistoletazo de salida a la temporada navideña. Esta práctica era una mezcla de magia y religión, y consistía como en mi pueblo, en hacer fogatas, con el fin según rezaba la tradición de alejar "al maligno" de los hogares (aunque esta lógica no tenía sentido y sonaba un poco satírica, ya que al diablo por antonomasia le regocija el fuego). En algunos otros lugares se quemaban piñatas y muñecos que alegóricamente representaban al diablo. Este evento previo al nacimiento de Jesús según las tradiciones preparaba la etapa del nacimiento con una limpia de espíritu. Cinco días después, o sea el 12 de diciembre, se celebraba el día de la Virgen de Guadalupe una de las conmemoraciones católicas de mayor realce en Latinoamérica de origen Mexicano. Esta arraigada tradición está fundamentada en la aparición de la Virgen a Juan Diego en el cerro de Tepeyac, México, en el año de 1531.

Tres días más tarde apenas recuperados de las celebraciones de Guadalupe daban inicio las posadas que finalizaban el 23 de diciembre. Según cuenta la historia, fue el Hermano Pedro de Betancourt (1626-1667), quien introdujo en Guatemala como parte de las celebraciones navideñas los nacimientos y las posadas para conmemorar el recorrido de María y José, en su viaje a Jerusalén. Originariamente los "nacimientos" eran exclusivos de los santuarios católicos pero pasado el tiempo comenzó a convertirse en una práctica habitual o tradicional para celebrar las navidades en las casas de las familias españolas, esta fue a la postre "heredada" por las de los mestizos que continuaron con esta representativa tradición.

La elaboración del nacimiento dependía de la economía de las familias. Los más sencillos eran creados con las imágenes de la Virgen María, san José y el Niño Jesús dentro de un pesebre, acompañados del buey y la mula. Y algunos otros terminaban convirtiéndose en verdaderas obras de arte. El pino y las ensartas colgantes de manzanilla (fruta) formaban parte del atuendo tradicional que daban vida y fragancia a los nacimientos. Las posadas, en mi pueblo eran organizadas por los propios vecinos, tarea un poco difícil si tomamos en cuenta que aquellos que se aventuraban a organizarlas necesitaban encontrar nueve familias que pudieran recibir a «los peregrinos». En cada casa se hacía un altar con arreglos diferentes. Lo mejor de todo el barullo que a los más chicos estas festividades dejaban probablemente fue el gozo de disfrutar de golosinas a granel, comíamos hasta más no poder, pero también disfrutábamos de los platillos de los adultos: chuchitos, tamales, ponche de frutas y un sinfín de antojitos típicos. Los chuchitos de cambray tenían un peculiar gusto a dulce y eran mis predilectos.

El chuchito, es elaborado a base de maíz y generalmente va mezclado de un recado de tomate y con relleno que puede ser de carne de marrano o de res. Se envuelve en hojas de elote para cocinarlo. El de cambray: se mezcla con zumo de cambray (fruta tradicional del noreste de Guatemala) en vez de ser mezclada la masa de maíz con recado de salsa de tomate. Y para los adultos, nunca faltaban las bebidas fuertes que estaban prohibidas a los críos de nuestra edad aunque más de una vez franqueamos los obstáculos que nos separaban de las garrafas de ponche mezclado con licor pescando espantosos dolores de cabeza y estómago. Los gastos de la bebida y comida corrían por cuenta de los anfitriones que recibía a los peregrinos en su casa. El recorrido de las posadas se hacía acompañar de villancicos navideños con un fondo musical muy propio, el de la tortuga, el tambor, la flauta y a veces el de la marimba.

"El hurto del Niño Jesús" era otra costumbre arraigada por estas tierras y tiempos. Consistía en llegar a la casa seleccionada previamente por un grupo de amigos, los incautos elegidos no podían intuir lo que aquellos cordiales visitantes traían entre manos. Y cuando lo descubrían solía ser tarde, el pesebre había sido despojado de aquel hermoso "niño" que representaba la imagen del Niño Dios. Ellos sabían lo que esto simbolizaba, no había escapatoria, su casa sería el escenario donde se celebrarían las Navidades. La noche de la entrega se desarrollaba mucho más protocolaria que la "del secuestro". Se llegaba cantando villancicos navideños y con los mejores deseos que "las victimas" hubiesen olvidado "la ofensa del rapto". Y sobre todo el desembolso económico. Si bien, con el fin de reducir la carga económica los amigos aportaban una buena parte de los sufragios. En cierta forma era un privilegio ser elegido. A través de este acto se manifestaba el cariño que los vecinos y amigos tenía por esta familia.

Las celebraciones de fin de año se tornaban más tristes, marcaban el final de diciembre y el inicio del nuevo año y de sobra sabíamos lo que todo aquello significaba. Las vacaciones escolares estaban por terminar y nuestro regreso a clases era ineludible. Terminada la educación primaria mi vida dio un giro radical, al igual que para muchos compañeros fue un paso significante que marcó el término de la infancia y el inicio de la adolescencia. Dejábamos aquella escuelita y sus pequeñas aulas, no seriamos más de 12 alumnos en cada una de ellas. En ella quedaban muchos recuerdos y, Rebeca, que todavía permanecería un año más.

Mi nueva escuela (Escuela Normal Central Para Varones) se convirtió en mi peor pesadilla. No había comparación, los seis o siete grupos de primer ingreso fuimos distribuidos en nuestras correspondientes aulas. Noventa alumnos en cada una de ellas. Sólo este pensamiento me producía contracciones estomacales y me hacía sospechar que se avecinaban tiempos difíciles.

La Escuela Normal tiene una larga historia. Durante la administración del Doctor Mariano Gálvez se fundó el primer establecimiento. Gálvez, fue elegido presidente de Guatemala en agosto de 1831, gobernó en una época muy difícil. En este periodo Guatemala fue atacada por el cólera morbus, entonces sus opositores le inculparon de haberlo introducido al país envenenando los ríos. Estos rumores crearon un firme y enorme descontento popular. Algunos historiadores también lo señalan como culpable de haber firmado un tratado por el cual entregaba el territorio de Belice a Inglaterra. Este último detalle me parece interesante ya que con esta entrega lamentablemente una enorme extensión del litoral caribeño y muchas áreas de interés turístico que el día de hoy podría representar beneficios económicos importantes para nuestro país quedaron en manos de los ingleses. Hoy Belice es un país soberano pero sus habitantes prefieren seguir con la vista hacia el otro lado del Atlántico.

La administración de Gálvez instaura la Escuela Normal el 7 de julio de 1835 y se ponen en marcha los primeros años lectivos. En su inicio, esta institución fue destinada a educar maestros primarios, pero fue un fracaso. Lo que motivó su cierre. En el periodo del General Justo Rufino Barrios, se fundó por segunda vez: el 19 de enero del año 1875. Su primer director y fundador fue el pedagogo cubano José María Izaguirre. Este es el verdadero principio de la Escuela Normal Central Para Varones.

Con el transcurso del tiempo fue trasladada a diferentes sitios, adquiriendo diferentes nombres. En el año 1939, fue trasladada al edificio donde se encontraba la Escuela de la República de Uruguay, situado en la 7ª Avenida 4-29 zona 13. Lugar que ocupa hasta nuestros días.

El cambio abismal de escenario tuvo sus repercusiones, con todos estos inconvenientes iniciamos el curso lectivo aquel año 1965. El país estaba gobernado por el coronel Enrique Peralta Azurdia, que mantenía militarizadas las escuelas públicas de enseñanza secundaria de la ciudad de Guatemala, y esto a nuestro pesar, nos obligaba a vestir uniforme militar. Color caqui. ¡Qué aborrecíamos!

Durante su gobierno suspendió la Constitución, disolvió la Asamblea, prohibió la actividad política y declaró ilegal al Partido Comunista. Con su llegada germinaron los escuadrones de la muerte, grupos creados con único fin de eliminar a sus adversarios políticos y acobardar a la población. Fundó el Partido Institucional Democrático PID: partido pro gobierno militar que seguía el modelo del PRI, partido político mexicano que gobernó durante muchas décadas y que desastrosamente en pleno siglo XXI ha seguido rigiendo con Enrique Peña Nieto a la cabeza. El PID, fue uno de los principales partidos políticos de Guatemala hasta 1982.

El 1 de abril de 1963 efectuó un golpe de Estado incruento, en un contexto de estado de excepción por la actividad guerrillera y de rumores sobre el retorno clandestino al país del expresidente filo-comunista, Juan José Arévalo (periodo de gobierno: 1945-1951), contra lo que los militares habían advertido. En 1964 suprimió la censura de prensa y el estado de excepción. Y en 1965 convocó elecciones legislativas, a las que sólo pudieron presentarse dos formaciones políticas: El Movimiento de Liberación Nacional (MLN), grupo político de extrema derecha y, sorpresivamente, el Partido Revolucionario (PR) de Arévalo.

Prudencio Griffel, conocido cariñosamente como don Prudi, personaje emblemático de la Escuela Normal y profesor de Artes Plásticas, debió sufrir las majaderías de unos cuantos alumnos que convirtieron los salones de clases en verdaderos campos de batalla. El castigo diario se había convertido en un evento puntual que padecía la clase en su totalidad a causa de unos pocos desadaptados. Ninguno se atrevía revelar la identidad de los responsables por temor a las represalias.

El orden disciplinario era impuesto como no podía ser de otra manera por oficiales del Ejército: Muñeca y Relleno. Santos de poca devoción para todos los normalistas de aquellos días. El segundo de ellos conservaba las características del militar representativo de la época, gordo, bajo, moreno y mal encarado. Muñeca, por el contrario se salía de esos parámetros. Blanco, delgado, buen porte, ojos claros y rostro fino que dieron origen a su sobrenombre. "Los correctivos pedagógicos" no daban muy buen resultado: correr por los alrededores de la cancha de fútbol bajo aquel sol arrasador de mediodía hasta ya no poder, con mochilas repletas de libros a cuestas y camisa abrochada hasta el cuello, era uno de los suplicios favoritos de aquellos guardianes del orden. Aunque la versatilidad imaginativa de los militares no se detenía aquí. Acostumbrados a prácticas inicuas y groseras aplicaban otros correctivos severos: hincar sobre granos de maíz a "los insurrectos" y obligarles a aguantar un fusil sobre los brazos estirados hacia el frente, eran solamente dos ejemplos más del abanico de variantes.

¡Vaya tiempos aquellos! Este año fue muy tormentoso. Me sentía desesperado. Jamás pude conversar con algún adulto acerca de lo que me sucedía. La supervivencia se había vuelto una odisea. Estudiar en aquel ambiente selvático y sobre todo concentrarse, en definitiva, resultaba absolutamente imposible. Iniciado el curso busqué acomodo en las primeras filas de pupitres con intención de aguzar el oído y así poder comprender mejor las explicaciones de los mentores. Ingenuo de mí. Éramos el blanco de los proyectiles: mochilas, naranjas y toronjas irrumpían por los aires, volando sobre nuestras cabezas o impactando en ellas, y muchas veces en la pizarra donde armado de paciencia y generosidad don Prudi trataba de trasmitir sus conocimientos. En el fondo él sabía que estaba perdiendo el tiempo. Repleto de frustración e impotencia al no saber siquiera a quien reprender se dirigía hacia la puerta abandonando el salón, algunas veces lanzando con rabia la barra de yeso sobre el piso. Todos sabíamos lo que aquello significaba. Minutos después nuestros verdugos hacían acto de presencia para consumar el castigo. Pagábamos justos por pecadores. Aquello parecía más centro correccional que antro del saber. Los frutos podridos de aquella cesta como los desparramados en la pizarra y parte del piso terminaron aniquilando la voluntad de los maestros que nos dejaron abandonados a nuestra suerte. Imponer orden en aquel inmenso salón que albergaba 90 pupitres y que aún dejaba espacio sobrante para 30 más. Imposible.

El Parque Zoológico, La Aurora, ubicado en la parte trasera de la escuela sirvió de aliciente para evadir la cruda realidad que me asediaba. En aquel lugar al término de cada jornada solíamos encontrarnos con dos amigos de mí pueblo, quienes también inscritos en la escuela padecían el hastío del abismal cambio. Por orden de apellidos lamentablemente terminamos en grupos diferentes. La Feria Ganadera, acontecimiento que anualmente se realizaba en los alrededores del Zoológico, forma también parte de ese pasado nostálgico de mis años de juventud. Nuestros hijos han crecido en un ambiente menos sano, junto a los juegos de consolas y ordenadores, asediados por un mundo de imaginación peligrosa falto de creatividad y de total aislamiento y violencia. Sin embargo, a pesar de las circunstancias de igual forma ellos mañana recordaran estos tiempos con nostalgia. Nosotros lo hicimos jugando con sana y creativa imaginación, convirtiendo el más bizantino objeto a semejanza de nuestro juguete más deseado: ruedas metálicas inservibles de bicicleta guiadas por una varilla de madera, así como "teléfonos" unidos por un hilo, intercomunicados por dos botes de conservas. Pequeños carrizos de madera engranados y movidos por un "eje de hule" con dos varillas en sus extremos que avanzaba aunque lentamente, como un verdadero "todo terreno", hacia adelante o hacia atrás, según el deseo "del conductor".

Los vaqueros también formaron parte de este melancólico pasado y personificaron el estereotipo del héroe más imitado y admirado de aquella época, por lo que la feria ganadera tenía un significado muy particular. Aquí llenábamos nuestra inocente imaginación de imágenes y nos trasladábamos por un instante en el tiempo a los polvorientos caminos del lejano oeste y a sus rusticas ciudades. Ver un caballo de carne y hueso y de aquel porte, era casi un delirio. El potrillo de mi amigo Gustavo Adolfo resultaba una suerte de cría en comparación a estos hermosos caballos pura sangre. Todavía, el día de hoy el aroma del heno y el inconfundible olor a establo me trae gratos recuerdos de mi adolescencia. El horario de clases. Deplorable. Mañana y tarde, y sábados por la mañana. Lo que me obligaba viajar a casa al medio día, almorzar y luego volver y continuar la jornada. A la incómoda distancia se agregaba el funesto servicio de transporte. Los que vivimos en aquella Guatemala, estamos al tanto y recordamos de sobra las penurias que pasamos los usuarios del colectivo, entonces. En muchas ocasiones nos veíamos en la necesidad de abordar los buses en marcha y bajarnos de la misma forma poniendo en consecuencia por la impaciencia de los conductores nuestra vida en peligro.

Otro riesgo añadido lo constituía el exceso de pasajeros. La velocidad temeraria de los conductores intrépidos es algo que tampoco podría pasar por alto por ser la causante de muchos decesos. Muchos usuarios exponían su vida viajando literalmente en los estribos y algunos de ellos lo hacían con un pie en el aire. Y todo esto por llegar a tiempo a sus lugares de trabajo o como en el caso nuestro, a las escuelas.

La escasa educación de los "buseros" hacía que cualquier justo reclamo se convirtiera en jaleo. Por esta razón para evadir los problemas de locomoción cuando podía, esperaba la segunda jornada por las periferias del centro escolar. Y para aniquilar el gusanillo del hambre buscaba la complicidad de Ramiro. No creo que ningún normalista de aquellos años no le recuerde, preparaba sin ninguna duda los mejores y más ricos "perritos calientes" de toda Guatemala: pan tostado con guacamol, salchicha y su pertinente ensalada de repollo, bañada en una salsa «secreta» que ponía la guinda y le proporcionaba el dejillo especial.

El 6 de marzo de 1966 a pesar de las intimidaciones la gente salió a votar. Con gestos inexpresivos, tímidas sonrisas y con la apatía reflejada en sus rostros cumplieron con su obligación ciudadana. No estando en edad de votar me limité a apoyar moralmente a algunos de mis amigos adultos que no podían ocultar la pesadumbre que aquel evento les ocasionaba. Si bien reconozco que llegada la mayoría de edad tampoco lo hice, escapé al control policial en más de una ocasión. No hacerlo significaba contrariar las reglas de la legalidad electoral y estaba penado con cárcel. Mi primera participación en las urnas la efectué a miles de kilómetros de Guatemala, en el referéndum para la integración monetaria europea celebrado hace algunos años en Suecia. Voté por el «sí». Hasta el día de hoy, 2018, conservamos la moneda nacional, la corona sueca. Pasados los años y viendo las consecuencias económicas negativas que el cambio a la moneda única europea ha tenido en otros países de la Unión, como: Grecia, Portugal, Irlanda y España, por citar los más relevantes, me alegra que hayan triunfado los opositores. Los precios se redondearon a euros encareciendo ineludiblemente la canasta familiar. A excepción de España, el resto de países nombrados fueron intervenidos. A partir de este año he cumplido con mi obligación ciudadana, aunque sí he de ser sincero he perdido la confianza en los políticos charlatanes que en campaña electoral se derriten en cumplidos para luego sin recato dejar en el tintero lo ofrecido.

El periodista Luis Alberto Romero, "Timoteo Curruchiche", asesinado a finales de los años ochenta solía decir: "La política es la madre de la desvergüenza".

Completamente de acuerdo. Sentencia sumamente loable. Luis Alberto, conducía los programas "Mañanitas Chapinas" y "El canto de la marimba" de Radio Sonora. El 5 de septiembre de 1980, fue asesinado al salir de su programa radial "Diálogos Espirituales", emitido en Radio Progreso. Fui en mi juventud fanático oyente de sus amenas charlas radiofónicas. Periodistas como él se contaban con los dedos de la mano. Los execrables oligarcas al igual que los títeres déspotas que nos gobernaban lo aborrecían. Su alusión a la política encajaba como anillo al dedo. ¿Cuantos políticos venderían a su propia madre por alcanzar sus objetivos? Lógicamente no hablo solo de "los países bananeros", como despreciativamente nos llaman los políticos estólidos corruptos derechistas españoles. Que por cierto jamás hablan de Francisco Franco y mucho menos de lo que su régimen significó para el atraso de España. Por el contrario a muchos les da coraje que se hable mal de él, al extremo de demandar al juez Baltasar Garzón por delito de prevaricación al intentar abrir una causa contra los crímenes del franquismo.

Fue suspendido en forma cautelar en sus funciones como juez de la Audiencia Nacional por el Consejo General del Poder Judicial el 14 de mayo de 2010, después de que el magistrado del Tribunal Supremo Luciano Varela acordara la apertura de juicio oral en su contra por presunta prevaricación por la decisión de declararse competente para investigar los crímenes de la represión franquista desde su juzgado de la Audiencia Nacional. "Si bien, no creo que el fondo del problema haya sido declararse competente".

Veamos: El 26 de mayo del año 2009, el Tribunal Supremo español aceptó a trámite una querella criminal presentada por la organización de extrema derecha "Manos Limpias" por presunto delito de prevaricación contra Baltasar Garzón, Magistrado–Juez titular del Juzgado Central de Instrucción Núm. 5 de la Audiencia Nacional.

"Manos Limpias".

¿Quiénes son?

El Colectivo de Funcionarios Públicos Manos Limpias, es una asociación española fundada en 1995 como organización de representación de empleados de la función pública. Carece de representación institucional, pero ha destacado por presentarse como parte en numerosas demandas judiciales generalmente en contra de decisiones de las administraciones gobernadas por partidos de izquierda y nacionalistas periféricos. Este hecho, y el que su único dirigente conocido, Miguel Bernard, haya sido un conocido militante ultraderechista (fue el responsable de la organización Frente Nacional) y nombrado Caballero de Honor de la Fundación Nacional Francisco Franco por sus "servicios en defensa de los ideales del Movimiento", ha provocado que su adscripción ideológica sea cuestionada y calificada abiertamente de ultraderechista, tanto nacional como internacionalmente (así lo describió el New York Times en su editorial en febrero de 2012).

Si bien la propia asociación contradice esta adscripción, fundamentando que todas las personas tienen derecho a evolucionar ideológicamente. En julio de 2008, a raíz de las investigaciones policiales sobre varios casos de corrupción urbanística, el diario El País puso en conocimiento de la opinión pública las presuntas relaciones entre el secretario general del sindicato y varios de los comisionistas investigados. La organización ha negado las acusaciones de El País. Sin embargo en el año 2016, Bernard es detenido por presuntas extorciones que su asociación realizó a diferentes entidades financieras y empresas. El juez de la Audiencia Nacional, Santiago Pedraz le dejó en libertad después de pagar una fianza de 50 000 euros. ¡Vaya por Dios! El león juzga por su condición. Hablar de esto requeriría demasiado tiempo e investigación. Sin embargo sabiendo de donde viene la demanda es fácil deducir por dónde van los tiros. Muchas democracias han tenido el valor cívico de enfrentarse a los crímenes de lesa humanidad, por ejemplo: Argentina, Chile o Sudáfrica. España nunca había visto tan de cerca rondar el fantasma tenebroso de la historia que todos prefieren olvidar. Y esto estremeció a muchos que febrilmente aún siguen soñando con nostalgia el resurgimiento de una nueva España gobernada por los nefastos vástagos del franquismo. Me atrevería a afirmar que muchos afectos al Partido Popular Español (PP), que aún siguen defendiendo su cúpula a pesar de los graves delitos de corrupción que pesan sobre muchos de ellos, se decantarían por el retorno del Generalísimo.

Hoy que la ultraderecha europea se alimenta de los miedos provocados por el fracasado modelo europeo, y del peligro según ellos, puede constituir una pluralización social debido al enorme flujo emigrante, hay que ser cautos y neutralizar esa fuerza.

Continuamos con nuestra narración. A ellos, me refiero a los políticos y clase privilegiada europea que desdeñosamente nos tratan, obviamente todavía queda gente honrada y decente, también les gusta el chanchullo y les da fiebre el poder. Si lo sabré yo que he vivido más de la mitad de mi vida entre ellos.

Ya que hablamos de corrupción y timos, aunque en otro tiempo y lugar de ninguna manera podríamos pasar por alto el descomunal y vulgar fraude de la historia moderna que trajo derivaciones catastróficas para todo el planeta. El de Florida, que llevó a George W. Bush a la primera magistratura de los Estados Unidos. Elecciones tan sucias y desvergonzadas como las de Afganistán, agosto 2009.

Así ganó George W. Bush los 25 votos del Estado de Florida que le llevaron a la presidencia, sólo fue difundido por la gran prensa, después de que fuera casi imposible impedir que fuera proclamado como Presidente. Sin embargo, mucho antes de que se produjera su nombramiento y se diera como bueno y válido el resultado electoral, en otros lugares se había informado de los fraudes que se estaban realizando en el estado de Florida, en el que Jeb Bush, hermano del entonces candidato, era Gobernador. Tanto en el periódico británico The Guardian, como en The Observer, así como en la televisión del Reino Unido, BBC, se había dado cumplida cuenta del mecanismo empleado por las dependencias del Gobernador de dicho Estado para eliminar del censo electoral a miles de personas. La mayoría de ellas negras, hispanos y votantes demócratas. Limpieza étnica electoral en Florida. En los meses anteriores a las elecciones de noviembre del año 2000, la secretaria de Estado de Florida, Katherine Harris, en coordinación con el Gobernador Jeb Bush, ordenó a los supervisores electorales locales que purgaran de los listados a 57,700 votantes registrados. La motivación alegada para ello era que eran felones, es decir: criminales, delincuentes y convictos por delitos graves. En el estado de Florida los felones no tienen derecho a voto. Sin embargo, aproximadamente un 90.2 %de los que se hallaban en esas listas de excluidos del voto eran inocentes, y un 54 % de los mismos eran ciudadanos negros e hispanos.

Hay que recordar que la secretaria de Estado de Florida Katherine Harris, declaró a George W. Bush ganador en Florida, por 537 votos sobre Al Gore. Ahora bien, los investigadores de la BBC calcularon que Al Gore perdió cerca de unos 22.000 votos, por la inserción en las listas negras del Estado de Florida de votantes afines a este candidato. Más de dos años después de las elecciones, y habiendo continuado investigando estos hechos, el periodista Greg Palast afirma que el número real de excluidos del registro de voto fue aún mayor, que alcanzó los 90.000 votantes, la gran mayoría de ellos negros e hispanos, y también votantes demócratas.

Ahora al menos sabemos cómo comenzó este percance que hasta el día de hoy estamos pagando los ciudadanos de a pie. Hemos perdido la privacidad y la libertad, y el mundo es menos seguro, y ya nadie confía en sus congéneres ni mucho menos en los políticos y los dirigentes mundiales pusilánimes que bailan al son del más poderoso. La actuación irresponsable de esta caterva de oportunistas lo único que ha traído es adversidad, guerras, odio y deseo de venganza, peste, terrorismo, devastación medio ambiental y sobre todo una desenfrenada carrera hacia la destrucción de nuestro planeta. Pero a estos insensatos y desleales energúmenos les dará esto lo mismo ya que no vacilarían dos veces en entregar el alma al diablo o empeñar a su progenitora si con ello logran sus desesperados propósitos de conservar todo lo que brilla.

Me gustaría retomar los comicios en Afganistán y agregar algo que a mí parecer resulta interesante. La Unión Europea se apresuró a dar por válidas las elecciones, al día, o dos de realizadas, fallo apresurado e irresponsable que sin duda alguna obedecía exclusivamente a intereses de carácter estratégico, económico y sobre todo de sumisión a la política imperialista. El tiempo lo demostró. Pasadas unas semanas, comprobado el fraude fueron anuladas. La Comisión de Quejas Electorales de Afganistán (ECC, por sus siglas en inglés) que investigó las denuncias de fraude en las elecciones en ese país indicó en un informe haber encontrado evidencias "claras y convincentes" de fraude en los comicios presidenciales. El organismo ordenó que los sufragios de 210 centros de voto de todo el país fueran descontados de los resultados finales de los comicios. Sin siquiera ser medianamente inteligente podía manifiestamente intuirse que aquellos comicios electorales no reflejaban la voluntad del pueblo afgano. El candidato opositor, Abdullah Abdullah, se retiró de la contienda por considerar los comicios fraudulentos. Por lo tanto no hubo segunda vuelta. Hamid Karzai se aferró al poder, y sus aliados europeos con los estadounidenses a la cabeza legitimaron de nuevo el fraude y la maldita guerra continuó para beneplácito de los despreciables e insensatos fabricantes de armas que se enriquecen con la destrucción y la sangre de miles de niños, mujeres y ancianos inocentes. Factiblemente, seres poco evolucionados que siguen los designios del "Dios" del Viejo Testamento que, supongo, es a quien rinden culto.

El 6 de marzo se celebraron sin incidencias las elecciones presidenciales, el candidato favorito del Partido Institucional Democrático (PID) apoyado por Enrique Peralta Azurdia, cayó derrotado ante el binomio progresista conformado por Julio César Méndez Montenegro y el licenciado y periodista Clemente Marroquín Rojas candidatos que representaban al Partido Revolucionario (PR). Enrique Peralta Azurdia debió ceder el poder el primero de julio de ese mismo año. Este período de gobierno podría definirse como una época política difícil.

Como profesor universitario propició el incremento de la educación superior en el país por medio del sector privado, y se pusieron en marcha programas para dotar de vivienda a los sectores necesitados. Ejemplo de ello fue la inauguración de la populosa colonia Primero de Julio, en la zona 19 de la ciudad de Guatemala. Asimismo, se hizo realidad la construcción de la planta de generación de energía por medios hidroeléctricos, "Jurún Marinalá". Además el país adquirió por derecho de compra los ferrocarriles que hasta entonces eran propiedad estadounidense. En su gobierno según expuso el propio gobernante, se promulgó una democracia integral y funcional, una democracia donde se incluían aspectos políticos, económicos y sociales. Falleció el 30 de abril de 1996.

A duras luchas finalicé aquel tormentoso primer curso con algunas asignaturas pendientes. El año de las elecciones era mi segundo en la escuela que seguía odiando como el primer día. Quizá me expreso mal, no era la escuela sino la fastidia constante que teníamos que sufrir los más débiles ante la apatía del personal administrativo lo que provocaba en nosotros aquella frustración desmedida. Las derivaciones de esta dejadez dejaron huellas irreversibles en la personalidad de muchos niños que sufrieron acoso escolar.

"Aquel mes de julio de 1966 fue de algarabía".

¿Que significaría aquel cambio? ¿Y cómo nos afectaría? No lo sabíamos y tampoco nos interesaba. Pero todos celebrábamos aquel triunfo de la llegada de un civil al Gobierno. Hasta la coronilla de militares ya ni siquiera nos importaba qué clase de gobierno o soluciones presentara Julio César Méndez. Lo mejor estaba por llegar, la escuela quedó desmilitarizada. Relleno y Muñeca fueron despedidos con gritos e insultos y los de siempre aprovecharon su maestría en el lanzamiento de frutos. Aquí se cerraba un capítulo más de nuestra vida y se abría otro.

Exhortados por los estudiantes de viejo ingreso asistimos a nuestro primer día de clases, de civil, y con nuestros aborrecibles uniformes militares estrujados en nuestras mochilas para ese día depositarlos en la hoguera, con ellos arderían todos los malos recuerdos y sufrimientos ocasionados por los perversos castigos de "aquellos valientes militares" que corrieron despavoridos a refugiarse en las oficinas de la dirección.

Este fue mi último año como normalista. A partir de aquí mi vida estudiantil dio un giro sustancial, anduve como el canguro, saltando de colegio en colegio, desorientado, pero en el fondo sabía lo que quería. A mis escasos once años mi padre descubrió mi interés por la técnica electrónica al darse cuenta que con "maestría profesional" había logrado reparar mi primer radio de transistores. A esa corta edad inicié mis estudios de electrónica por correspondencia, en Hemphill Schools. Institución educativa especializada en educación a distancia, fundada en 1920. El día de hoy se imparten clases online por internet, y por el método de antaño, la correspondencia. Es una escuela de enseñanza profesional en español. Una carrera diplomada de Hemphill Schools es reconocida internacionalmente y acredita como profesional calificado apto para trabajar en cualquier parte del mundo a quien se certifica. Antaño estaba situada, en: Arcadia California, Estados Unidos. Hoy en día su dirección es otra: 2500 Wilshire Bl. Suite 704 Los Ángeles, CA. Ese último año sacrificando mis vacaciones me propuse sacar las asignaturas pendientes. Pasado un tiempo no me sentí a gusto y tuve que interrumpir mis estudios. Al final de la lucha coroné mi carrera: Bachillerato en Ciencias y Letras, para luego retomar la técnica. Un año en el Instituto Electrónico de Guatemala. Años más tarde estimulado por mí buen amigo el ingeniero Carlitos Orantes, intenté con esfuerzo incorporarme a la Facultad de Electrónica de la Universidad de San Carlos de Guatemala. Digo intenté. Ya que pasado un tiempo la abandoné para nunca volver.

Pasados los años viviendo ya en Europa, recibí una agradable noticia, mi viejo amigo presidía la presidencia de la Asociación de Azucareros de Guatemala. Cargo muy bien merecido. Me alegró por él. No creo haber encontrado en el largo recorrido de mí vida una persona más sencilla que él. Jamás hizo alarde de sus logros personales. "Él no era universitario —asistía a la escuela".

Los mejores tiempos de mí vida estudiantil indudablemente fueron los pasados en los años secundarios, ahí encontré compañerismo y lealtad. Por esto y por muchas otras cosas más terminada esa etapa de mi vida me sentí acongojado y no sabía en qué dirección orientar mí existencia. Fue una época de confusión y desorden en mi vida. No podía asimilar la perdida de la familia que había hallado en mis compañeros. Impresiones difíciles de borrar tomando en cuenta que eran tiempos arduos en mi vida. Ya que echaba mucho en falta a mi madre.

"Un adolescente sin control es como un vehículo deportivo sin frenos". En estos años de confusión aparecen nuevamente en mi vida los amigos de infancia, y comienzo de nuevo a frecuentar mí pueblo natal. Rebeca, era ya una chica adolescente y con sus formas de mujer se fue apartando aquel recuerdo de la infancia inocente. Nos mirábamos pero jamás nos dirigimos la palabra. Nunca comprendí si sintió lo que yo por ella. Fue un amor un poco extraño. Como llegó se esfumó. Pero quedó grabado en lo más profundo de mi memoria. Adrián, se convirtió en mi inseparable amigo. No quiero decir que no haya habido afinación con los otros. Como la mayoría de jóvenes de nuestra edad, él, trabajaba, era comerciante. Así como muchos de los habitantes de aquel pequeño pueblecito también se dedicó a la fabricación de prendas de vestir. Negocio lucrativo muy de moda por aquellos lugares y tiempos.

Al desatenderme de mis tareas estudiantiles tuve tiempo de sobra para compartirlo con mis amigos. Fui cómplice de sus viajes, como comerciantes frecuentaban almacenes mayoristas donde compraban productos que después revendían por todo el territorio nacional como un complemento a los beneficios económicos que ingresaban por la venta de las prendas de vestir. El ingenio y la necesidad incitaban en aquellos personajes el ímpetu riesgoso de la aventura.

Aquel mes de diciembre previo a las navidades de 1970, figuraba en la agenda de Adrián y Raúl, una corta visita de negocios al departamento de Petén, al ponerme al tanto de aquel viaje, les expresé mi deseo de acompañarles. Decidida la fecha de partida, quedaba sin más esperar el día. Para ellos aquel viaje sería uno más como muchos otros que acostumbraban hacer por el interior de la república. Por el contrario para mí trascendía inquietante e interesante ya que era mí primera visita a tierras peteneras. Aquel desplazamiento por la selva para mí era meramente "turístico".

El departamento de Petén, se encuentra situado en la región norte de Guatemala, limita al norte y oeste con México, al sur con los departamentos de Izabal y Alta Verapaz y al este con Belice. Flores, la cabecera departamental se encuentra a 488 km de la capital de Guatemala. Petén es un territorio arqueológico de exuberante importancia y asiento de la cultura maya. Tikal es la principal atracción. Aunque realmente en su departamento hay otros lugares de importancia arqueológica, como: El Mirador, Yahxá y otros.

EL MIRADOR

Es una ciudad del preclásico tardío Maya, situada en la cuenca del Mirador, Petén, que data del 600 a. de C., y fue en parte, abandonada, en el año 150 d. de C. Fue posteriormente reocupada en el periodo clásico tardío, y finalmente abandonada en el siglo IX d. de C. Este complejo arqueológico se encuentra a escasos 7 kilómetros de la frontera norte con México, en la Reserva de la Biosfera Maya. Solamente puede accederse de dos formas: por helicóptero o caminando desde la aldea de Carmelita. Este recorrido toma dos días caminando por espacio de 9 horas. Es la ciudad maya más grande descubierta hasta la fecha.

La desidia y el poco interés de nuestros gobernantes por la cultura han convertido este importante centro arqueológico en refugio de narcotraficantes y sinvergüenzas que está destruyendo tan valioso legado. Es lamentable que organismos vinculados a la cultura y patrimonio permanezcan pasivos. ¿Pero quién en estos dorados y tumultuosos tiempos podría estar interesado en "chatarra arqueológica?". Que lo único que podría aportar es cultura. Si en la insensata guerra de Irak fueron destruidos y saqueados siete mil años de historia y sabiduría, por falta de conciencia, o quizá por el raudal de ignorancia de los invasores, y esto a la ONU le importó un comino. ¿Podría alguien entonces acordarse de este lugar recóndito petenero?

YAXHÁ

Sitio arqueológico importante y antiguo centro ceremonial maya, está situado en el noreste del Petén, aproximadamente a 30 km al sureste de Tikal. Ha sido declarado Monumento Natural y Cultural del país. Desde lo alto de los principales edificios de esta ciudad maya se pueden apreciar las lagunas de Yaxhá y Sacnab. El significado de Yax es verde, y el de Há agua (Yaxhá), el de Sac blanco y el de Nab flor (Sacnab). El contraste de colores es extraordinario, el verde de la vegetación y el turquesa que brota de las lagunas le dan un encantamiento sorprendente. El Parque Nacional Yaxhá–Nakum–Naranjo se considera como el 'secreto mejor guardado del Mundo Maya', comprende un área total de 37,160 hectáreas y forma parte de la Reserva de la Biosfera Maya. Sobresalen los conjuntos que corresponden al Palacio Real, donde vivió el gobernante y su familia. El sitio tiene más de 500 estructuras, incluyendo 40 estelas, 13 altares, 9 pirámides, 2 campos de juego de pelota y una red de sacbeob (calzadas), que conectan las Acrópolis Central, Norte y Este.

TIKAL

Icono de esta región. El nombre "Tikal" en maya significa: "Lugar de las Voces o Lugar de las Lenguas", y su templo más emblemático quizá sea el Gran Jaguar o Templo Número Uno. Es la más grande de las antiguas ciudades del periodo clásico. Fue uno de los principales centros culturales y poblacionales de la civilización maya. La tumba del posible fundador de la dinastía Yax Ehb' Xook data del año 60 DC. Aunque la parte más antigua de la ciudad manifiesta ocupación de ca.600 años AC, según hallazgos en Mundo Perdido. Se estima que en su máximo apogeo tuvo una población de 100.000 a 150.000 habitantes. Seis de sus grandes templos piramidales y el Palacio Real han sobrevivido al paso del tiempo. También lo han hecho otras pequeñas, pero muy significativas pirámides, y piedras talladas. La ciudad de Tikal está ubicada aproximadamente a 64 km al noreste de Flores y Santa Elena, y poco más o menos 303 km al norte de la ciudad de Guatemala. Esta reliquia del periodo clásico se encuentra a 19 km al sur de la antigua ciudad maya de Uaxactún, a 30 km al noroeste de Yaxhá, a 100 km al sureste de Calakmul, su gran rival del período clásico. Y a 85 km al noroeste de El Caracol, el aliado de Calakmul, ahora en Belice.

La ciudad que cubre un área de más de 16 km² ha sido totalmente mapeada e incluye alrededor de 3.000estructuras. La topografía del lugar se compone de una serie de colinas de piedra caliza elevándose encima de tierras pantanosas. La arquitectura principal del sitio se agrupa en zonas más elevadas que son interconectadas por calzadas que atraviesan los pantanos. Las ruinas se encuentran en medio de la selva tropical en la cuenca del Petén, que formó la cuna de la civilización maya en las tierras bajas de Mesoamérica. La ciudad está ubicada en medio de suelos fértiles con tierras elevadas, y puede haber dominado la ruta comercial natural que corre de este a oeste a través de la Península de Yucatán.

A pesar de ser una de las mayores ciudades mayas del clásico, Tikal no tenía otras fuentes de agua, únicamente el vital líquido que se recogió y se almacenó en diez embalses en tiempos de lluvia. Los arqueólogos que trabajaron en Tikal durante el siglo XX restauraron uno de los antiguos depósitos de agua para su propio uso. La ausencia de fuentes, ríos y lagos en las cercanías de Tikal pone de relieve un hecho prodigioso: La construcción de una gran ciudad contando exclusivamente con entregas almacenadas de lluvias estacionales. Tikal prosperó con técnicas de agricultura intensiva, que eran mucho más avanzadas que los métodos de tala y quema originalmente teorizados por los arqueólogos. Sin embargo, teóricamente, la dependencia de las lluvias estacionales constituyó una vulnerabilidad ante las sequías prolongadas, por lo que algunos científicos consideran que esta vulnerabilidad ha jugado un papel en el "colapso maya".

La diversidad de la fauna y de la flora, así como la riqueza arqueológica, hacen de la selva petenera un lugar maravilloso de riqueza incalculable. Por los años 70, si bien el centro de mayor actividad guerrillera se registró entre Alta Verapaz y Quiche, este olimpo natural también se convirtió en refugio y santuario de algunos hombres y mujeres que las circunstancias obligaron a levantarse en armas. Y desde este frente lucharon contra las injusticias y atrocidades que cometían los dictadores que nos gobernaban. A sabiendas que células guerrilleras operaban en esta región selvática petenera consecuentemente lo último que nos esperábamos era un encuentro con ellos.

VIAJE A PETÉN

El día acordado partimos muy de mañana. El ambiente navideño envolvía Guatemala, y aquel tonificador y saludable frio de diciembre colmaba de entusiasmo y aportaba mucha alegría a todos los pobladores. Con estos febriles sentimientos y mucho optimismo subimos a la pequeña furgoneta. Apilada y sujeta por cuerdas plásticas la mercancía cuidadosamente sorteada y preservada en cajas de cartón fue inspeccionada por Raúl por enésima vez, dando por fin su aprobación de iniciar la marcha.

Puerto Barrios, comunidad costera situada en el departamento de Izabal era nuestro punto de referencia aunque, realmente desviaríamos nuestra ruta en Morales, a 51 kilómetros de este puerto. Por aquel tiempo la única ruta de salida hacia este ancladero obligaba a los viajeros atravesar el centro de la ciudad capital, el día de hoy la comunicación es menos complicada y más rápida. Bordeando el anillo periférico se acorta la distancia. Esta obra fue construida algunos años después. Sin embargo el exceso de vehículos que transitan por la ciudad el día de hoy sin duda alguna resta fluidez al tráfico en esa zona. En tan solo diez años la cantidad de vehículos en Guatemala se ha duplicado, de 1905 cuando llegó el primero al 2005, entraron en circulación aproximadamente un millón, de esa fecha a la presente el número de vehículos supera los dos millones. Puerto Barrios es una importante ciudad portuaria y cabecera departamental situada en la Bahía de Amatique, en el mar Caribe. Esta localidad queda a 297 km de la capital de Guatemala. Tiene una importante actividad comercial, tanto en el puerto Santo Tomás de Castilla como en Puerto Barrios, en los cuales atracan buques comerciales y cruceros.

El calor comenzaba a sentirse ¿y cómo no?, si íbamos rumbo al Caribe guatemalteco. Si las cosas salían según lo planeado llegaríamos a Morales Izabal primer punto trazado en nuestro mapa de ruta imaginario, esa misma noche. Morales, es un municipio situado en la parte sur del departamento de Izabal. En el siglo pasado esta región fue la sede del imperio bananero de la United Fruit Company, que también tiene su historia por acciones represivas y arbitrarias llevadas a cabo contra dirigentes organizativos que representaban el movimiento obrero de esta multinacional. Al igual que para la mayoría de las empresas extranjeras que se instalaron en nuestro país, para United Fruit, también fue de muy poca relevancia el bienestar colectivo de la clase trabajadora.

Casi entrada la noche llegamos a nuestro destino. Deseando tomar una ducha para apaciguar el bendito calor que ya nos traía abatidos e irritados escudriñamos por las calles en busca de una pensión. El clásico ruido de tripa hizo orientarnos como autómatas hacia el lugar de dónde provenía aquel olor delicioso a estofado, casi celestial. Nuestra juventud y curiosidad siempre se habían antepuesto a nuestras obligaciones y aquella noche no fue la excepción. Después de dar cuenta del guiso buscamos la vida nocturna de Morales. Consumimos las horas sin siquiera notarlo. Regresamos a la pequeña pensión acompañados del canto de los primeros gallos madrugadores que nos pillaron a un buen tramo del camino. Ya pasaban las 9 de la mañana, mis amigos tan desgastados como yo, entre bostezos dejaron las sábanas. Con semejante desgana pasamos del desayuno. Y casi al unísono con desespero bebimos con apremio la fría y deliciosa limonada que debió evaporarse en nuestras entrañas. Una hora más tarde partimos rumbo a Poptún, comunidad situada a 143 kilómetros de aquí. En este lugar acabaría la diversión y darían inicio las ocupaciones laborales. Si bien lo planeado darían inicio en el mismo Morales, pero dado al estado anímico de mis amigos los planes fueron pospuestos para nuestro retorno. La necesidad pudo más que la voluntad, agotados y con los torsos casi semidesnudos nos apeamos en Rio Dulce, a 31 kilómetros de Morales. El calor nos venía dilapidando y urgíamos beber algo refrescante para mitigar la sed que desde kilómetros atrás nos venía agobiando, y obviamente para frenar la deshidratación, por no hablar de los estragos de la borrachera que por antonomasia no hay mortal que escape a ellos.

Tumbado a la sombra de un cocotero disfrutaba de la poca pero fresca brisa que arrastraba hacia el litoral el viento proveniente del sur. Las aguas procedentes del Mar Caribe arrastradas por las corrientes del Rio Dulce en su incesante discurrir hacia el lago de Izabal se alejaban de mí vista con un monótono ruido constante, interrumpido por momentos por el ruido del motor de alguna lancha espontanea costera. El verde follaje envolvía aquel abrupto paisaje que en la distancia se fundía con el azul del cielo. ¿Cómo poder si me falta lenguaje, describir la escena que tenía ante mis ojos? En este ilusorio escenario paradisíaco mientras degustamos una cerveza bien fría, hicimos un nostálgico recorrido a través del tiempo, recordando nuestras experiencias. Hablamos de nuestras chiquilladas y picardías de adolescentes sin embargo curiosamente el futuro ni siquiera no lo planteábamos. No sé si rehuíamos de él. Jamás en nuestras tertulias diseñamos el boceto, la hoja de ruta más adecuada a seguir para triunfar en la vida. Ni siquiera fraguábamos que alguna vez nuestras descuidadas vidas pudieran ser diferentes.

El departamento de Izabal da cobijo al precioso lago que lleva su nombre y a las costas caribeñas de Guatemala que fueron escenario de cruentas batallas de piratas y galeones que en tiempo de la colonia se enfrentaron por conquistar la supremacía en esta región. Rio Dulce une el lago de Izabal con el Mar Caribe.

El Castillo de San Felipe de Lara: es una fortaleza ubicada en la embocadura del rio Dulce que fue construida en el siglo XVII por órdenes de Felipe II de España para contrarrestar el pillaje y sobre todo para proteger las propiedades coloniales contra los ataques de piratas que asediaron esta zona durante dos largos siglos. Del siglo XVI al XVIII. En este ecosistema el día de hoy habitan más de 350 especies de aves. El mono aullador, delfines y manatíes entre otros merodean por estas costas. Estos bellos parajes el día de hoy, al igual que la selva amazónica, también deben haber sido afectados por la ambición desmedida del "primate mayor". Que primero existe, y luego piensa.

"Pienso, luego existo". Es el planteamiento filosófico de René Descartes, el cual se convirtió en el elemento fundamental del racionalismo occidental. Yo me tomaré la libertad de cambiar el orden de la expresión. Y así convertirlo en el nuevo elemento esencial del irracionalismo moderno: "Existo, luego pienso".

René Descartes: filósofo, matemático y físico francés, fue considerado el padre de la geometría analítica y de la filosofía moderna, así como uno de los epígonos con luz propia en el umbral de la revolución científica. Nuestra visita fue breve. A sabiendas que teníamos largo camino por andar a regañadientes volvimos a la furgoneta convertida en un auténtico horno. Y proseguimos. A partir de aquí nos iríamos alejando de los núcleos urbanos y el calor comenzaría a ser un fastidio. Dos horas más tarde fuimos dejando atrás el departamento de Izabal y nos internamos en la vasta selva petenera. Al este, a pocos kilómetros de la estrecha carretera comenzaba el territorio de Belice. Tierra privilegiada bañada a lo largo de su ribera este por las aguas caribeñas, estas costas se extienden a lo largo de todo el litoral, desde Puerto Barrios hasta Cancún, territorio Mexicano.

Antes de continuar me gustaría describir algo que en principio podría ser curiosidad pero en el fondo trasmite sentimientos un poco extraños al ver la majestuosidad del fenómeno. El Gran Agujero Azul: es un gran sumidero o "agujero azul". Se encuentra cerca del centro del arrecife Lighthouse, un pequeño atolón ubicado a 100 kilómetros de la costa continental y la ciudad de Belice. El agujero es de forma circular y cuenta con más de 300 metros de ancho y 125 metros de profundidad. Se formó como un sistema de cuevas de piedra caliza durante el último período glacial, entonces los niveles del mar eran mucho más bajos pero cuando el agua comenzó a subir de nuevo las cuevas se inundaron y el techo se derrumbó. Se cree que es el fenómeno más grande del mundo en su género.

El Gran Agujero Azul es parte del Sistema de Reservas de la Barrera del Arrecife de Belice. Patrimonio de la Humanidad de las Naciones Unidas para la Educación, la Ciencia y la Cultura (Unesco).

Los cabeceos comenzaron a traicionarnos. Ya había pasado el mediodía y el sol brillaba sobre nosotros con todo su esplendor. Viajábamos bañados por la transpiración causada por aquellas extremas temperaturas tropicales, y el perturbador y asfixiante aire de abordo se tornaba casi irrespirable. La temperatura interior remontaría los 45 grados centígrados (los automóviles de entonces carecían de aire acondicionado). La humedad terminó aniquilando la poca energía que en nuestros cuerpos quedaba. El estrecho vehículo daba apenas margen a mover las piernas, desentumirlas era lo que más anhelábamos en aquel momento. Interrumpimos la marcha bajo la sombra de los colosales macizos que se extendían a lo largo del rustico y polvoriento camino, el estrecho camino de terracería manifestaba un integral abandono, en determinados tramos se hacía difícil, o mejor dicho, imposible, el tránsito de dos automóviles a la vez.

Después de secar nuestros cansados y empapados cuerpos, tendimos sobre el vehículo las húmedas toallas para orearlas. La tarde se presentaba sumamente quieta, el viento apenas soplaba y esto hacía más desagradable el calor pegajoso. El silencio de los moradores de la selva probablemente obedecía a la inmensa ola de calor que los mantenía al igual que a nosotros, "con el moco caído". Media horas más tarde después del bien merecido descanso retornamos al desolado y polvoroso camino. Al arribar a la comunidad de Poptún, las sombras de la noche ya cubrían el cielo petenero. Nadie podía ocultar la firme extenuación. A pesar del hambre ya que no habíamos probado bocado desde que dejáramos Morales, nos fuimos a la cama con el estómago vacío. Esa noche, caímos exánimes recobrando la consciencia con las primeras bataholas de los gallos mañaneros y los persistentes aullidos de los perros, que desconfiadamente custodiaban las propiedades de sus amos y, sobre todo, su propio territorio.

NAJ TUNICH

La región de Poptún es conocida por la Cueva de Naj Tunich: que significa "Casa de Piedra" (en la cual se encontraron pinturas eróticas mayas), y por sus grutas subterráneas de aguas termales aptas para bañarse. Naj Tunich se encuentra en el sureste de Petén, a 7 km de la frontera con Belice. En la región llamada: Montañas Mayas, en jurisdicción de la municipalidad de Poptún.

Forma parte del Parque Arqueológico de Arte Rupestre Naj Tunich. Este sitio es Patrimonio Cultural y Natural de la Nación Guatemalteca desde el 8 de febrero de 1985. En el año 1980 el descubrimiento de la cueva despertó mucha expectación e interés en los estudiosos de la arqueología maya. Esta cueva es por excelencia la que tiene la más variada arquitectura descubierta hasta el día de hoy. Para muchos pobladores la cueva es una puerta al inframundo. Aquí, se encontraron las únicas tumbas de nobles con adornos de estuco, reportadas hasta el día de hoy, así como el mayor conjunto de pinturas e inscripciones de cualquier otra cueva de origen maya. Naj Tunich posee docenas de textos jeroglíficos y figuras así como algunas impresiones de manos y media decena de petroglifos grabados. Los petroglifos: son representaciones graficas grabadas en rocas o piedras hechos por nuestros ancestros sobre todo a partir del periodo neolítico. Su uso en la comunicación data del 10.000 a.C. Este término no debe confundirse con pictografía: Escritura ideográfica que representa las ideas mediante dibujos.

Definición de estuco: El estuco es una pasta de grano fino compuesta de cal apagada (normalmente, cales aéreas grasas), mármol pulverizado y pigmentos naturales que se endurece por reacción química al entrar en contacto el carbonato cálcico de la cal con el dióxido de carbono (C02). Y se utiliza sobre todo para enlucir paredes y techos.

La mañana se presentaba muy fresca, descansados, bañados y con el apetito despierto, nos dirigimos al comedor. Esta vez con pagana intención de comer hasta punto de gula. Los amaneceres por estas regiones eran incomparables. La algarabía de las aves levantaba el ánimo a los lugareños, a diferencia de mi pueblo natal donde apenas se escuchaba el trino de algún pájaro perdido pues habían aprendido que la presencia del hombre era peligrosa y huían de ella, aquí retozaban a su antojo. En el vasto horizonte azul verdoso las aves jugueteaban sin recelo. La buena sintonía con los moradores era probablemente el motivo de todo aquel regocijo. En estos recónditos parajes los campesinos seguían las reglas de la selva. Mataban por dos cosas: en defensa propia. O por necesidad.

Según lo programado pasaríamos nuestra tercera noche en Flores. Así que mis amigos se pusieron manos a la obra. Desde muy temprano recorrimos todas las tiendecitas más céntricas, las situadas fuera de la periferia urbana al igual que en Morales, las visitaríamos a nuestro regreso. A decir verdad las ventas fueron mejor de lo previsto. Pronto sería Navidad y era natural que todos los comerciantes querían aprovechar las fiestas de fin de año para revender sus productos.

A eso de las tres de la tarde dimos por terminada la faena del día. Cien kilómetros nos separaban de Flores y era mejor ir preparados. Así que decidimos antes de continuar, deshacernos de una incómoda acompañante. El hambre. Detuvimos la marcha junto a un pequeño acogedor comedor. Una desvencijada pizarra agujereada en sus extremos superiores soportada por delgados lazos colgados de los travesaños rústicos que sostenían el ala frontal del corredor, anunciaba el menú del día, el tímido viento apenas la movía. La curiosidad me animó y me decanté por un guisado de venado con arroz. Un guiso un poco más singular figuraba en la variedad gastronómica del día. Culebra mazacuata. En otro lugar habría sido un escándalo ofrecer en el menú esta "exquisitez petenera". Esta serpiente no es venenosa ni agresiva, ataca únicamente al verse amenazada. La boa constrictora, conocida también como mantona, en Perú, y como mazacuata, en Centroamérica, es una especie de serpiente de la familia de las Boidae. Es una boa nativa de América, se le puede encontrar desde Argentina hasta el norte de México. Solo la subespecie boa constrictor posee el final de su cola de un color rojizo. Vive en hábitats con poca cantidad de agua, como desiertos y sabanas, a la vez que se le puede encontrar en bosques húmedos y terrenos de cultivo. Es un reptil tanto terrestre como arbóreo. A las cuatro de la tarde muy satisfechos emprendimos la marcha. Esta vez hacia el último punto proyectado. A los pocos kilómetros recorridos comenzó de nuevo el fastidio, la humedad y el calor se volvieron insoportables y los baches se hicieron nuestros eternos acompañantes. Salíamos de uno para caer en otro. Esto terminó convirtiendo nuestro angustioso recorrido más pausado de lo que pudimos imaginar. El tiempo transcurrió sin siquiera notarlo, ya era de noche y apenas nos encontrábamos a mitad del camino. Jamás había visto la oscuridad tan profunda, los faroles de nuestra furgoneta eran los únicos que alumbraban el camino selvático aquella noche.

En torno a las nueve y media de la noche, divisamos en la lejanía lo que parecía ser un valle iluminado que resplandecía en la oscura selva. Si no estábamos equivocados estaríamos pronto llegando a Flores. Los claros a lo largo del camino comenzaron hacerse continuos manifestando la presencia del hombre por aquellas tierras vírgenes. Tierras que fueron colonizadas por estos humildes campesinos que se enfrentaron a toda clase de adversidades para lograr sobrevivir en este ambiente hostil, consiguiendo crear los apartados núcleos sociales que fueron expandiéndose y poblando estas lejanas tierras. En los largos cien kilómetros transitados por aquel camino "fantasma", no tropezamos con una sola alma. Molidos de cansancio repetimos el mismo ritual de las noches anteriores. Ya tendríamos tiempo para explorar aquel místico pueblecito. Con afán de aprovechar mejor el día muy de mañana lo comenzamos. Como anoté anteriormente este viaje para mí no tenía significancia económica por lo que traté de aprovechar cada momento de esta inolvidable experiencia. Cada vez pude, escapé de mis amigos. Fue muy interesante hablar con sus pobladores, gente humilde y muy generosa como todos las personas sencillas de mí país. El municipio de Flores, es una de las jurisdicciones más ricas en recursos naturales, culturales y económicos de la región del Petén. Su extensión territorial se estima en 4,336.00 kms2, aunque esta área ha cambiado a través de los años por razones de carácter político. La ciudad está ubicada a una altura de 127 metros sobre el nivel del mar en uno de los islotes del lago Petén Itzá. El lago Petén Itzá tiene una extensión de 99 kms2 y una profundidad de 160m. Es el tercer lago natural más grande del país después del lago de Izabal y el lago de Atitlán. Flores, es una pequeña isla que da ocupación a gran parte de sus habitantes y como centro neurálgico de esta región es punto de encuentros culturales, sociales, económicos y naturalmente turísticos. El turismo ha sido una actividad primordial en la vida de los lugareños.

Pasado ya el mediodía, mientras mis amigos realizaban sus contactos comerciales por los alrededores, aproveché el tiempo para recorrer aquel precioso islote. Aquí todo era diferente, la gente, el paisaje, hasta la tibieza del aire por no hablar de la fauna y la flora. Embelesado con tanta belleza, absorto, me senté a la sombra de un morrocotudo árbol de conacaste de unos 25 metros de altura y uno de tiro para resguardarme del castigador sol que no daba tregua. Don Jaime, que también rehuía de las inclemencias del tiempo, antes de continuar a casa decidió imitarme, apostó meticulosamente su machete incrustado dentro de una colorida vaina con figuras labradas seguramente por algún experto artesano de la zona, al pie del árbol. Se sentó al otro extremo de la rustica banca, sacó un pañuelo de vivos colores y se quitó el sombrero. Y mientras se secaba el incómodo sudor del cuello y el rostro, saludó cordialmente.

— ¡Buenas tardes!

— ¡Qué calor hace! Al responder a su saludo por no tener de que hablar, continué con lo mismo.

— ¿Pero no me negará que está muy linda la tarde?

—Por su acento adivino que usted no es de por aquí, ¿o me equivoco?

—Pues es usted muy buen conocedor, soy capitalino, repuse. Jamás pude suponer que iba encontrar en él un gran parlanchín. Los hombres viejos para mí eran como enciclopedias vivientes y me magnetizaba escuchar sus siempre interesantes historias. Don Jaime ya pasaría las 70 primaveras. Regresaba de San Benito, a unos dos kilómetros de allí, de sus labores cotidianas que habían comenzado a la seis de la mañana en sus sembradillos de maíz chapeando la mala hierba y ahuyentando hasta el cansancio a los pericos. —No pude más— ya me agoto más pronto pero ni modo hay que hacerlo. Enfatizó con conformidad.

"Cuando era joven, no paraba, no me va usted a creer", sonríe picarescamente, "hasta anduve perdido por Belice. Me fui tras una mulata". Esboza de nuevo una alífera risita y continua. "Y estando por allá Mr. George, un viejo mulato muy alegre y simpático me contó una historia un poco rara... verá usted, según él, hace unos 40 y tantos años en un lugar conocido como Punta Gorda, la hija de un inglés que hacía unas excavaciones encontró una calavera de cristal del tamaño de un cráneo natural. El me aseguró que no es la única, hay otras pero nadie sabe cómo encontrarlas y, tienen poder, dicen que sale una luz extraña por las oquedades de sus ojos que hipnotiza y cura a la gente enferma. ¡Ría si quiere!, pero fue lo que a mí el mulato me contó. Dicen que los mayas la recibieron de unos hombres que vivían en un gran país que existió hace muchísimos años, pero desapareció y nadie sabe, ¿cómo?". Para mí en aquel entonces su relato no fue más que ficticio y encontrado, sin embargo, seductor. Hoy sé que fue una historia real de la cual ha surgido una leyenda. La tranquilidad de la tarde quedó entrecortada por gritos jubilosos que procedían de las cercanías del agua, devolviéndonos al hermoso escenario natural. Mi sabio interlocutor se puso agitadamente en pie, se le había echado el tiempo encima y en casa le esperaban sus aves de corral y sus puercos. El día aún no había terminado para él. Se enfundó el machete en el cinto y me tendió la mano. El diario sacrificio por llevar el sustento a casa se manifestaba en ella, fuerte como el mismo conacaste, agrietada como el suelo árido erosionado después de una severa sequía y, morena como la misma tierra, exteriorizaba las crudezas y las injustas diferencias de la vida.

Sonreí, y lamenté no poder saber más de la mulata.

— ¡No se preocupe!, la encontré, y me está esperando en mi ranchito, sonrió picarescamente. Dinámicamente, bordeando los cercos buscó la sombra del follaje, y tomó una pequeña senda desapareciendo al final de mi vista.

Aquel alboroto fue ocasionado por pequeños niños. Algo llamó mi atención. Llegaban sin compañía de mayores. En ropa interior correteaban por las orillas de aquel hermoso lago. Aunque sus mansas aguas apenas se movían y aquello se antojaba como un inmenso lienzo azul "inofensivo", no le restaba magnificencia. Los riesgos podrían ser muchos: calambres o simplemente la inocencia que temerariamente les hacía desafiar los peligros sin poder imaginar las consecuencias. Y ahí no acabó todo. Me quedé perplejo al ver cómo se lanzaban a las entrañas de sus tibias aguas y se alejaban considerablemente de la orilla, separándose de ella unos 50 metros y luego volvían. Esto se repitió por enésima vez antes de aproximarme a ellos y preguntarles por su edad.

—Yo tengo ocho, contestó el mayor.

—José tiene siete, y ella, señalando a una diminuta niña, agrego, tiene también siete y se llama María.

—Y este que apenas puede nadar, soltando una risa un tanto burlona, con actitud altanera, añadió, tiene seis y se llama Santiago como yo. Ya hubiera yo deseado gozar de las habilidades del pequeño Santiago que nunca mejor dicho se movía como pez en el agua. Me quede perplejo sin articular palabra. A mi edad no hubiera sido capaz de nadar dos metros en salvavidas. Estoy plenamente convencido que el ambiente determina el comportamiento de los individuos pero también estas dejadeces de los padres pueden acarrear consigo lamentables y trágicas consecuencias que podrían evitarse a tiempo.

CALAVERAS DE CRISTAL

En el año 1919, Frederick Albert Mitchell-Hedges, de origen británico (se especula que fue este personaje quien inspiró a Steven Spielberg para crear Indiana Jones) descubre un área arqueológica en las ruinas de una ciudad maya a la que se llamó Lubaantun, en Belice. Este aventurero investigaba en aquel lugar con el fin de encontrar alguna evidencia que confirmase la existencia de la Atlántida. Excavó durante años la zona hasta que en 1923, Anna, su hija, mientras curioseaba entre las ruinas vislumbró un destello entre las piedras de la pirámide. Pasaron semanas antes de que lograran averiguar cuál era su origen. Removieron los bloques de piedra y el día 1 de enero de 1924 (día en que Anna cumplía 17 años), recuperaron uno de los objetos más extraños encontrados jamás: una calavera de cristal entallada con una perfección asombrosa.

Al alzarla, para verla mejor, los trescientos indígenas que les acompañaban en la excavación se arrodillaron y comenzaron a rezar y besar el suelo. Llamada "Cráneo del Destino o Calavera del Destino". Es la más conocida de las misteriosas calaveras de cristal. Tiene particularidades muy similares a la de una verdadera calavera humana, como dientes y posee una perfecta mandíbula con movimiento, fabricada con cristal puro de cuarzo. Tanto la mandíbula como el bien formado cráneo proceden de la misma roca. Exceptuando pequeñas anomalías, es anatómicamente perfecta, posiblemente la representación de un cráneo femenino debido a su pequeño tamaño, 12,7 cm de altura, mientras que su peso es de 5 kg. El bloque de cuarzo donde fue tallada, debió tardar entre 50 y 100 mil años en formarse. El cráneo, perfectamente tallado en cristal de roca, presenta un alto grado de dureza (siete sobre diez, en la escala de Mohs), de lo que se deduce que sólo mediante fundición del mineral y utilizando un molde, el tallado con otras piedras preciosas de igual o superior dureza (como el diamante) o un láser podría obtenerse algo parecido. Pero los mayas no poseían la suficiente capacidad técnica como para enfrentarse a semejante empresa. En 1970 la familia Mitchell-Hedges entregó el cráneo a los laboratorios de Hewlett Packard para su estudio (la prueba del carbono 14 no servía dado que es material inorgánico) en los cuales pudo comprobarse que el cristal fue tallado en contra del eje natural del cristal, a pesar de que los modernos escultores no lo harían porque esto provocaría la rotura de la pieza de cuarzo, ni siquiera utilizando la tecnología láser, ya que tendría idénticos resultados sobre el cristal. Otro de los hallazgos asombrosos consistió en que no hallaron evidencia ni el mínimo rastro de que se hayan utilizado herramientas metálicas. "Este maldito cacharro ni siquiera debería existir" declaró uno de los investigadores.

Mitchell-Hedges afirmaba que los mayas descendían de los atlantes y la calavera encontrada era prueba de ello, según sus propias palabras, hacerla debió llevar unos 150 años, para ello los mayas, generación tras generación debieron estar trabajando en ella todos los días de sus vidas, frotando con arena un inmenso bloque de cristal de roca hasta que finalmente emergió el cráneo perfecto. Algunos expertos creen que fue esculpida hace al menos 3.600 años. De acuerdo con la leyenda, el gran sacerdote de los mayas la utilizaba en la celebración de ritos esotéricos. Dicen que, cuando invocaba a la muerte con la ayuda de la calavera, la muerte siempre acudía.

Otras dos calaveras de cristal se encuentran en los museos: Museum of Mankind de Londres, y en el Trocadero Museum en París, respectivamente. Ambas fueron halladas por soldados en México durante la década de 1890 y están talladas sobre cristal puro de cuarzo, aunque no tan elaboradamente como la de

Mitchell Hedges. La calavera expuesta en el Museum of Mankind se considera gemela de la de Mitchell-Hedges, salvo por un pequeño detalle. La calavera de Mitchell-Hedges, tiene la mandíbula articulada, como en un cráneo verdadero. Mientras que la llamada Calavera Británica tiene la mandíbula fija. Los investigadores están de acuerdo en afirmar que los dos objetos han sido construidos por las mismas manos. El Museum of Mankind lo adquirió de Tiffany's, el célebre joyero de Nueva York, en el año 1898, por 120 libras. Los ejecutivos de Tiffany's no fueron capaces de (o no quisieron) dar explicaciones sobre su origen. Unos 12 años después sería el British Museum quien entró en posesión de esta calavera.

La llegada de la calavera al British Museum, coincidió con una serie de extraños hechos. Aparte las afirmaciones, antes escasamente probadas, de súbitos desplazamientos de objetos o repentinas invasiones de perfumes diferentes e inexplicables, fue el personal de limpieza del museo en las horas nocturnas quienes alimentaron las creencias que atribuyen a la calavera poderes ocultos. Finalmente consiguieron que la calavera fuera cubierta por un pesado paño durante las horas nocturnas. El misterio de las calaveras es enriquecido también por una leyenda que se remontaría a los mayas. Tal leyenda cuenta que en el mundo existen 13 calaveras de cristal a tamaño natural. Y cuando todas sean encontradas, les trasferirán a los hombres todo su conocimiento. Sin embargo la leyenda nos advierte que eso sucederá hasta cuando los hombres sean íntegros moralmente.

Otra interpretación expone que la leyenda maya explicaba que las trece calaveras de cristal correspondían con los trece mundos en los que habitaba el ser humano. El último mundo se suponía el nuestro, y por esta razón las calaveras se habían traído por humanos de otros planetas hasta aquí para repartirse por todo el planeta y responder sobre la existencia a través de nuestros aprendizajes. Mientras tanto nos demuestran que todavía nos queda mucho por aprender y, que en otros tiempos tuvieron avances tecnológicos que hoy en día hemos perdido, y somos incapaces de responder a las preguntas que nos generan estas piezas. Propiedades paranormales: los entusiastas admiradores de lo paranormal han achacado a la calavera cambios de color vinculados a las posiciones de los planetas, poderes curativos, la visión de imágenes en las cuencas de sus ojos, la captación de sonidos y de olores extraños. Las propiedades sobrenaturales de la calavera son inquietantes: alumbrada por debajo, la luz sale por las cuencas. Alcanzada por detrás por los rayos del sol, un intenso haz luminoso (capaz de encender fuego) sale por las cuencas, la nariz y la boca. Instala pensamientos en la mente de quien la observa. Está maravillosa obra de arte está fabricada con cuarzo natural sumamente puro, de dióxido de silicio "piezoeléctrico" anisótropo. Sin señal de fabricación resulta imposible fecharla (el cristal no envejece). Con una tecnología moderna con diamante haría falta un año de trabajo para conseguir el aspecto exterior con huellas de fabricación.

"Esta fascinante historia, seguramente, fue la que a medias don Jaime escuchó".

Terriblemente hambriento regresé al hospedaje. Serían ya las cuatro de la tarde. Habiendo acordado que el hotel sería nuestro punto de encuentro apresuré el paso para no hacerles esperar. De nada valió, por lo visto era el único que había acudido puntual a la cita. Por la tardanza de mis amigos deduje que el viaje se aplazaría para el día siguiente. El suntuoso olor a guiso me empujó al interior del comedor que se encontraba a esas horas vacío. El hambre aterradora pudo más que mi buena voluntad y decidí comenzar sin ellos. Ya pasaban las cinco de la tarde. El desayuno era el único sustento que se aferraba a darme la última pisca de energía. Unas cinco horas antes, a eso del mediodía en mi recorrido por las calles aledañas al centro de Flores, atraído por la frescura de la sombra de un pequeño portal techado de paja que en su interior albergaba un pequeño negocio, decidí hacer un alto y guarecerme del irradiante sol que traía abatidos a los vecinos por no hablar de los infortunados perros callejeros que con desgano se hacían de la primera sombra a su alcance. Realmente el enorme calor amansaba el hambre. Sin el menor apetito, simplemente incitado por la sed entré en la pequeña tiendecita con el propósito de mitigarla. La fría y refrescante naranjada era el único líquido que me atiborraba la barriga aquella tarde, aportándome durante varias horas una sensación de completa llenura.

Su simpático propietario don Rodrigo, trató de recopilarme la historia de la región en unos minutos. "Petén fue registrado como departamento —bueno... no me acuerdo exactamente, pero creo fue un 8 de mayo de 1886. Por aquel tiempo todo esto era más grande, ¡sí!, ¡sí!, mucho más como lo oye, todo esto tenía una extensión de 60,000-65,000 kms2". En ese instante entra por el umbral de la puerta una clienta habitual que nos saluda amablemente. Él, gentilmente se disculpa y se aleja de mí unos dos metros y contesta al saludo cordialmente. Después de la reverencia protocolaria ella se aleja con dos libras de azúcar y unas onzas de sal. Regresa. Se sitúa de nuevo frente a mí. "La Margarita me hizo perder el hilo de la conversación, viene casi todos los días", aclaró. Hizo una pausa, y respiró profundo, miró al vacío unos segundos como tratando de atar cabos para recordar el momento exacto del interrumpido diálogo, y vuelve vivazmente la mirada y pregunta:

"¿Dónde estábamos?". Sin dejarme siquiera contestar a su pregunta, prosigue. "Si... le decía que esto era más grande, los mexicanos se han quedado con 30,000 kms2, imagínese usted cuantas tierras perdidas. Pero ellos no tuvieron la culpa". ¿Entonces? ¿A causa de qué? Pregunté intrigado. "Fue nuestro presidente y todo lo hizo a espaldas del pueblo". Le interrumpí involuntariamente de nuevo. ¿A qué presidente se refiere?

"A Justo Rufino Barrios", añadió, con marcado enfado.
"Solamente en Guatemala pueden pasar estas cosas", sentenció, subiendo un tanto el tono de voz.

Quiero hacer un paréntesis aquí para recordar, que, Justo Rufino Barrios luchó por lograr la unificación centroamericana, e irónicamente se doblegó ante los mexicanos regalándoles las tierras que, según don Rodrigo, había otorgado sin hacer la mínima consulta popular.

Repuesto del enojo se lanza de nuevo. "Toda esta comarca está plagada de maderas preciosas, selectivas, y usted no puede imaginar la explotación bárbara, legal e ilegal. Están dejando la selva desértica. ¿Y quién dice algo? ¡Nadie! Para mí que los copetones (funcionarios influyentes) tienen que ver en todo esto, son unos ladrones", agregó sin ocultar su malestar.
¿De qué maderas se trata? Pregunté curioso.
"De Caoba, Cedro, Santa María, Chico Zapote y otras más".
Me limitaré únicamente a hacer una corta descripción de la caoba y del cedro para que el posible lector entienda la razón de la desmedida deforestación. El hombre sobrepone su ambición y egoísmo ante la racionalidad.

CAOBA

Es una de las maderas más conocidas del mundo. Se utiliza en construcciones de lujo y solides. En decoraciones de interiores, trabajos de ebanistería fina, tornería de lujo, también es usada para fabricar instrumentos musicales, chapa decorativa; trabajos de gabinete y construcciones marinas. La madera presenta una marcada diferencia de coloración entre albura y duramen. En condición seca, la albura es blanca rosácea, mientras el duramen es rojizo oscuro. Es moderadamente pesada. Los valores de contracción son bajos y uniformes proporcionándole excelente estabilidad dimensional. Y consecuentemente las propiedades de dureza y resistencia mecánica la hacen considerablemente buena para una madera de su densidad. Es fácil de secar, tanto natural como en estufa. Además presenta excelentes propiedades de trabajabilidad aunque en algunas ocasiones la madera de tensión puede provocar defectos durante el cepillado. Su durabilidad es alta.

«La albura es la parte joven de la madera que corresponde a los últimos ciclos del crecimiento del árbol y suele ser de un color más claro.

El duramen es la parte de la madera localizada en la zona central del tronco. Representa la parte más antigua del árbol, tiende a ser de color oscuro y de mayor durabilidad natural».

CEDRO

La madera es de color rojizo a moreno claro. De grano fino, compacta, ligera, aromática, fuerte y durable en el interior. Resistente a los insectos, estable y fácil de trabajar. Se utiliza para fabricar muebles finos y puertas. Muy usada en ebanistería, instrumentos musicales, esculturas y tallados. También en aeromodelismo, juguetes y artesanía, chapas y molduras, aparatos de precisión, cajas para tabacos y otros muchos. La infusión que se obtiene del cocimiento de sus hojas, raíz y corteza, se usa como medicina casera contra la bronquitis, dispepsia, indigestión, fiebres, diarrea, vómitos, hemorragias y epilepsia. Además las semillas poseen, fundamentalmente para eliminar lombrices, propiedades vermífugas (purgantes). Su madera posee un perfumado aroma, producido por un aceite volátil.

"A más de este eterno problema el día de hoy aquí tenemos otro problema. El de los militares y los canches" (el vocablo canche es usado en Guatemala para especificar el color rubio del cabello de una persona). Inevitablemente le interrumpí de nuevo. ¿Los canches? Pregunté sin lograr entender el concepto. "¡Sí! Los guerrilleros", respondió. Los ojos vivaces antes de soltarlo recorrieron hasta el último de los rincones del pequeño comercio, y en vos casi susurrante, repuso. "¿No será usted uno de ellos? ¡No me conteste!", soltando una sonora y franca carcajada, continuó. "Es una broma. Les llaman así porque entre ellos hay extranjeros, y muchos son rubios. Algunos dicen que son rusos. Pero esto no se puede hablar en voz alta. Usted comprenderá, las paredes tienen oídos". Por el umbral de la amplia puerta entre comentarios jocosos y carcajadas hicieron acto de presencia dos nuevos clientes y viejos amigos de mi amable interlocutor. No queriendo importunar o estropear aquel prometedor coloquio aproveché el momento para despedirme. Con un "¡vaya con Dios!", me extendió la mano despidiéndose de mí.

Con aproximadamente dos horas de retraso mis sonrientes y bien humorados amigos, llegaron. Por la algarabía deduje que las ventas habían ido viento en popa. Adrián, con gesto de pena estampado en el rostro trató de excusarse.

Se dice que el faisán es un bocado de reyes sin embargo por aquellas tierras era un bocadillo común y corriente, tan así que muchos comensales preferían el pollo o la gallina. Nadie es profeta en su tierra. El día siguiente se perfilaba diferente. Esta vez acompañaría a mis amigos. Concertamos aligerar las visitas pendientes para retornar a la ciudad de Guatemala a eso de las tres de la tarde. Con finalidad de amanecer descansados y aprovechar mejor el día, nos retiramos a eso de las ocho a nuestras habitaciones.

A pesar de ser cortos recorridos, el mal estado de las vías duplicaba y prologaba considerablemente el tiempo de las visitas. Esto me hizo adivinar que en parte pudo haber sido el origen del retraso de mis amigos el día anterior. Algunos tienderos astutos que por experiencia sabían que al inicio de año escaseaban los artículos de primera necesidad doblaban su abastecimiento. Y esto apresuró el agotamiento de la mercancía antes de lo previsto.

Las agujas del reloj marcaban la una de la tarde en punto cuando dimos por terminada la labor. Esto significaba que nuestro obligado paso por Poptún y Morales, sería meramente turístico. Con el hambre y la sed apagada procedimos al control y servicio del vehículo. El hedor a carburantes inundaba varios metros a la redonda la única gasolinera del lugar que por un momento creímos desatendida. Al igual que el día anterior la tarde se presentaba húmeda y sofocante y esto mantenía al único empleado refugiado en la pequeña caseta que hacía de oficina, almacén de venta de repuestos, aceites, cigarrillos, refrescos y artículos de primera necesidad. Aturdido y casi semidormido y dando traspiés, un hombre flaco con las ropas desalineadas que hacía tremendo esfuerzo por retener el inevitable bostezo, se acercó, exhalándolo finalmente con tremenda complacencia.

"Lo siento —no pude evitarlo he pasado muy mala noche".

"¿Qué van a necesitar mis amigos?".

"Revisión completa y tanque lleno", solicitó Raúl. Antes de levantar velas hacia las profundidades de la enigmática selva estas verificaciones eran obligatorias. Saliendo de los lugares poblados el contacto humano se haría prácticamente nulo hasta alcanzar el poblado de Poptún. Lo sabíamos.

Según el diagnóstico técnico hecho por nuestro "entusiasta mecánico" todo andaba perfectamente. Sin embargo vi un poco intrigado como insistentemente Raúl, que ya había puesto el motor en marcha, no apartaba el ojo de los indicadores del vehículo. Adrián vio este gesto natural y le restó importancia. No hizo comentario. Quizá sean cosas mías, pensé. Comenzamos nuestro retorno apilados en aquella pequeña furgoneta Datsun 1300, color gris, con palanca de cambios a la altura del timón (este sistema era muy usual en los autos de la época) que daba opción acomodar un tercer pasajero sin mayor dificultad. El estrepitoso traqueteo acompañado del calor pegajoso tropical por momentos nos silenciaba buenos tramos del camino. Por instantes los abrazadores rayos del sol escapaban a través de los claros de la espesa selva e inclementes penetraban por el vidrio delantero "evaporando el colágeno" de las entrañas de nuestra quemada piel morena. En prevención de evitar la deshidratación, con antelación colocamos dentro de una de las cajas vacías una garrafa plástica de un galón de agua fresca (cuatro litros) que consideramos más que suficiente para el primer trecho del camino, de la cual comenzamos a dar cuenta tan pronto dejamos Flores.

Ensimismados en nuestros pensamientos nadie supe decir de donde habían salido aquellos extraños hombres uniformados "que emergieron de la nada". Habría transcurrido un par de horas de nuestro recorrido. Uno de ellos levantó la mano derecha exhortándonos a detener la marcha. Sin titubear acatamos las órdenes. Sabíamos que no quedaba otra opción. Eran militares o al menos así lo parecía. Se acercaron desconfiadamente y el que parecía comandar tomó la delantera. Sus rasgos intensamente autóctonos apenas podían ocultar su origen. A su retaguardia, venían tres hombres más vestidos de verde olivo con la misma fisonomía, estos se detuvieron a varios metros. Percibía en ellos el temor. Nos apuntaban con sus fusiles nerviosamente.

— ¡Sus papeles!

El grito imperante del primer individuo que identificamos como jefe de aquel grupo nos hizo estremecer aún más.

— ¿De dónde vienen y hacia dónde van? Espetó mal humorado mientras extendía la mano para hacerse de nuestros documentos de identificación.

"Venimos de Flores... y regresamos para la ciudad de Guatemala", trató explicar sumamente nervioso, Raúl. Reacción natural de mí amigo, que fue percibida como hostil por los uniformados. Los examinó meticulosamente y levantó la mirada como tratando de constatar si los portadores realmente éramos los ahí presentes. Se cruzaron sin mediar palabra las miradas acrecentando nuestra quebradiza angustia. Mis pensamientos mientras permanecía sentado exánime y a punto casi de infarto dentro de la abrasadora furgoneta se trasladaron a la tiendecita de don Rodrigo: "Les dicen canches". Estas palabras resonaban en mi cerebro una y otra vez al compás de los latidos de mí corazón. ¿Si la definición de don Rodrigo es correcta? Estos tendrán que ser militares, pensé. Pávido no sabía cómo actuar. Mí cédula de vecindad, entonces, documento de identificación nacional de Guatemala, me identificaba como estudiante. Escasos minutos habían pasado cuando caímos en la cuenta, estábamos rodeados por sujetos armados con metralletas.

El "comandante" devolvió las cédulas a mis amigos y sin articular palabra se alejó dando grandes zancadas, llevándose la mía. Y desapareció por el mismo pasadizo misterioso por el cual habían aparecido. Se dirigió hacia el campamento ubicado a unos 300 metros carretera adentro, cómo pude verificar instantes después. Los minutos se hicieron eternos y un sudor frio comenzó a recorrer mis manos. Y el calor horrible de la selva terminó adhiriendo las ropas a mi empapado cuerpo. Fueron momentos de terror y mucha tensión. Las difíciles y absurdas experiencias vividas en este ambiente de irracionalidad, malos modos y abuso de autoridad dejaron derivaciones traumáticas en miles de ciudadanos guatemaltecos.

Mis acompañantes hondamente preocupados no sabían que hacer, no se atrevían siquiera a cruzarse las miradas por temor a despertar la ira de nuestros antagonistas. El sepulcral silencio intensificaba el bullicio de los habitantes de la selva. Escuchamos ruidos en la maleza que se fueron haciendo más perceptibles conforme pasaban los segundos. Alguien se acercaba. Las siluetas de dos hombres se fueron haciendo más claras al dejar los espesos de la selva y alcanzar el polvoriento camino. Se encontrarían a unos 100 metros de nosotros pero conforme se acercaban pude reparar que se trataba del comandante que se hacía acompañar por otro uniformado. A escasos dos o tres metros se detuvieron. El oficial que le seguía a diferencia del primero tenía rasgos y tez diferente. Pude suponer que se trataba del que verdaderamente comandaba aquel improvisado cuartel. Éste, me instó a descender de la furgoneta de manera abusiva e imperiosa. El simple hecho de ser estudiante me había condenado. Autoritariamente, el oficial instó a mis amigos a desaparecer del lugar y dejarme. Adrián, sumisamente intercedió en mi defensa, todo fue en balde. El militar desatendió las suplicas y me ordenó con engreimiento dirigirme hacia el campamento. En ese momento comenzaron a desfilar por mi mente miles de cosas. Consideré que aquel sería el último día que vería a mis amigos.

Los que vivimos aquellos tempestuosos años sabíamos de sobra lo que significaba caer en manos de militares o policías encubiertos. Estos organismos tenebrosos fueron creados para reprimir y asesinar con total impunidad. Obedecí y abandoné el vehículo. No me quedaba otra elección. Resistirme hubiera sido acto de suicidio. Caminé hacia el lugar que me indicaron, fui llevado por un pequeño sendero que ellos seguramente habían deshierbado para tener acceso a la carretera. Caminamos por unos minutos en fila india y al llegar a un paso más ancho divisé a unos doscientos metros el campamento conformado por una docena de carpas color verde olivo. Unos cuantos vehículos militares permanecían parados junto a estas bajo cubiertas de lona verde, soportadas en sus cuatro extremos por lazos sujetos a puntales rústicos, elaborados seguramente por los mismos militares. Aquí nos detuvimos.

Aquel oficial rompió aquí el mutismo, se presentó como el verdadero comandante del acantonamiento y en tono más sereno trató sonsacarme algo que yo desconocía.

— ¿Dónde están?

— ¿Quienes?, pregunté sin entender la maliciosa pregunta.

—No te hagás el tonto, tus amigos los guerrilleros.

—Seguro que contarás donde podemos hallarlos. —Muchos estudiantes en vez de estar en las escuelas andan por ahí dando problemas...

—Por favor Coronel, le interrumpí.

—Lo reconozco, soy estudiante pero más allá de eso el único delito que he cometido es escaparme de la escuela y acompañar a mis amigos en este viaje. Desconocía el grado militar de aquel sujeto pero al parecer le agradó el cumplido. Ventajosamente he tenido una habilidad: pensar rápido. Por habladas conocía de un oficial del Ejército que vivía en San Juan Cuesta Abajo, pueblo natal de mi padre. Ni siquiera le conocía de nombre. Y sin dejar que respondiera al alago, añadí rápidamente.

—Conozco al teniente "Cadejo", es muy conocido en el Ejército, ¿seguramente usted sabe de quién le hablo? Es muy buen amigo mío y vecino de mí pueblo. Mentí sagazmente. Al parecer mencioné la palabra mágica o simplemente en medio de toda aquella mala racha estaba de suerte aquel pavoroso día.

— ¿Alejandro? Preguntó el militar.

—Sí, el cadejo, insistí. Cavilando que aquel nombre fuera una trampa del astuto militar opté no caer en ella ni seguirle el juego. Me ordenó detenerme.

— ¡Andáte!, hoy has tenido suerte, pero andáte con cuidado, puede que la próxima vez me encontrés de mal humor.

Levantó la mano indicándome el camino hacia la carretera.

No tuve tiempo de averiguar cómo habían llegado aquellos jeeps y camiones al campamento. Con el miedo todavía metido en el cuerpo sin siquiera volver la mirada corrí hacia la furgoneta. Mis dos amigos repletos de ansiedad todavía esperaban por mí. Inmediatamente desaparecimos del lugar.

Antes de continuar con este relato me gustaría hacer mención de algunos de los hechos que originaron la lucha organizada armada en Guatemala. Y de un suceso horripilante acaecido por estas tierras peteneras que fue conocido, como: La masacre de Las Dos Erres.

El 13 de noviembre del año 1960, un grupo de militares protagonizaron una trifulca en los cuarteles intentando derrocar el régimen de entonces, presidido por Miguel Ydígoras Fuentes, si bien fracasó fue el núcleo central que originó la revuelta insurgente en Guatemala. Conflicto que se extendería 36 años. Entre los golpistas se hallaban dos jóvenes oficiales: el teniente Antonio Yon Sosa, y el teniente Luis Augusto Turcios Lima, el primero de ellos fundó el MR-13 (Movimiento Revolucionario 13 de Noviembre) y el segundo fue comandante de las FAR (Fuerzas Armadas Rebeldes). Esta fue la primera organización guerrillera del país. Fue fundada a finales de 1962 a partir de la unión entre el Movimiento Revolucionario 13 de Noviembre, el movimiento estudiantil 12 de Abril y la avanzadilla 20 de octubre del Partido Guatemalteco del Trabajo.

Las Fuerzas Armadas Rebeldes encararon la tensión que se produjo entre la dirección política y militar de la lucha guerrillera. Inicialmente se acordó que el PGT se haría cargo de lo político, y las FAR de lo militar. Esta división artificial fracasó y condujo a permanentes conflictos.

El primer Comandante en Jefe de las FAR, fue el teniente Luis Augusto Turcios Lima, ex oficial del Ejército de Guatemala, muerto el 2 de octubre del año 1966 en un extraño accidente de tráfico, sin embargo no se descarta que haya sido asesinado. Con su desaparición sucumbió una leyenda. Cuentan que desde que el cadáver fue identificado y reclamado por su abuela la mayor funeraria de la capital de Guatemala se convirtió en lugar de peregrinación. Y el desfile no cesó, hasta que partió el féretro hacia el cementerio, el día siguiente. Luego pasó a comandarla César Montes quien poco antes de la ofensiva contrainsurgente iniciada en octubre del año 1966 abandonó el país y la dirección guerrillera. Su tercer y penúltimo Comandante fue Camilo

Sánchez, capturado y asesinado por el ejército. Finalmente, el Comandante Pablo Monsanto asumió la dirección de las FAR hasta su disolución en 1996.

En 1967, el terror estatal logró casi derrotar a la guerrilla urbana y a los grupos de resistencia que operaban en el oriente del país. Sin embargo, entre 1968 y 1969 las FAR se reagrupan y empiezan a operar, organizando un grupo de resistencia que tomó como frente de acción las montañas entre Alta Verapaz y Quiche, situados en el norte y noroccidente del país. Durante la década del año 1970 las FAR impulsaron trabajo político y organizativo entre las diferentes organizaciones sociales, esencialmente en las organizaciones magisteriales, sindicales y campesinas. Establecieron frentes guerrilleros en Petén: Frente Guerrillero Lucio Ramírez, Mardoqueo Guardado, Panzos Heroico y Raúl Orantes. En Santa Rosa y Escuintla (Frente Guerrillero Sur). Y además en la zona metropolitana de Guatemala.

MOVIMIENTO 13 DE NOVIEMBRE

Siendo muy joven, en camino hacia Bananera, Izabal, hice una visita espontánea y breve a las ruinas de Quiriguá. Mi hermano Marco, habiendo sido maestro rural radicado por esta región conocía perfectamente lo que acontecía por sus alrededores. "Por aquí se ven seguido los guerrilleros", comentó, con la vista fija como queriendo penetrar con ella la tupida vegetación tropical. ¿Y la gente? Curioso pregunté. "Nadie mira nada, pero todos hablan de ellos". ¿Les has visto alguna vez?, "claro que sí, yo trabajaba antes de cambiarme a Bananera, por allí, en una aldeíta", señala con el índice...

Nuestra conversación fue interrumpida por tres sonrientes lugareños que muy atentamente con un saludo referencial se despojaron al pasar frente a nosotros el sombrero de petate (hoja de palma), y continuaron hacia un frondoso árbol para guarecerse del ardiente sol. Dos de ellos, los más jóvenes se marcharon. Intrigado por lo que en aquel recóndito lugar ocurría simulando buscar la sombra aproveché la ocasión y me uní al hombre viejo que cabeceaba con los ojos semiabiertos.

— ¡Buenas tardes! Cordialmente de nuevo saludé. Él, de igual manera contestó.

Acelerando el ritmo de manotazos tratando de espantar a los fastidiosos zancudos me acomodé en la rústica banca.

—No se impaciente, pronto se acostumbrará o ellos se cansarán, y ya no le molestaran. Sonrió de muy buena gana mostrando su amarilla dentadura curtida por el humo penetrante nicotínico del cigarrillo «payasos» que sostenía en su mano izquierda y, que estaba a punto de desaparecerle entre los dedos. Este cigarrillo de sabor dulzoso fue el más barato y popular de la época. A punto de quemarse, sacó apresuradamente de la bolsa de la camisa una cajetilla y con destreza la sacudió y sustrajo un cigarrillo más.

—A usted no le ofrezco... ¿O le hace?

—No, claro que no. Mentí. Se lo llevó a los labios y lo prendió con el calcinado cigarrillo que lanzó al suelo arenoso de manera fulminante.

—Que tarde más tranquila, repuse.

— Pero no se fie, a veces se oyen plomazos muy cerca de aquí. Guardó con habilidad magistral de nuevo la cajetilla y apresuró una boconada de humo, y continuó.

—Por aquí anda el chino, comenta un tanto emocionado.

— ¿Quién? Cándidamente, pregunté.

—Se ve que usted no es de por aquí.

— Marco Antonio Yon Sosa "el mero de la guerrilla".

Al ver mi ingenuidad dijo apaciblemente.

—Le contaré algo de él, bueno... Le contaré lo que todos saben. Lo quieren mucho. Verdaderamente ellos no son malos, por el contrario ayudan a la gente pero ni modo a los militares no les gusta esto nada y luego vienen y maltratan a los vecinos para atemorizarlos. A causa de esto muchos de nuestros jóvenes se han ido. No les ha quedado otra alternativa pues si no lo hacen así los militares los matan.

— ¿Se fijó?, yo estaba aquí con dos de ellos.

—Sí, claro que sí, asentí.

—El Jacinto y el Tomás también se marchan hoy, se van para los Amates. Como dando una pincelada imaginaria levantó la mano hacia el sur, y dijo: "A un caserío que queda por esa parte, allí se hallarán sin duda más seguros". Soltando un suspiro de conformidad, continuó, "así que ya quedamos solo los viejos y las mujeres por estos alrededores. Algunos muchachos se los llevo el chino y están echando penca (luchando) en el monte con él. Si yo fuera joven también estuviera allá, nadie ha podido con él. Dicen que los mismos gringos lo entrenaron, es muy listo, a los militares se les ha ido de las manos y ni ellos mismos se explican ¿cómo?". Repite el mismo ritual y enciende el tercer cigarrillo. En este intervalo de tiempo dos mujeres y varios chiquillos que también rehuían de la despiadada virulencia del ardiente sol, se refugiaron bajo la copa en forma de sombrilla del enorme árbol de amate, interrumpiendo nuestro interesante parloteo. Se pone de pie, sacudiendo brazos y torso para desentumirse me extiende cortésmente la mano.

—Ya le conté algo y ya me tengo que ir.

— ¡Quede con Dios!

—Vaya usted con cuidado señor, añadí, de la misma forma cordial. Haciendo de nuevo el reiterativo saludo referencial se quitó el sombrero y se despidió por segunda vez. Alejándose a pasos rápidos y muy enérgicos para su edad.

En efecto, Marco Antonio Yon Sosa recibió parte de su adiestramiento en la Escuela de las Américas: Fort Benning, Columbus Georgia, Estados Unidos. Aquí fue adiestrado en tácticas antiguerrilleras por asesores marines de este país, lo cual le permitió sobrevivir a la persecución estatal. Yon Sosa estaba a cargo del denominado Frente Alarc Bennet que tenía su base de operaciones en el departamento de Izabal, justamente en las cercanías donde charlábamos con el entrañable anciano.

Para marzo de 1969, un par de años después de mi visita a Quiriguá, el MR-13 había sufrido muchas bajas producto de la lucha con los aparatos militares del Gobierno, por esta razón Yon Sosa intentó alzar sus estructuras y establecer comunicación con un grupo de Cuba que estaba llegando a Chiapas. Pero el 18 de mayo del año 1970 fue capturado por el ejército Mexicano, junto con Socorro Sical. Sin embargo otra versión sostiene que Yon Sosa intentaba alcanzar al frente guerrillero de las FAR en Petén, pero se desvió de su ruta. A pesar de que Yon Sosa se identificó con su rango militar, entregó su arma y dinero la vida no le fue perdonada por quien llegaría a ser el general Casillas. Con su muerte desapareció el MR-13. Si la segunda versión es la correcta, el chino fue asesinado 7 meses antes de nuestra visita a la selva petenera. El nerviosismo, la desconfianza y el miedo expresado en los rostros de los soldados que nos detuvieron en la jungla, quedarían justificados. La presencia de los grupos rebeldes por ese agreste territorio los mantuvo en jaque.

RUINAS DE QUIRIGUÁ

Este extraordinario yacimiento arqueológico perteneciente a la antigua civilización maya, está ubicado en el departamento de Izabal en el sur-oriente de Guatemala. Es un yacimiento de tamaño medio, con una superficie de aproximadamente 3 km², situado a lo largo del curso inferior del río Motagua, con su centro ceremonial ubicado a 1 km de la orilla norte del río. Quiriguá se halla situado en la confluencia de varias importantes rutas comerciales. El sitio fue ocupado desde el año 200 d. C., y la construcción de la acrópolis comenzó alrededor del año 550 d. C. Un auge de construcciones impresionantes se inició en el siglo VIII, hasta que se detuvo toda actividad de construcción alrededor del año 850 d. C. A excepción de un breve periodo de reocupación en el posclásico temprano entre los años 900 y 1200. Quiriguá comparte su estilo arquitectónico y escultórico con la ciudad cercana de Copán, Honduras. Cuya historia está estrechamente entrelazada con la de Quiriguá.

LAS DOS ERRES

Aquí, en la selva petenera, en el municipio de La Libertad unos doce años después de nuestra visita por esta región sucedió un acontecimiento aterrador, atroz, que indignó a la sociedad guatemalteca. Para que el posible lector se haga idea del terrible tormento que debieron soportar indígenas, campesinos y el pueblo en general de Guatemala en aquel entonces, paso a narrar la siguiente historia. Esto acaeció la noche del 6 de diciembre del año 1982 y fue conocida, como: La Masacre de Las Dos Erres. Dejó un saldo de 178 víctimas entre hombres, mujeres y niños. Esta masacre está documentada por la Comisión Interamericana de Derechos Humanos (CIDH) y así mismo por el Arzobispado de Guatemala, los cuales presentaron en su debido momento testimonios de víctimas sobrevivientes de la masacre.

¿Quiénes fueron los asesinos?, sabiendo lo que acontecía en Guatemala responder a esta pregunta era muy simple. Todos sabíamos perfectamente de dónde venían los tiros, así que señalar a los ejecutores no resultaba difícil. De sobra sabíamos que eran los militares o miembros de la Policía Secreta. Esta trágica historia como no podía ser de otra manera tampoco fue la excepción. Según documentos, indagatorias y testimonios reunidos de aquellos años, en una sola noche los kaibiles exterminaron a la comunidad. Esta página horripilante de la historia de Guatemala narra sucesos increíbles de terror, de violencia y agresiones de los soldados contra su propio pueblo. Irónicamente gente de las mismas zonas rurales de las que eran originarios los propios kaibiles. ¿Quiénes eran los Kaibiles? Las organizaciones de derechos humanos la definen de la siguiente manera: "Esta fue una escuela de asesinos en donde se capacitó a los militares en prácticas terroristas". Comenzaron a operar en la década de 1970 para combatir a la insurgencia, y reprimir a la población que simpatizaba con ese movimiento rebelde. Debo transcribir, que el expresidente Otto Pérez Molina, pertenecía a esta élite. A la cual, según sus propias palabras estaba orgulloso de servir.

Estos ejércitos fueron y han sido creados para matar, hacerlo, fue y es parte de su patética vida cotidiana. Realidad acongojante que envolvió de luto a todo un pueblo. Muchas masacres indiscriminadas ejecutadas por estos "soldados del pueblo" quedaron en total impunidad.

El siguiente extracto fue sacado de un artículo publicado en el periódico español: La Razón. Los miembros de la fuerza de élite son sometidos durante ocho largas semanas a un entrenamiento de supervivencia en condiciones extremas, con un lema siempre presente:

«Kaibil, si avanzo, sígueme; si me detengo, aprémiame. ¡Si retrocedo, mátame!».

Quienes deseen llevar la insignia de kaibil tienen que pasar pruebas como aguantar dos días sin dormir en un río con el agua hasta el cuello o bajar a rappel colgado de una cuerda con el rifle al hombro. Si las fuerzas no les alcanzan caerán sobre las rocas. El kaibil, que significa «hombre estratega; el que tiene la fuerza y la astucia de dos tigres», utiliza decálogos totalmente agresivos: «Siempre atacar, siempre avanzar»; «el ataque de un kaibil será planeado con secreto, seguridad y astucia, porque el kaibil es una máquina de matar».

La leyenda cuenta que Kaibil Balam era un rey Maya nunca atrapado por los conquistadores. Los kaibiles, las «máquinas de matar» del Ejército guatemalteco —una mezcla de «Rangers» estadounidenses, gurkas británicos y comandos peruanos, son adiestrados en «El Monasterio», un Centro de Operaciones Especiales ubicado en la región de Poptún, antes denominado el «Infierno», a 415 kilómetros al norte de la capital de Guatemala. Cuando sale el sol los estridentes cañonazos y el olor a pólvora ahuyentan a las aves, es el pistoletazo de salida de una jornada que promete ser extenuante. Mientras, los hombres con traje de «fatiga» se desplazan pecho a tierra entre el espeso follaje selvático. Se trata de una demostración de la destreza que estos soldados —indígenas en su mayoría— han adquirido como resultado de un procedimiento desgastante y de privaciones que los ha convertido en implacables soldados de fortaleza inaudita. Como parte de su preparación los enseñan a matar animales vivos en la selva, desde perros a gallinas a las que arrancan el cuello de un mordisco, como muestran los vídeos que en los 90 les hicieron tristemente célebres. Otra parte especialmente dura es la comida. Los soldados llegan exhaustos, hambrientos, pero tan solo tiene medio minuto para comer. La escena es dantesca: soldados intentando ingerir los víveres mientras son insultados por sus instructores. Algunos vomitan, otros roban la comida a sus compañeros.

En 1960, indígenas migrantes de otras regiones de Guatemala llegaron a la selva petenera con ilusión de poder poblar y cultivar sus tierras vírgenes y así lograr un mejor futuro para sus familias. Algunos de estos humildes campesinos fundaron su comunidad al noreste del municipio de La Libertad, y la denominaron: Dos Erres, porque los primeros encargados por parte del Gobierno de controlar la distribución de las tierras se llamaban Federico Aquino Ruano y Marco Reyes. De cuyos apellidos se formó Dos Erres. En poco tiempo la comunidad se convirtió en una de las parcelas más organizadas de Petén, cuyas actividades giraban alrededor de su trabajo en el campo, la asistencia a la iglesia católica o la protestante, y en torno a la pequeña escuela de la comunidad. Los campesinos ignoraban que en esa misma zona, Estados Unidos (para variar) subsidiaria la escuela donde se entrenarían a sus verdugos.

Sobre los hechos de la masacre. Las historias recogidas por la Oficina de Derechos Humanos de la Iglesia Católica de Guatemala (ODHAG) concluyen que desde finales de los años 70 las comunidades indígenas del Petén estaban en la mira del Ejército de Guatemala, al descubrirse la presencia de las Fuerzas Armadas Rebeldes (FAR). Y ante la presencia de la guerrilla el ejército estableció un malicioso programa de adoctrinamiento de la población que al mismo tiempo era parte del proyecto de infiltración de la guerrilla. Esos años se dio sin tregua la militarización de las zonas y el inicio de la llamada guerra de baja intensidad que incluía detenciones ilegales, torturas, asesinatos y desapariciones de civiles acusados de pertenecer a la guerrilla. Naturalmente, esto no era nada nuevo, estos métodos eran los mismos ya usados en todo el territorio nacional.

A finales de los años setenta el grupo kaibil construyó el destacamento militar en la aldea Las Cruces (aledaña a Dos Erres), ambas del municipio de La Libertad. En Las Cruces la presencia militar se mantuvo durante siete años, que para las comunidades de la zona se tradujeron en abusos de los militares, agresiones, acoso, el establecimiento de Estado de Sitio y la creación de grupos paramilitares, las famosas Patrullas de Autodefensa Civil (PAC).

Parte de esta historia la ignoraba, por lo que he recurrido a algunos artículos de prensa y otros medios de divulgación. Los encargados de ejecutar esta guerra de baja intensidad, fueron los soldados especialistas, pertenecientes a la élite de boinas púrpura. Expertos en contrainsurgencia. Lo que estos soldados hicieron en una de las zonas más pobres de Petén, la noche del 6 de diciembre de 1982, es muestra de lo que ellos llamaban "un soldado superior". Fecha marcada con sangre en la historia Kaibil, varios comandos ingresaron a la aldea, sacaron de sus chozas a las familias y cerraron los caminos. En un par de horas toda la comunidad fue masacrada, a excepción de algunos niños que luego sirvieron como testigos para reconstruir la historia.

De acuerdo con los testimonios reunidos por la asociación de los familiares de detenidos o desaparecidos: Famdegua. Y con el Ministerio Público asignado a la investigación, familiares de las víctimas señalan como principales responsables a los coroneles: Roberto Aníbal Rivera Martínez y César Adán Rosales Batres. El mayor de infantería Carlos Antonio Carías López. El sargento mayor Reyes Colín Gualic y el sargento Carlos Humberto Oliva Ramírez. Todos ellos subinstructores kaibiles, y oficiales del Ejército. "A este grupo de criminales se le unieron patrullas de kaibiles del destacamento de Santa Elena".

De acuerdo con los testimonios los kaibiles salieron de Santa Elena a las diez de la noche a bordo de camiones particulares cubiertos con lonas. Los soldados, iban vestidos con ropa de paisano para que ni la guerrilla ni los civiles los descubrieran. Para identificarse se colocaron un listón rojo en el brazo. Arribaron a la aldea a eso de las dos de la mañana. Sacaron a las familias de sus casas y seguidamente comenzaron a torturar a los hombres. Al filo de la madrugada violaron a las mujeres. A las ocho de la mañana los mandos kaibil dieron la orden, el objetivo de aquel día: Ejecutar a la población. Seis horas después inició la masacre. Un bebe de unos meses de nacido fue lanzado vivo al fondo de un pozo y luego casi todos los menores de edad. Mientras se masacraba a los niños, a los hombres adultos se les mantuvo encerrados en la iglesia del pueblo que fue elegida como centro de las barbáricas torturas. A la sepultura colectiva en aquel pozo siguieron las mujeres. Después de violarlas las colocaban a orillas del pozo y les daban un garrotazo en la cabeza. Mucha gente seguía viva cuando fue arrojada. De acuerdo con lo declarado por un ex kaibil que participó en la masacre, después de matar a todos los hombres los soldados volvieron a violar a las niñas y mujeres que aún estaban con vida. A las mujeres embarazadas las golpeaban en el vientre con las armas, y luego les extrajeron los fetos mutilando con un tajo su vientre. Por último los cuerpos fueron arrojados al pozo. Alrededor de tres horas duró la ejecución. Cuando el pozo estuvo lleno lo cubrieron con tierra. Un grupo de sobrevivientes fue llevado a los parajes la Aguada y los Salazares.

Los indígenas de las Dos Erres permanecieron en esa fosa clandestina por más de una década, luego, cuando al fin la Organización de las Naciones Unidas (ONU), estableció la Comisión de la Verdad de Guatemala, entre 1994 y 1995, se realizó la exhumación en Dos Erres que precedió a la firma de paz en 1996. De aquel pozo de 12 metros de profundidad se extrajeron 162 esqueletos de hombres, mujeres y niños.

A principios del mes de agosto del año 2011 casi treinta años después, por fin se hizo justicia. Un tribunal guatemalteco sentenció a penas de más de 6000 años de prisión a los asesinos, cuatro militares. La sala de apelaciones rechazó dar amnistía a estos asesinos que pretendían acogerse a la Ley de Reconciliación Nacional.

"Quiero corregir. Fueron más de 250 las víctimas. No 178 como afirmaba el primer informe".

"Esperamos muchos años por ver la justicia, no éramos delincuentes, yo vi cuando mataban a la gente, a nosotros nos tuvieron durante cinco horas hincados, metían sus fusiles en nuestra boca amenazando con matarnos porque les pedíamos que no mataran a los demás", expresó Raúl Gómez, uno de los sobrevivientes que compareció como testigo (agosto 2011).

Hasta aquí esta macabra historia, una más, fueron muchas. Están documentadas cerca de 600. Y cientos que han quedado en el olvido. Proseguimos con nuestro agitado relato. Mientras avanzábamos por la carretera bordeando el tupido paisaje selvático a la mayor velocidad que permitía el mal estado del camino, levanté la mirada en dirección de los pocos claros que dejaba la espesa y frondosa selva, advirtiendo el amenazador mal tiempo que pronto nos envolvería. El cielo encapotado vaticinaba una noche tormentosa. Tratando de restarle importancia a lo sucedido aunque aún un poco tembloroso quise romper el silencio. Mi referencia al tiempo no fue escuchada. Ni mínimo susurro de mis acompañantes. Opté por el silencio. Estaríamos detenidos por aquellos sujetos, quince minutos, más los que ya habíamos recorrido en silencio sumaban ya unos cuarenta. Serían ya las cinco y treinta de la tarde. En Guatemala, suele oscurecerse entre seis de la tarde y siete de la noche. Pero la inmensidad de aquel mundo verde y aquellas enormes nubes negras en el firmamento aceleraron el proceso. Ya era casi de noche. Solo falta que seamos detenidos por los guerrilleros pensaba. Más esto en el fondo no me inquietaba, ellos a pesar del terrorismo mediático de la época seguían siendo ante los ojos del pueblo, héroes. Mis profusos pensamientos fueron entrecortados por Raúl. Malhumorado, soltó unos cuantos garabatos de enfado.

"¡Mierda el radiador!".

El indicador de temperatura había superado los límites de la normalidad, y aquel traqueteo espontáneo del motor fueron demasiado para su sobresaltado y calenturiento carácter —y era la causa de aquel esponjoso e inesperado enojo. "Le chamuscaron las dolencias gástricas". Habíamos perdido el agua en medio de la selva. Era naturalmente para estar muy preocupado. En este momento deduje que esta preocupación antes de dejar Flores, ya rondaba por su cabeza, sin embargo no hizo comentario alguno. Mi mente divagaba por aquella tupida selva tratando de entender cómo sería la vida de aquellos valientes hombres y mujeres que habían hecho de aquella extraordinaria adusta región hostil, su hogar, tomándome por sorpresa los gritos quisquillosos de mi amigo. Con arrebato detuvo la furgoneta "y salió echando rayos". Entendible. Era suya y tenía que estar preocupado. Lo imitamos. Con frustración y enojo desapaciblemente levantó el capó liberando parte de la humareda producida por el calor que emanaba del recalentado motor. En principio no di crédito a lo que podía ser un gran problema. Haciéndose de una toalla, con dificultad logró girar el tapón que voló por los aires al ser expulsado por las altas temperaturas, soltando un sonido similar al de olla de presión, terminando bajo la furgoneta. Los rescoldos de vapor terminaron escapando por la garganta del maltrecho radiador.

A excepción de los militares, a lo largo de las casi tres horas de camino no habíamos encontrado un sólo vehículo. A todo esto, las tinieblas casi ya nos cubrían. Los gritos de los saraguates y los gorjeos de las aves tropicales no se hicieron esperar, competían por conseguir acomodo y hacerse de "sus lugares preferenciales" en las frondosas copas de los árboles para pasar la noche. O quizá presintiendo la amenaza de la tormenta que se avecinaba nerviosamente hacían el escándalo mayor. El mono aullador o saraguate pertenece a las especies endémicas de estas regiones selváticas. Este pequeño primate fue sacrificado en tiempo de necesidades por los grupos subversivos que operaron por esta zona selvática para poder sobrevivir.

En el norte de Guatemala la campiña se convierte en meseta con muy pocas colinas. La selva húmeda petenera y la diversidad biológica han posibilitado a Guatemala estar entre los 25 países con la mayor variedad de recursos naturales en el mundo. Miles de especies viviendo en sus variados ecosistemas, más de 700 especies de aves, mamíferos como el jaguar, el tapir y una variedad de reptiles e insectos regionales. Los que vivíamos en la ciudad capital o cerca de ella, jamás habíamos visto a estas especies en su hábitat. Verdaderamente ver todo aquello era un espectáculo majestuoso. El crepúsculo daba paso a unos pocos claros que se filtraban en las espesuras de la jungla dejando al desnudo las siluetas de los pequeños primates "que volaban" entre los árboles, al igual que las aves tropicales que también exhibían orgullosas sus elegantes contornos.

Pasado el susto y el enojo comenzó la reflexión. Sí lográbamos reparar aquel "traste", ¿de dónde sacaríamos agua para llenarlo? Ya que apenas de nuestro galón quedaría menos de medio litro. El poco aire que soplaba se había tornado un tanto más fresco y esto nos dio cierto respiro y un efímero alivio ya que apenas alcanzamos a vislumbrar que se trataba nada más de una advertencia de la borrasca que se nos venía encima. En la lejanía relumbraron las primeras centellas seguidas de estruendos colosales que se escucharon en toda la selva. Esto explicaba el alboroto de los saraguates. En mi corta existencia había visto una tormenta de semejantes características. Hasta muchos años después, en Nueva York, reviví aquel pasaje de la selva, la tormenta disparó las alarmas de los autos envolviendo a toda la ciudad en tremendo caos.

Los estruendos hacían vibrar la tierra para luego alejarse paulatinamente, arrastrando consigo al eco que se diluía en las profundidades de aquel vacío profundo selvático. No había tiempo que perder. Pronto nos quedaríamos en total oscuridad. "Le dimos vuelta a la furgoneta" sin encontrar artilugio útil que nos sacara de aquel aprieto. A punto de vencimiento, hurgando de mala gana en la guantera, Adrián, halló "insólitamente" oculto bajo la deteriorada carpeta plástica que contenía los documentos de identificación del furgón, un sellador líquido de radiadores. ¿Que vaya a saber quién? Desde cuándo allí permanecía olvidado. Después "del milagroso acontecimiento" solo quedaba encontrar agua. Pero... ¿Dónde? La lluvia ya caía tímidamente. Eché un suspicaz y temeroso vistazo vegetación adentro. No quedaba otra que ir en busca del valioso líquido. Al menos teníamos ya el recipiente, el cacharro plástico de cuatro litros.

Solo faltaba el agua... nos separamos para la exploración, aterrados, con movimientos forzados como autómatas cada quien tomó por su senda. Aunque nadie lo expresó, creo, los tres teníamos miedo a esa mezcla de oscuridad y eventuales peligros que aquel lugar encerraba. Asustado hasta de mi propia sombra, caminé unos 75 metros hacia el norte sin apartarme del camino. Continué unos 25 metros más. Mi subconsciente se resistía, me daba pavor internarme en aquel mundo desconocido. Cada paso que daba sentía escuchar los latidos de mí corazón. Desde chico tuve recelo a las serpientes y animales salvajes. Muchas veces había escuchado los pavorosos relatos anecdóticos de don Chepe, sobre serpientes venenosas y el efecto de sus mordidas: muerte segura si la víctima no recibía atención médica inmediata. La barba amarilla, coral y cascabel fueron siempre las protagonistas de sus historias. Los lagartos también desfilaron por mí mente, un sudor frio me recorrió todo el cuerpo y con todo esto me adentré.

Por otro lado sabía que sin agua las cosas marcharían peor. Tendríamos que pasar la noche allí. ¿Y quién sabía cuánto tiempo más? La llovizna apenas penetraba el suelo que debido a las altas temperaturas de los días anteriores se mantenía seco. Encontrar agua me parecía una locura. A no ser que halláramos un riachuelo o algo semejante. Pero todo sabemos que en las zonas húmedas suelen guarecerse los reptiles. Este pensamiento me destemplaba aún más. A unos 30 metros me di por vencido, me dio terror continuar y me detuve. Es muy difícil explicar la sensación. Sé que todos hemos pasado miedo alguna vez. Pero si a esto sumamos la perdida de la percepción de la realidad la situación termina complicándose aún más. Es decir: creer estar viendo o viviendo cosas que sencillamente son producto de nuestra exaltada y traicionera imaginación. Las sombras y los ruidos de la selva me desubicaron. Di pasos sin sentir, tenía el cuerpo entumido y la cabeza pesada. Me recorría un extraño hormigueo por el cráneo, por instantes sentía como si mi cabello se levantara atraído por una fuerza magnética invisible.

A unos 20 metros, al noroeste de donde me hallaba, divisé casi ya en la penumbra un árbol longevo, enorme, que seguramente había permanecido allí cientos de años, me quedé inmóvil sin saber qué hacer. Mi descoordinado cerebro procesaba las formas más caprichosas y extrañas a velocidad de vértigo que ya no sabía si realmente estaban ahí. Una bandada de aves espantada por mi torpe y desalineado andar me erizó hasta el último centímetro de piel. Quedé inmóvil con el corazón casi atorado en la garganta. Quise volver por donde había llegado pero apenas podía mover las piernas. Un centellazo iluminó las entrañas de la jungla dejando por un instante los contornos del imponente y macizo centenario al descubierto, al volver la obscuridad de la noche fue por un momento casi absoluta, dos o tres segundos después retumbó la tierra. Sospechaba que a poca distancia había hecho impacto el fulmínate relámpago, pues cuando niño, había escuchado a don Emilio, un maestro vicario decir, que para saber a qué distancia un rayo había caído bastaba contar los segundos hasta la llegada del estruendo, y estos determinarían la distancia en kilómetros (3 segundos por kilómetro).

Asustado hasta la médula y en estado casi de infarto decidí volver, sin embargo, ¿porque?, no lo sé. Pero tuve la corazonada que algo ocultaba aquel ruinoso y descascarado árbol que en sus años mozos debió alcanzar los 25 metros de alzada y más del metro de diámetro. Tembloroso como un flan comencé avanzar hacia él, caminaba casi sin respirar, los latidos del corazón me retumbaban en los oídos. Los potentes rayos continuaban por intervalos iluminando toda la selva terminando de ruborizarme todo el pellejo. Al llegar al pie del ancestral ejemplar pude apreciar que era más grande de lo que pude valorar en la distancia. La maleza que lo rodeaba y la oscuridad hacían más difícil el acceso y esto me hizo pensar que no era muy buena idea continuar. Ya con los pies cubiertos por el soto, me detuve, el incidente con los uniformados en aquel momento estaba ya borrado de mi memoria. Lo único que pasó por mi mente, los efectos que podrían traer un mordisco de una de aquellas temidas víboras. Ahí abandonados a nuestra suerte, en medio de aquel lugar desolado —no habría salvación.

Torpemente al esquivar los bejucales tropecé con algo... sentí la dureza de su superficie y como felizmente lo supuse, era parte de una enorme piedra, o algo semejante. Subí hasta donde la maleza lo permitió alcanzando una altura considerable, suficiente para ver parte del tronco desde otro ángulo.

He admitido que el estremecimiento no me dejaba razonar serenamente, sin embargo debo hacer hincapié en algo que descubrí desde temprana edad, inexplicablemente en mi vida la intuición pocas veces me ha defraudado. A eso de metro y medio, antes de perderse en las tierras húmedas, se extendía hacia los lados "formando enormes tentáculos", una suerte de canaletas trazadas por caprichos de la naturaleza que milagrosamente acumulaban agua llovida de días anteriores, y que pude distinguir gracias a las descargas eléctricas que iluminaban aquel portentoso mundo misterioso aquel pavoroso anochecer. Corrí buscando el camino. Mis amigos, que habían ya dado por infructuosa la búsqueda del vital líquido perdían el tiempo espantando con la humareda de sus cigarrillos a los bichos de la selva —que no desaprovecharon nuestra espontanea visita. Abatidos, esperaban por mí. Las profundas sombras de la noche en la selva son oscuras como el mismo carbón. Afortunadamente, esa noche los dioses se apiadaron enviándonos aquellas luminosas centellas que si bien nos aterraron me guiaron al "árbol milagroso". Llenamos el radiador hasta el rebalse. Ayudado de la poca luz que irradiaba de la desvencijada linterna que formaba parte del equipo de herramientas del vehículo, de cuclillas, buscando alguna fuga, Raúl revisó por enésima vez la parte inferior del radiador. La reparación había resultado un total éxito. Descargas eléctricas: El rayo es como indudablemente todos sabemos, una poderosa descarga electrostática natural producida durante una tormenta eléctrica que genera un "pulso electromagnético". La descarga eléctrica precipitada del rayo es acompañada por la emisión de luz (el relámpago) causada por el paso de corriente eléctrica que ioniza las moléculas de aire, y por el sonido del trueno, desarrollado por la onda de choque. La electricidad (corriente eléctrica) que pasa a través de la atmósfera calienta y expande rápidamente el aire, produciendo el trueno característico del rayo. Los rayos se encuentran en estado plasmático.

El rayo nube a tierra: es el más conocido y el segundo tipo más común. De todos los tipos de rayos este representa la mayor amenaza para la vida y la propiedad, puesto que impacta contra la tierra. El rayo nube a tierra es una descarga entre una nube cumulonimbos y la tierra. Comienza un trazo inicial que se mueve desde la nube hacia abajo. Los destellos producidos pueden superar muchas veces los 300.000 voltios por metro generando además una corriente de cerca de 200.000 amperios de intensidad.

Esa noche llovió a cantaros, y los rayos nube a tierra y la luminaria de sus centellas, continuaron por muchas horas. Serían ya las diez y media de la noche cuando alcanzamos a divisar las primeras casas de Poptún. Esta sería nuestra quinta noche fuera de casa. Conociendo ya aquel lugar nos encaminamos sin más al hospedaje donde pernoctáramos días antes. Ya había amainado la tormenta pero la persistente lluvia continuaba. La esplendida mañana soleada, el olor a tierra mojada y el suculento desayuno nos hicieron olvidar las penurias del día anterior. Era necesario consultar a un mecánico para determinar si podíamos continuar nuestro viaje sin riesgo de quedarnos tirados por la carretera. Así, que sin más las primeras horas de la mañana las gastamos para localizar al mejor y único mecánico calificado del pueblo, don Julián. Según Pedro, empleado del alojamiento, "tenía mano de santo". "Es casi milagroso", sonrió jocosamente. "Si no lo encuentran en su taller lo hallan en el bar Los Cocos". Y en efecto el taller permanecía cerrado. Encontrar el insuperable antro de prestigio no fue difícil. Amenamente en compañía de amigos compartía unos aperitivos en el céntrico bar.

—Buscamos a don Julián, ¿alguien de ustedes le conoce?, preguntó Adrián al grupo de parroquianos congregados en el lugar. Iban siendo las diez de la mañana de aquel día lunes y apenas quedaban dos mesas desocupadas de las siete que el pequeño local ofrecía a sus asiduos clientes.

— ¡Soy yo!, gritó un hombre de complexión fuerte y frondoso bigote. Quizá un tanto pasado de peso pero su altura disimulaba los kilos demás.

— ¿Para qué soy bueno? ¿En qué puedo servirles? Pero no se queden allí, jalen una silla, acérquense, insistió afablemente.

— ¿Algo de tomar? ¿Que no me digan que ustedes no le hacen a esto? Señalando una botella de aguardiente, alegremente soltó una fuerte y contagiosa carcajada que se debió escuchar en el exterior del bar.

— Sí, claro que sí… pero es un poco temprano para nosotros, cordialmente trató de excusarse Adrián. Pero todo fue en vano, no hubo forma de disuadirlo.

— ¡Por favor!… Para tomarse "un trago" nunca es tarde ni temprano. Vociferó a toda garganta don Julián desternillando a carcajadas. Después de brindar con nuestros hallados amigos logramos convencer a nuestro amable mecánico hiciera una estimación de los daños. Titubeo un instante. Levantó la mano rolliza y presionó la visera del gorro entre el índice y el mofletudo pulgar y lo retiró de su cabeza dejando la ensortijada y desordenada caballera al descubierto, y prosiguió. "Aquí yo veo únicamente dos alternativas posibles. La primera, esperar un par de días, ¿quizá tres? No lo sé. Esto no depende de mí sino del tiempo que tarde en llegar el repuesto. Yo podría montárselos en un par de horas. Y la segunda, continuar su camino con el enfriador estropeado. Pero no se preocupen mucho esto no tiene muy mala cara, si no tienen tiempo, anímense y continúen tranquilamente su viaje", repuso.

Apreciamos que era un hombre además de bueno, honesto, pero no podíamos quedarnos tantos días. Partimos rumbo al sur en busca del camino de retorno a Morales. Los 112 kilómetros que nos separaban de Rio Dulce los haríamos sin prisa para no recalentar el motor y evitar daños mayores. Al saber que pronto estaríamos en lugares poblados y transitados el notable cambio de humor en mis amigos no se hizo esperar. Al alcanzar Rio Dulce los incidentes de la selva estaban casi olvidados, y sellamos aquel insípido recuerdo con una refrescante cerveza, cortejada de un suculento caldo de mariscos. Aquel, tal vez no era el lugar más adecuado para brebajes calientes pero esto tiene explicación. Por aquellos días, el día lunes por tradición era el día del caldo de mariscos. Muchos restaurantes se hicieron famosos por el esmero que ponían sus cocineros para darle ese sabor exquisito que invitaba a volver. Esto explicaba, porque don Julián y sus camaradas abarrotaban el bar a temprana hora.

La ciudad de Escuintla gozó de este prestigio y muchos capitalinos superando los escollos de la distancia hicieron de esta visita un evento puntual. Escuintla, está situada al sur de la ciudad de Guatemala y su clima por aquellos días no tenía mucho que envidiarle a estas costas caribeñas, sin embargo el caldo de mariscos se consumía al igual que en otras partes del país.

Con más que satisfacción iniciamos el trayecto de los treinta y cinco kilómetros que nos llevaría a Morales. Para evitar incidentes y los posibles peligros de la noche, resolvimos alojarnos esa noche en la tentadora ciudad de Morales. Nuestra poca seriedad por la vida nos inducía a improvisar y decidir sobre el terreno. Ya instalados en el hotel, "el gusanito de la tentación hizo presa de nosotros, incitándonos al pecado". E impulsados por esa fuerza irresistible, impalpable e incontrolable, decidimos repetir la experiencia, para perpetuar en nuestra memoria las calurosas y sofocantes vivencias nocturnas de esta ciudad costera, y sobre todo, el encanto de sus inolvidables y seductoras mulatas.

LA CHICA DEL BURDEL

Tras aquellas despreocupadas sonrisas se escondía la tragedia de sus vidas, la desconfianza y la perfidia se habían convertido en sus mejores aliadas, en sus verdaderas amigas, ya que las acompañantes en este tormentoso episodio de sus vidas fueron tan solo compañeras, términos completamente distintos.

El sufrimiento y la desesperanza era lo único que compartían. Aquella perniciosa atmosfera había cambiado sus vidas, sus gestos y su conducta cada vez menos prudente manifestaban el menosprecio por la sociedad. Con la autoestima lapidada ya no les quedaba nada. La mayoría de ellas habían llegado de las áreas rurales huyendo de las injusticias y sobre todo de la miseria ocasionada por la guerra irracional, cayendo en una trampa de la que muchas de ellas jamás pudieron salir. En espera del futuro de esperanza soñado que jamás llegó, se consumieron en las drogas y el alcohol. Aliciente engañoso que destruyo sus vidas.

Quiero agregar que muchas de estas desventuradas jóvenes llegaron de otros países centroamericanos atraídas por el sueño de continuar hacia los Estados Unidos. Y otras sencillamente, porque obligadas a prostituirse hacerlo en su propio país les avergonzaba.

Entrada la noche como un ritual "se repetía la misma noche". Las luces luminiscentes de refulgencia discreta dejaban el antro de vicio casi en la penumbra, fulgurando las sonrisas fingidas de aquellas chicas y dejando al desnudo la dentadura de los parroquianos que ahí se daban cita, algunos con el propósito de olvidar sus penas y otros por haber hecho de aquello parte de su tiempo libre. Sin percatarse siquiera de la tristeza y el sufrimiento de las anfitrionas, en medio de aquel bullicio que a veces hacía imposible seguir el hilo de la conversación bailaban gozosos al compás de la sugerente y rítmica música.

Albertina fue una de ellas. La conocí el día que cumplí mis 17 años. Ella, afirmó haber ya cumplido 18 aquel día que nos encontramos por vez primera. Mintió, lo sabía, ella era tan joven como yo o probablemente más, pero por razones de "cuestión legal" aseguró ser mayor de edad. Al decir legal quizá suene un poco sarcástico e hipócrita tomando en cuenta que a estos lugares se daban cita: jefes policiacos, jueces, diputados y muchos de nuestros «honrados» y conocidos políticos. Llegaban en busca de placer como el resto de ciudadanos de a pie —y dudo que alguno de ellos alguna vez se haya planteado esta cuestión. Por el contrario, disfrutaban de la juventud de aquellas desdichadas mujeres. Esta irresponsabilidad política hizo daño irreversible a nuestra sociedad. Generaciones de chicas forzadas por el infortunio llevaban a cuestas el estigma por haber caído en el abismo cruel de la prostitución y sin esperanza deambulaban por la vida. El abandono social, y el egocentrismo de los que lo tenían todo, manifiestamente fomentaron el sufrimiento y la pobreza de nuestra sufrida y querida Guatemala. Muchos de estos cínicos y desvergonzados parásitos, acumularon fortuna mal habida y de manera insaciable y descarada.

El padre de Albertina, al igual que ella era originario de Cobán, pueblecito pintoresco ubicado en el norte de Guatemala. Exactamente a 216 kilómetros de la capital. Su nombre proviene de un vocablo del idioma Q'uechí, que significa: "Entre nubes". Esta región tenía una peculiaridad, llovía mucho, e incluso solía tener una llovizna constante que los lugareños llamaban "chipi chipi". Al parecer debido a la deforestación este fenómeno es menos común. Las temporadas lluviosas son más copiosas pero menos persistentes. Las mujeres de Cobán se caracterizaban por su beldad, las finas facciones y la piel clara y tersa formaban parte del conglomerado de atributos característicos y emblemáticos de las hembras de esta región. Quizá este entresijo quede explicado si hacemos un poquito de historia. A finales del siglo XVII, los alemanes invadieron esta rica región, en el buen sentido de la palabra. Compraron las tierras a los Q´eqchés y las convirtieron en grandes plantaciones de café y cardamomo. Y como era de esperarse, los amoríos entre alemanes y nativos no sé hicieron esperar desencadenándose esta mezcla de razas.

Esta ciudad agraciada por la naturaleza fue fundada en 1543 por frailes dominicos. Posteriormente fue declarada por Carlos V, Ciudad Imperial. Se le da el nombre de la Mansión del Pájaro Serpiente: así llamaban los mayas a nuestra Ave Nacional, el Quetzal. También es conocida como Tierra del Quetzal y la Monja Blanca (orquídea, flor nacional).

«Haré aquí de nuevo una pequeña interrupción. También en este lugar al igual que en Petén, ocurrieron cosas horripilantes, lamentables e incomprensibles. Entre más conozco al ser humano más miedo me da de mí mismo».

La comunidad de Río Negro, en su tu totalidad Maya Achi, asentada a las orillas del río Chixoy, en el municipio de Rabinal, Baja Verapaz; vivía de la agricultura, la pesca y el intercambio de productos con la comunidad vecina de Xococ. Para su mala suerte, estas áreas fueron las elegidas, aquí, se construiría la presa, que fue llamada Chixoy. Ellos se negaron a ser reubicados, y a dejar sus tierras; por varias razones: A parte de que nunca se les consultó su opinión en cuanto al proyecto, "las autoridades pretendieron asentar a los pobladores de Río Negro en Pacux, un lugar árido, y en casas que rompían su esquema cultural de vida". Y prefirieron luchar para conservar lo que les pertenecía. Aquí se repite la trágica historia. Fueron secuestrados, torturados y vilmente masacrados. Este hecho como no podía ser de otra manera fue atribuido a las fuerzas gubernamentales. Asesinaron 444 personas, la mayoría de ellas niños y mujeres.

La presa de Chixoy fue financiada por el Banco Mundial y el Banco Interamericano de Desarrollo. Y construida por empresas italianas, alemanas y naturalmente, yanquis. La construcción de la presa desplazó a más de 3500 personas, y otras 6000 familias también perdieron sus tierras y medios de subsistencia. Todas estas infortunadas personas desplazadas se vieron trágicamente obligadas a vivir en extrema pobreza, en tierras prácticamente infértiles y en viviendas inadecuadas, indignas, sin electricidad ni agua potable.

La exterminación comenzó en marzo de 1980 cuando fuerzas de seguridad asesinaron impunemente a siete personas en la iglesia de Río Negro. Los asesinos impunemente robaron importantes documentos que certificaban la legalidad de las propiedades de la comunidad y los adeudos de indemnización hechos a los habitantes de la población por la compañía eléctrica INDE (Instituto Nacional de Electrificación de Guatemala). En julio fueron convocados dos líderes de la comunidad, Valeriano y Evaristo Osorio Chen a una reunión con el INDE. Nunca retornaron de allí. Sus cuerpos mutilados fueron hallados a 40 kilómetros de distancia en el interior de un tonel. En febrero de 1982, el comandante del Ejército local ordenó a 73 hombres y mujeres de Río Negro se presentaran a Xococ, un pueblo arriba de la zona de la presa. De ellos solamente una mujer regresó a Río Negro, el resto fueron violadas, torturadas y masacradas. En marzo, un mes después, un grupo de estos criminales llegaron a Río Negro, acorralaron al resto de mujeres y niños y los condujeron a una colina cercana al pueblo. Esta vez 70 mujeres y 107 niños fueron asesinados. Solamente dos mujeres lograron escapar. 18 niños fueron llevados a Xococ por los paramilitares y obligados a convivir como esclavos. Dos meses más tarde, 82 personas de Río Negro fueron asesinadas. Y en el mes de septiembre se repite de nuevo la barbarie, 92 personas más son asesinadas, unas acribilladas por ráfagas de metralletas y otras quemadas vivas en otro pueblo cercano a la presa, entre ellos se encontraban 35 huérfanos de Río Negro.

«Después de este espeluznante paréntesis, continuamos con nuestro relato».

Albertina, chica de baja estatura como la mayoría de las mujeres de mi época. El día de hoy probablemente no sea este el estereotipo. Su dulce semblante y su tierna inocencia hacían de ella presa fácil de aquel incompatible y grotesco escenario. Ella lo sabía pero ya estaba enganchada. A excepción de la matrona o dueña del burdel, Vicky, y de su padre, en la ciudad no conocía a nadie más. Él era el único pariente cercano, un hombre mayor, quizá más viejo que mi padre. Trabajaba como jardinero en una pequeña mansión. Humilde y bondadoso como todos nuestros campesinos. Un señor admirable.

Ese mes de septiembre del año 1969 nos conocimos, y la «encubridora» química se encargó de lo demás. Se convirtió a mi pesar, en mi amor compartido. Muchas veces no pude soportarlo, entablando buenos tumultos por defenderla o sencillamente por celos. A mi confuso cerebro le costaba aceptar las reglas del juego por no hablar de mi orgullo varonil mancillado que debió ceder y humillarse. Al final de la lucha interna comprendí que aunque ella me quisiera no podía ser. Aquel era su trabajo. Y me gustara o no tenía que aceptarlo. Que chocantes y difíciles se tornaron aquellos días, verla compartir "regocijadamente" con una plebe de extraños que difícilmente podían mantener las manos en sosiego me llenaba las entrañas de rabia. A mis amigos les embargaba la misma pena, padecíamos y compartíamos los sinsabores de aquellas efímeras y punzantes relaciones. Los cumplidos y las excesivas atenciones "cariñosas" de un asiduo cliente acabaron colmando mi paciencia y haciendo saltarme de nuevo las reglas. De figura descarnada y de cabellos ondulados, aquel doctor "culpable" de la trifulca espantado hasta la medula como pudo alcanzó el patio trasero de la casa y trepando la pared que lo circunvalaba alcanzó el tejado y huyó del lugar. Con la adrenalina a tope, en la apresurada persecución olvidé aquel odioso tablón que unía el piso del último cuarto con la parte trasera de la vivienda, que había estado en reparación "una eternidad" ya que los maestros albañiles como todos los mortales no conseguían resistirse a la magnética atrayente y tentadora atmosfera que se respiraba dentro del salón. Y ese "bendito" reglón en más de una ocasión había estado a punto de tumbarme por el suelo. Pero esta vez no escapé a su persistente "mala fe". Caí dando tumbos sobre la dura superficie, acabando con un severo encontronazo contra la pared que me hizo perder el sentido. Recobré la conciencia en medio de aquel espantoso dolor. El tobillo de la parte exterior del pie derecho se había incrustado hacia la parte interna del pie. A pesar de que las circunstancias así lo exigían, como un buen cabezota me negué a buscar asistencia médica. Y, entre comentarios, bebida y música, se fue pasando aquella noche.

Habían transcurrido ya 18 horas de aquel infeliz accidente y el dolor ya no era posible soportarlo. ¿Pero aquella propuesta…? Si bien estaba decidido a cualquier cosa por deshacerme de aquel tormento «me parecía irracional». ¿Porque no buscar un médico? Pensé. Pero ante la insistencia de Esther, mi tutora, terminé cediendo ante aquella locura. "Yo misma lo he visto, es un gran curandero. Ya lo verás. Pero a fin de cuentas tú te lo buscaste. ¡Así que te aguantas! ". Me encogí de hombros ya que no le faltaba razón, y arrastrado aquel pie que más parecía balón de rugby, nos encaminamos a casa de don Teodoro, que también vivía en nuestra vecindad, a quien conocía por mis asiduas visitas al bar de su propiedad; pero era totalmente ajeno a sus virtudes como "enderezador de huesos". Con más que desconfianza, al estar frente a él, los cúmulos de saliva acopiados en la boca se me atragantaron en la garganta. Pero el dolor pudo más que mi flaca voluntad y me puse dócilmente en sus manos. Tumbado en el rustico camastro esperaba en un nudo de nervios el regreso del «doctor», que había ido en busca de su «equipo». Cuando le vi atravesar el umbral de la puerta de la habitación comencé a percibir la estupidez que estaba a punto de cometer y un sudor frio invadió mi cuerpo. No me percaté siquiera, que don Teodoro ya frente a mí con insistencia me pedía morder aquella toalla húmeda que llevaba en sus manos.

—Te va doler un poquito por lo que es mejor que tengás esto en tu boca, dijo pausadamente.

¿Y si hay fractura? Esto es más que una locura me dije casi balbuciendo. No hubo tiempo para más. El curandero junto a mis pies hacía los postremos preparativos, el tufillo de aquel ungüento inundó toda la habitación. En silencio friccionaba sus manos, esparciendo por fin la sustancia escrupulosamente por toda la epidermis de aquellas morenas y rudas manos.

—No te preocupés muchacho, mañana estarás corriendo, confiá en mí, ¡ya lo verás!

Sus manos comenzaron haciendo un reconocimiento del área afectada y, se detuvieron justo allí, en el punto que más me atormentaba. Me miró como dándome ánimo, y dijo: —Mordé, te va a doler un tanto. Pero pronto estarás bien. El terrorífico dolor se expandió por todo mi cuerpo como choque eléctrico, y la mezcla salada de sudor y lágrimas anegaron hasta el último poro de mi piel.

— ¡Ya está! Dijo con expresión de complacencia.

— Quedó mejor de lo que esperaba, andáte a descansar, repuso.

—Pero tené más cuidado que no te quiero ver por mi «clínica» otra vez…, rio bonachonamente. Hasta el día de hoy para mí todo aquello no tiene respuesta coherente. En los hospitales europeos esta "operación" se realizaría hoy después de muchas consultas y análisis de todo un equipo de médicos, ayudados por los más modernos equipos de la época y naturalmente después de la intervención, el tiempo de recuperación del paciente en completo reposo de la parte afectada tomaría semanas. Yo puedo certificar con absoluta seriedad por haberlo vivido en primera persona, que fui capaz de caminar casi con total normalidad a los pocos días de dicha intervención.

Después de esta curiosa interrupción, continuamos.

Antes de la aparición por aquel lugar de Albertina, éramos ya asiduos visitantes de aquel antro, esto puede explicar la tolerancia y preferencia de que siempre gozamos. Ricardo, un buen amigo, desaparecido en la década de los años ochenta, probablemente murió asesinado, su cadáver nunca fue recuperado, era el "compañero" de la dueña de la casa y esa relación había hecho que nuestra presencia se hiciera habitual, terminando en gran y franca amistad con todas las chicas. Siempre respetamos esa relación. En absoluto transgredimos los límites de esa amistad. Ninguna vez tuvimos relación con las chicas de nuestros amigos. Eso se convirtió en regla de honor. Ellas lo sabían y nos trataban como hermanos. No recuerdo cuanto tiempo duró nuestra cautivadora relación. Desgraciadamente para nuestro apego nos encontramos en tiempo y lugar equivocados. Mi edad no me permitía ofrecerle una relación estable. Si bien nunca me lo dijo, yo lo sabía, no soportaba aquel lugar y hubiera querido dejarlo el mismo día que nos conocimos. Una tarde me llevé la peor de las sorpresas de mi vida. Se había marchado. Nadie sabía hacia dónde. "Es mejor así". Adujo una de ellas. "Será más fácil para ti y para ella. No sería bueno que la buscaras. El tiempo hará que se olviden. Ya lo verás", sentenció Elsa. Las palabras fueron de poco consuelo.

«La razón del corazón no la entiende la razón de la razón».

En aquel momento no lograba entender ¿por qué se había ido sin despedirse? Mí egoísmo no me dejaba ver más allá de lo que me perturbaba. A lo mejor tuvo miedo arrepentirse y prefirió probablemente optar por el silencio para no flaquear. Pasado el tiempo comprendí que fue la determinación más acertada. A mi edad no podía ofrecerle ninguna seguridad económica. Hay momentos penosos en nuestra vida difíciles de superar. Aunque tratemos de convencernos y pretextar que el tiempo todo lo borra en el fondo sabemos que esto no es nada más que una expresión.

A pesar de la partida de Albertina seguíamos visitando aquel lugar de copas, no obstante su ausencia labró un antes y un después en ese lapso de mi vida. Perdí el deseo de entablar una nueva relación por temor a perderla. La vida quiso que un par de años más tarde nos encontráramos de nuevo, su semblante ya no era el mismo, aquella dulce mirada se había transformado en suspicaz y calculadora. Sin haber cumplido sus diecinueve años las obligaciones y las durezas de la vida le habían convertido en una mujer madura. La chica de dulce mirada que me cautivó ya no existía más que en mi memoria. Así como Albertina, en mi Guatemala hay miles de chicas que las circunstancias les han arrebatado los mejores años de su niñez y juventud. Hoy, en otro tiempo y lugar escribiendo este pequeño relato, reflexiono en lo injusta que la vida es para algunos. Después de ese casual encuentro retomamos nuestra amistad por un corto tiempo. Supe que se había unido a un hombre mayor que buscando mejor vida se había marchado hacia Estados Unidos. Ella vivía en casa de la familia de su pareja y al parecer la pasaba muy mal. Respetando su relación me alejé de ella. En la vida volvimos a encontrarnos. No fui capaz de preguntarle, ¿porque no se había despedido de mí aquel día al dejar el burdel? Donde pasamos momentos más agradables que amargos.

Y para terminar quiero recordar una frase que escuché de los labios de aquella chica madura y resuelta al tratar de convencerle que la vida podría ser diferente en el futuro: "Eres un chico soñador". Deduje de aquellas palabras que trataba de huir de su juventud y perderse en el mundo tormentoso de los adultos. O que simplemente sus ilusiones habían muerto en aquel recinto de copas y luces fluorescentes, dos años atrás.

SEMANA SANTA EN GUATEMALA

Crecimos en un seno familiar plenamente religioso y pocos creo incumplíamos las normas por esos días. Los pensamientos puros e inocentes de los más chicos y el mensaje erróneo de los mayores tergiversaban o distorsionaban la realidad de lo que debería representar la religión. A extremos de llegar a temerle a Dios y verle como un dictador que asechaba sobre nuestras vidas a espera del mínimo desliz para descargar su ira sobre nosotros y castigarnos con su mano invisible.

Las conmemoraciones de Semana Santa de los años sesenta y setenta fueron como marcaba el protocolo de la época, muy solemnes. Desatinadamente las reglas prohibitivas pascuales establecían reglamentos obsoletos que en parte reflejaban la ignorancia de un pueblo inmerso en sus propias costumbres y también en ajenas, que nos hacían recordar las prácticas religiosas judías del tiempo de Jesús de Nazaret. Prohibido: escupir, correr, jugar, gritar, reír, etc. Y el sexo… ¡Ni hablar! Pasar una semana en pleno celibato… Menuda gracia les haría a los que estaban en edad de practicarlo. Las despensas permanecían por esos días libres de alimentos indebidos. La carne por citar uno de ellos. El infeliz perdedor en esta contienda de creencias ni más ni menos fue el bacalao. Llenaba los puestos de los mercados y tiendas de abarrotes, y se convertía en el único alimento permitido que mataba el hambre a los fieles creyentes. Fueron innumerables las prohibiciones ridículas que seguíamos sin titubeos al pie de la letra. Lamentablemente, en pleno siglo XXI algunas sociedades en el mundo con finalidad de seguir engañando a los ingenuos para tener dominancia sobre ellos y sus dependientes vidas continúan aplicando prácticas religiosas arcaicas, obsoletas y esclavistas. Y ajustando sin el menor recato "documentos divinos" a su conveniencia. No quiero decir que creer sea malo, pero no nos aferremos a conceptos incoherentes antiguos, y a prácticas colectivas equívocas que lo único que hacen es alejarnos de la auténtica realidad. La búsqueda de la Verdad es personal. La Iglesia la llevamos en el alma. Y en aquel lugar donde nos encontremos estará con nosotros. ¿Porque encerrar nuestra fe dentro de cuatro paredes?

Guatemala era un país hondamente devoto. Por aquel tiempo la religión católica tenía completa dominancia, ser evangélico o pertenecer a la Orden Rosacruz, por ejemplo, no era muy bien visto. Estos últimos se definían o definen: como un grupo de hombres y mujeres progresistas, interesados en agotar las posibilidades de la vida mediante el uso sano y sensato de su herencia de conocimientos esotéricos, y de las facultades que poseen como seres humanos. Estos conocimientos que ellos fomentan y enriquecen con nuevos hallazgos abarcan todo el campo de los esfuerzos humanos y todo fenómeno del universo conocido por el hombre. Estos conceptos cabían nada más en cerebros desquiciados, opinaban muchos devotos católicos. Para muchos de ellos los Rosacruces eran una aglomeración de ateos "que tenían cerradas las puertas del cielo". Jamás escuché la opinión de los detractados pero hoy creo estaban más cerca de la verdad. Las suntuosas procesiones arrebataban el protagonismo a cualquier otra actividad. A lo largo de toda la semana veíamos desfiles de "cucuruchos", hombres embutidos en túnica lila y capirote que acompañaban fervorosamente la peregrinación de las enormes andas (tarimas, tronos en forma de mesa sin patas donde reposaba "el cuerpo" de Jesús o la virgen, según fuera el caso), atavíos que hacían recordar los usados por los miembros del nefasto Ku klux klan. Las ostentosas decoraciones de las andas eran elaboradas con máximo esmero y sobre todo con mucha devoción. Las andas procesionales llegan hoy día a necesitar muchos cargadores, por ejemplo el anda más larga de Guatemala tiene 25 metros de largo y necesita 150 cargadores, las andas más grandes generalmente son de la ciudad Capital ya que en el interior del país, en especial Antigua y Quezaltenango, esta última, segunda ciudad de Guatemala, llegan a tener entre setenta y noventa cargadores. Ordinariamente no llegan a ser más grandes dado el tamaño de las calles y avenidas. Ya que los cortejos pueden tardar hasta veinte minutos en cruzar de una calle a una avenida. O viceversa. En los principales puntos de la ciudad un trayecto puede durar siete horas o más.

Hablar de la Semana Santa en Guatemala es hablar de una mezcla de creencias y costumbres. Es hablar de la cultura y la identidad de un país que sigue devoto y de manera solemne la pasión, muerte y resurrección de Jesús de Nazaret. La Semana Santa guatemalteca se remonta a tiempos de la época colonial. De hecho algunos aseguran que aun en nuestros días existen imágenes que recorren las calles de la moderna ciudad y que han recorrido las calles empedradas en tiempos de la Colonia. Guatemala es un país con un porcentaje elevado de población indígena, el fenomenal ancestral arte popular maya se combina con esculturas monumentales de Cristo, algunas de ellas con más de 500 años de antigüedad y son consideradas grandes obras de la plástica colonial. Las alfombras que adornaban efímeramente las vías de la ciudad eran elaboradas de aserrín y pintadas con productos naturales y constituían otra particularidad de la Semana Santa. Se extendían a lo largo de cientos de metros y adornaban las calles por donde pasaría el cortejo religioso. Muchas de ellas se constituían en verdaderas obras de arte. Obras que precisan dedicación y un arduo y minucioso trabajo, que iba desde la elaboración de los diseños y los moldes hasta que eran plasmadas las figuras sobre el suelo. En muchas ocasiones este laborioso trabajo colectivo podía tomar varios días. Algunos aseguraban que las más hermosas eran las elaboradas en Antigua Guatemala. Ya que se asemejaban a las alfombras persas. En la actualidad algunas han llegado a medir cerca de un kilómetro de longitud.

Incuestionablemente la enraizada tradición de las procesiones fue importada de España. En la actualidad en muchos pueblos españoles sigue arraigada. Sevilla durante la Semana Santa se echa a la calle, esto es opinión personal, muchos lo hacen por costumbre y no por devoción. Y quienes hasta riñen por tener el privilegio de cargar las imágenes en las entradas o en las salidas de las iglesias con intención exclusiva de conseguir más protagonismo. Pero también sé que hay muchos devotos de corazón que lo hacen incondicionalmente y que por esos días solemnes de luto colectivo elevan sus plegarias de fe y creen fervientemente que sus oraciones serán escuchadas. Este evento de convicción debería tomarse de ejemplo por aquellos que repletos de alhajas y ropas extravagantes como si de un desfile de modas se tratara, abarrotan las iglesias.

A propósito de la fe: Jesús en una de sus charlas habituales trataba de explicar a sus apóstoles el concepto de la fe, que no lo tenían muy claro. Uno de ellos le preguntaba. "Maestro. Pero dime. ¿Porque tu padre no se manifiesta para que podamos creer en Él?". A lo que Él contestó: "Está más cerca de la Verdad aquel que cree sin ver que aquel insensato que necesita ver para creer". Palabras sabias a oídos sordos. Los hombres de ciencia de nuestros días se aferran a creer que la verdad única es la que emana de lo palpable, de lo matemáticamente probable. Quizá no estén tan encasquillados aunque intuyo que el día de hoy los conocimientos ulteriores seguirán siendo para ellos misterios inalcanzables, intangibles, imposibles de probar concretamente.

La ficción de hoy será realidad mañana. Como fue la realidad de hoy, ficción ayer. Su intransigencia profesional, soberbia o mala fe les induce a hacer comentarios o divulgar conceptos improbables, ejemplo de ello, la concepción universal y el inicio de la vida en nuestro planeta, que les lleva a contradecirse a sí mismos.

El célebre científico británico Stephen Hawking, por ejemplo: aseveraba que la física moderna excluía la posibilidad de que Dios crease el Universo. Del mismo modo que el darwinismo excluyó la necesidad de un creador en el campo de la biología, el conocido astrofísico también argüía que las nuevas teorías científicas hacían redundante el papel de un creador del universo. El Big Bang, la gran explosión en el origen del Cosmos fue consecuencia inevitable de las leyes de la física, afirmaba con contundencia Hawking. Sin embargo estos nuevos argumentos contradecían sus propias opiniones anteriores. Ya que en su obra: "Una Breve Historia del Tiempo", en la que sugería que no había incompatibilidad entre la existencia de un dios creador y la comprensión científica del universo, escribió: "Si llegamos a descubrir una teoría completa sería el triunfo definitivo de la razón humana porque entonces conoceríamos la mente de Dios".

De esto habría mucha tela que cortar y mucho que discutir pero eso representaría tácitamente alejarnos de la sencilla historia de mi vida. Sin embargo, quiero hacer una última reflexión al respecto de este asunto y al alegato de Hawking. Si admitimos el surgimiento de nuestro universo como producto del efecto de la explosión Big Bang. Quedan otras interrogantes: ¿Quién creó las leyes de la física? ¿Fueron también fruto de la casualidad al igual que la vida humana como afirman algunos otros científicos? En mí insuficiencia de conocimientos científicos contestaré a estas dos cuestiones: tanto una cosa como la otra es de dimensión extremadamente compleja para que haya surgido de la nada sin ayuda «exterior».

"Es menester poseer una mente abierta para afrontar los retos categóricos que nos planteará el futuro". Y para acabar, aunque mis quiméricas neuronas tratan y se esfuerzan por entender que las consecuencias inevitables de las leyes de la física provocaron la gran explosión, sigo sin encontrar respuesta lógica a este planteamiento. ¿Era acaso antes de esto el universo un vacío? ¿O es que andamos totalmente despistados y no terminamos de enterarnos que nuestro universo forma parte probablemente de una conglomeración de universos separados entre sí? ¿Quizá por agujeros negros?

De lo metafísico y del mundo cuántico retornamos a nuestro relato pascual. Tengo aún muchos recuerdos de mi infancia de ese espacio y tiempo arraigados en mi memoria. La fragancia del corozo perfumaba la Semana Santa, esta fragante flor era utilizada como adorno de algunas alfombras pero también emperifollaba y aromatizaba "los pasos": capillas improvisadas que simbolizaban las caídas de Jesús en su terrible peregrinar al cerro Gólgota en la afueras de Jerusalén, donde finalmente fue con saña crucificado, estructuras de madera cubiertas en sus tres costados y techo por un enorme lienzo de lona blanco, dejando únicamente al descubierto la parte frontal donde se detenía por unos instantes el solemne recorrido del cortejo luctuoso. Por muchos años asocié esta fragancia a la muerte y al sufrimiento. Mi inocencia y aquel sombrío ambiente donde se realizaban estos extraños rituales terminaron acumulando en mi subconsciente recuerdos indeseables. Mi inocente mente infantil se convirtió en un receptor de funestas experiencias que aún en el tiempo se manifiestan en sueños y recuerdos.

Con la Semana Santa coincidía el habitual desfile bufo, fiesta tradicional estudiantil de la Universidad de San Carlos de Guatemala. Las calles del centro de la ciudad se llenaban de curiosos que formaban enormes vallas humanas a todo lo largo de las céntricas vías por donde el desfile pasaba. Los grotescos disfraces y los gestos vulgares de los participantes se sucedían en todo el recorrido y se acentuaban conforme el tiempo pasaba. El consumo excesivo de alcohol degeneraba aquella parada que irónicamente lejos de ser un acto estudiantil crítico entretenido y jocoso, acababa exteriorizando sentimientos banales impropios de un colectivo universitario que teóricamente representaba la opinión del pueblo y sobre todo a un gremio de futuros profesionales que dirigirían el destino del país.

Quiero subrayar que lamentablemente hasta el día de hoy nada ha cambiado. Las vulgaridades y el lenguaje prosaico y ramplón siguen dominando y ensombreciendo esta tradición y, lo más lamentable a mi parecer, que no se respete la presencia de niños en el evento satírico. Se puede criticar la gestión de un presidente y reprocharle sus errores tanto políticos como personales, pero ¡por favor! Usemos un lenguaje adecuado sin llegar al insulto. Es lamentable e improcedente ver cuando los oradores tambaleantes casi doblados de borrachos, algunos con dificultades de articular palabras correctamente, se lanzan en un discurso banal y ofensivo, repitiendo con desacierto una ensarta de palabras groseras ante el colectivo presente en el acto, faltando con esta conducta el total respeto a las mujeres y al público en general. Se supone que los oradores son estudiantes de un centro académico del cual saldrán los profesionales que en el futuro deban administrar los destinos del país. Ya es tiempo que los guatemaltecos erradiquemos esa personalidad de inferioridad, y nos comportemos como ciudadanos del siglo XXI. Recordemos que el día de hoy gracias a la tecnología el mundo se ha hecho más chico, y todas esas formas desubicadas de comportamiento nos convierten en el hazme reír y el centro del ridículo en otras ciudades del mundo que no comprenden ni pueden interpretar este "lenguaje gracioso". Es tiempo ya de pasar hoja y demostrar que además de ser "una república bananera" gracias a nuestra propia idiosincrasia, Guatemala es también competitiva en el campo académico y que aquí también hay arte, respeto y decoro.

HUELGA DE DOLORES

Origen de la Huelga de Dolores. El viernes previo al Viernes Santo se celebraba el tradicional desfile bufo universitario mejor conocido, como: Huelga de Todos los Dolores de la Universidad de San Carlos de Guatemala. Esta tradición nació hace más de un siglo, iniciada durante la tiranía de Manuel Estrada Cabrera, y que desde entonces ha servido como una válvula de escape para denunciar a los gobiernos de turno. En esta tradicional fiesta estudiantil han participado grandes personalidades: Joaquín Barnoya, apodado por sus compañeros "sordo Barnoya", médico urólogo y escritor. Miguel Ángel Asturias, Premio Nobel de Literatura, 1967. Esta huelga formaba parte del proceso satírico y burlesco del estudiantado que cada mes de abril o marzo bajo el sol sofocante de Guatemala se lanzaba a las calles del centro de la ciudad. Esta costumbre hasta el día de hoy es tradición en el medio estudiantil guatemalteco. El foco de las críticas y ataques se dirigían al Gobierno; pero de igual forma eran satirizados y ridiculizados otros personajes de la burguesía.

Previo a la Huelga, se celebraba la velada estudiantil. En los años 70, el cine Lux fue el escenario de aquellos disparates. En este emblemático cine, en la Semana Santa del año 1970, ocurrió una anécdota que desató la risa y los aplausos del "respetable público" ahí congregado. La velada ya había dado inicio y nos hallábamos disfrutando de las ocurrencias y, para variar, de las groserías de los primeros animadores. En ese momento, en medio de aplausos y las tradicionales canciones recompuestas por los estudiantes «hacía su arribo Jesús de Nazaret al estrado, en su burrito sabanero». Se dirigía hacia Belén, según la tonadilla. La música fue interrumpida y en ese intervalo todo quedó en silencio. De los megáfonos salió la única voz que se escuchó en todo el recinto. "¡Atención! ¡Atención!": "Se advierte tener extremo cuidado con las carteras, ya que se nos ha notificado que en este preciso momento, ha hecho su ingreso a este recinto, el ladrón hijo de puta de Paco Montenegro Sierra" (exalcalde de Guatemala). El auditorio al unísono se unió a los insultos y aplausos, estos últimos iban dirigidos al ocurrente animador. Lo insólito del caso, nuestro aludido exalcalde lejos de inmutarse sonriendo levantaba las manos y aplaudía con una sonrisa de oreja a oreja y saludaba al tumulto como si de sus seguidores de campaña se tratara. Acto que terminó agradando a todos los ahí congregados. Olvidado el bizarro incidente, "Jesús prosiguió a lomos del pequeño burrito su recorrido hacia Belén".

Como ya lo manifesté fui crítico a muchas manifestaciones de indecencia y majaderías por parte de muchos estudiantes, tanto en el desfile bufo como en las veladas. Insisto, se puede ser divertido sin necesidad de actuar de manera incorrecta, inculta y abusiva.

La mayoría de los participantes durante todo el recorrido portaban pasamontañas. O llevaban el rostro cubierto para no ser identificados por "los orejas" (policías encubiertos) y terminar desaparecidos o asesinados. Si bien la huelga estaba autorizada por el Gobierno a los militares y a los matones no les hacía mucha gracia la crítica y mucho menos el ridículo. Por esta razón, terminado el desfile los estudiantes trataban de no deambular por la vía pública pintados o en disfraces. Siempre trataban de hacerlo en grupo, aunque algunos terminaban por el enorme consumo de alcohol despistados y vagando en solitario por las calles. Este era lamentablemente el espíritu y condimento de esta fiesta.

Restaurantes, bares, y sobre todo la cervecería y la licorera de Guatemala donaban cantidades garrafales de alcohol. Las grandes empresas lo hacían para evitar las críticas y las burlas satíricas del estudiantado, y otros contribuían casi obligados. Como fuera, la mayoría de estudiantes terminaban hechos unos guiñapos de borrachos, causa degenerativa del evento crítico estudiantil, cayendo irremediablemente en la patanería y en el bochorno.

DÍA DE LOS MUERTOS

Con actos conmemorativos y muy solemnes, se celebraba el primero de noviembre en Guatemala el Día de los Muertos. Se efectuaban en muchos cementerios eventos litúrgicos para rogar por el descanso eterno de sus almas. Pero no solamente el alma necesitaba alimentarse. También el cuerpo. Por lo que no podían faltar los caprichos culinarios para alimentar a los pecadores que esperábamos más que pacientes y con desgano nuestro boleto al plano espiritual. En todos los hogares, abuelas, madres e hijas contribuían a preparar el plato típico del día: el tradicional fiambre. Lo hacían con mucho esmero y sobre todo con gran paciencia por la cantidad de ingredientes. Llegaba a tener más de 50. Es una forma de ensalada. Se puede clasificar su contenido en cuatro grupos: carnes, embutidos, verduras y queso. Y huevos cocidos (duros) en rodajas como decoración. Para ese día tan especial la gente humilde tenía por tradición preparar comida y frutas cocidas, como: el ayote y jocote en dulce, y el güisquil entre otros, que llevaban como ofrenda a los camposantos engalanados con coronas y flores de vivos colores como "la flor de muerto" (cempasúchil autóctona de la región). Tampoco las botellas de aguardiente eran ajenas a estos rituales. Se colocaban sobre las tumbas. Porque según la creencia el espíritu de los muertos llegaba saborear aquellos manjares. Este evento de fe era aprovechado por muchos listillos que una vez terminados los rituales espirituales se dedicaban a la tarea del saqueo de las tumbas. Algunos de los "profanadores" terminaban esa noche tumbados alrededor de ellas, "muertos pero de borrachos".

El primero de noviembre de 1970, reunidos en mi pueblo natal con un grupo de amigos con intención de saborear los majares del día, departíamos muy animados y alegres. Pero como en todas las celebraciones de mi querido terruño tampoco ese día podían ser ajenos "los indispensables" brebajes embriagantes. Alguien dijo acertadamente —que en Guatemala se podía vivir solamente borracho. Y no estaba lejos de la realidad. A eso del mediodía el comedor de doña Gloria estaba repleto. En medio de incomodidades almorzamos y pasamos gran parte de esa tarde. Curiosamente no tenía deseos de beber, y de mala gana me atraganté unas pocas cervezas. Mis amigos por el contrario no pararon de beber. Pasadas las seis de la tarde abandonamos aquel lugar después de agradecer la atención y sobre todo la paciencia que habían tenido con nosotros aquellas amables y finas personas. Hoy que ya no bebo comprendo lo desagradable y engorroso que resulta lidiar con borrachos. Mis ebrios amigos, todavía no satisfechos traman continuar la jerga. Sabíamos que en los alrededores las pocas cantinas (bares) cerraban a eso de las nueve de la noche, y comprensiblemente la intención de mis acompañantes era hacer la noche más larga. El único medio sobrio de aquel bohemio grupo hoy escribe esta historia.

Nos acondicionamos como pudimos en aquella furgoneta idéntica a la de Raúl, de tres plazas, aunque esta vez se sentó un cuarto ocupante. Ocupadas estas, no quedó a Jorge y a este confeso otra opción que acomodarnos en la parte trasera. Es decir, sentarnos en el piso donde mis amigos en días de trabajo apilaban la mercadería. Hacer uso del cinturón de seguridad en aquel tiempo. Impensable. Una de las razones: la cantidad de pasajeros que se amontonaban en un automóvil. En ocasiones excedía el doble de lo permitido. Esta conducta irresponsable generalizada también afectaba al servicio colectivo. El uso del cinturón despertaba suspicacia y se asociaba a la falta de confianza hacia el chofer a extremos de sentirse ofendido en su amor propio. Seguridad. Definición que no encajaba en la mentalidad de los temerarios conductores de aquellos tiempos que desafiaban constantemente a la fatalidad.

A pedido de Arnulfo, propietario del vehículo, Raúl fue el elegido. Él sabía que era muy buen conductor, ¿pero en aquel estado? Aunque reconozco quien condujera era irrelevante para mis cinco acompañantes que apenas podían mantenerse en pie. Hoy en los albores del año 2018 podría esta insensatez ser contemplada como suicidio colectivo, pero entonces estos procederes eran más que normales. Acompañados de la anímica música mexicana proveniente de la radio que en cierta medida contribuía a inclinar la balanza a favor de las copas, y en medio de la algarabía producida por el alcohol, nos pusimos en marcha. San Pedro Cuesta Arriba, como señalé anteriormente está situado a una altitud de 2100 metros sobre el nivel del mar lo que hace el retorno a la capital un terreno muy pendiente. Este trayecto era ruta habitual para mis amigos que conducían. "Lo conocían como la palma de la mano". Este detalle jugó un papel importante aquella noche. Arnulfo, buena parte del camino recorrido había alborotado de modo irresponsable al conductor, arguyendo que el automóvil daba para eso y para más. Raúl terminó persuadido por él, que era tío suyo.

La comunidad Vista Linda a la cual estábamos a punto de entrar tenía una peculiaridad, por su inclinación algunas casas fueron construidas por debajo del nivel de la carretera. El alcohol, el sobrepeso, la velocidad y el descuido del conductor fueron cuatro elementos básicos que intervinieron en aquel incidente. Indudablemente el primero de ellos fue la causa principal. Desestimando experiencia y prudencia pensó no defraudar a su tío negándose a frenar con el motor. Y tomó la primera curva con impericia de aprendiz, perdiendo el control. Alterado por el pánico y aquella borrachera no supo qué hacer. La furgoneta se precipitó a velocidad estrepitosa rebotando contra el primer paredón que se nos puso en el camino y continuó marcha abajo. A pocos metros. Lo ineludible. El tráfico en vía contraria. Afortunadamente ya era de noche y el fluido de carros era casi ya nulo. "Pero el destino todo lo arregla". Y puso en nuestro camino el único vehículo que circulaba en esa vía, en el punto y momento menos propicio. La pericia de su conductor logró evitar el choque frontal que inevitablemente hubiera acabado con consecuencias trágicas impredecibles. Sin embargo el embate fue inevitable, esta segunda vez colisionamos con el faldón izquierdo del vehículo, conducido por una persona inocente que regresaba a casa con su familia después de haber pasado probablemente un día feliz y que estuvo a punto de ser el último. A lo mejor, temiendo ser acusado de imprudencia temeraria o causante del aparatoso accidente que debió intuir jamás reclamó los destrozos. Sencillamente desapareció del lugar agradeciendo estar vivo.

Aunque habíamos ya recibido fuertes golpes en el violento choque contra el muro segundos antes, me mantenía consiente y ya prácticamente sobrio. El nerviosismo y seguramente el miedo aumentaron los niveles de adrenalina que desecharon los últimos rescoldos etílicos acumulados en mi cuerpo. Al volar en el segundo encontronazo por los aires y chocar contra los elementos metálicos de la furgoneta perdí el conocimiento.

La oscuridad absoluta me confundió aún más. Escuché a alguien junto a mí que en medio de lamentaciones y gimoteos trataba de ganar camino. Continuamos caminando, escoltados por las chicharras que aunque ocultas por la oscuridad y la maleza desvelaban con su canto su presencia. No sé cuánto tiempo había pasado. Me sentía muy débil. Todo aquello era como un sueño. No sentía dolor alguno. Tratando de ordenar mis pensamientos hice extraordinario esfuerzo. Sin el menor éxito. Mi mente estaba completamente en blanco, todo seguía igual, confuso y sin respuesta. En medio del sepulcral silencio, en la distancia escuché algo diferente al cántico de las indiferentes cigarras y más claro el lloriqueo del que hasta este momento había sido mi incógnito acompañante. Pasada la extrema borrachera Arnulfo advirtió la magnitud de aquella equivocación y lloraba como un niño. Sus sollozos eran las lamentaciones que desde hacía rato resonaban en mi cabeza de un modo ambiguo, casi irreal. Las estridentes sirenas de bomberos, policías y ambulancias se escuchaban en la lejanía. En este justo momento recobré parte de la conciencia. Temiendo lo peor, Arnulfo tomó la delantera y me exhortó aligerar el paso para desaparecer de las cercanías lo más rápido posible. Con mucho esfuerzo traté de imitarlo. En ese momento sentí un dolor horrendo en la mano derecha y un repiqueteo desagradable que me alcanzó hasta el hombro y parte de la cabeza. Maquinalmente la llevaba empuñada, al explayar los dedos pude sentir la caliente y melcochosa textura de la sangre que la anegaba. Fue cuando comprendí que algo aparatoso había ocurrido. La sangre corría a través de mis dedos, con movimiento involuntario y un vuelco en el corazón volví a cerrarla. Había perdido mucha sangre a juzgar por la distancia que hasta ese momento habíamos recorrido. Nos encontraríamos a unos 300 metros pasada la curva donde perdimos el control del coche, y a unos 900 del lugar del accidente.

Con la mente perdida, como autómatas caminábamos en orientación norte buscando sin siquiera saberlo la comunidad El Manzanal. Guiado por mi abatido amigo entre maldiciones y tropezones fuimos ganando camino. En esta aldea situada a unos cinco kilómetros del lugar del siniestro vivían unos parientes suyos, Rigoberto y Alicia. La senda de terracería se extendía en paralelo a la carretera principal y por su mala condición y estreches era únicamente usada por caminantes. Al internarnos en ella la oscuridad se hizo absoluta. Por momentos perdí la lucidez y caminé sin pronunciar palabra. Fueron cinco largos kilómetros. La zozobra nos consumía, ignorábamos que había ocurrido. Los moradores de aquel domicilio con incertidumbre y pena se dispensaron por la falta del suministro eléctrico. Ellos al igual que nosotros ignoraban las causas que habían suscitado aquel imprevisto incidente. Hasta ahí, ni nosotros intuíamos ser la raíz de aquel percance. La luz de la vela reveló el ruinoso aspecto de los dedos que permanecían aún entumidos, recogidos y casi pegados al melcochoso sanguinolento fluido que seguía manando aunque ya más apocadamente. Estupefacto, entre la poca luminaria pude apreciar cuatro de ellos completamente desgarrados que dejaban los huesos al desnudo, el quinto, el pulgar, parecía intacto. Para el que esto escribe fue una fuerte impresión por no describir la cara de espanto de la conmovida Alicia, que trataba en medio de las posibilidades «remendar» el despellejamiento. Conforme la temperatura normal volvía al cuerpo el incesante repiqueteo de las agujetas invisibles me helaron todo el cuerpo y el dolor comenzó a tornarse intolerable. La asistencia médica más que emergente era indispensable. Indiferente a mi sufrimiento y mirando al vacío, permanecía a mi lado en silencio, Arnulfo. Esperando que la providencia nos iluminara, partimos a la comarca más cercana con la expectativa que el doctor Montero único médico de San Pedro Cuesta Arriba, estuviera en su clínica. "Antes de continuar haré de nuevo una interrupción".

En las cercanías de esta aldea, donde nos encontrábamos, años atrás, 1966, se dio un acontecimiento de mucha importancia. Tiempo después reflexionando sobre este suceso entendí que la jactancia personal y el engrandecimiento de las personas es un defecto incorregible en los humanos que a pesar de tantos tropiezos poco aprendemos de la vida. Hay circunstancias, en las cuales todos somos iguales no importando raza, color o religión. La muerte o las enfermedades podrían tomarse como ejemplo plausible; pero también la experiencia vivida por aquel hombre desgraciado que aquella mañana soleada pasaba junto a mí podría igualmente definirse como una lección paradigmática de la vida. Jamás pude olvidar su descompuesto rostro ni mucho menos sus ojos escurridizos llenos de miedo, angustia o quizá esperanza.

El tránsito vehicular proveniente de la ciudad obligadamente tomaba esa arteria ya que era la única para llegar al centro del pueblo. Sería ya el medio día. Parado a unos pocos metros de la puerta de casa esperaba como ya era costumbre por mis amigos. A escasos metros doblaba la esquina que entroncaba con la carretera. Por ella vi asomar a varios niños alborotados que encabezaban "aquella extraña procesión". Unos ocho hombres componían el grupo que marchaba altanero con su presa. Con los brazos hacia atrás y atado de manos caminaba cabizbajo un hombre de mediana edad y estatura. Probablemente sería un poco más alto que sus custodios pero por su postura perdía algunos centímetros de altura. Su tez blanca, y barba aunque desarreglada, revelaba que no era originario de la comarca, esta localidad se identificaba por ser una zona genuinamente autóctona. Aquel sujeto vestía pantalón azul, playera blanca (camisa sin cuello y mangas cortas) y sombrero de petate, usado habitualmente por los trabajadores del campo. Al pasar frente a mí levantó turbadamente la cabeza, por segundos se cruzaron nuestras curiosas miradas, con movimiento torpe y casi brusco la bajó nuevamente. En esta fracción de segundos alcancé a deducir que iba atemorizado. Probablemente mis facciones diferentes hicieron saltar las alarmas en su cerebro confundido. Sentí lástima infinita al pensar que sus captores lo hubieran maltratado físicamente. Su rostro demacrado y los parpados tumefactos le daban un aspecto acongojante.

Dócilmente continuó la esforzada marcha perdiéndose entre el tumulto de jóvenes curiosos que le acompañaba en su penoso peregrinaje hacia la cárcel. En los pueblos chicos los chismes corren como reguero de pólvora. A los pocos minutos nadie hablaba de otra cosa. "Aquel humilde hombre" había sido detenido en los alrededores de la aldea Vista Linda. Lugar del trágico accidente, por merodear sospechosamente por el patio de un vecino. Al no haber en esa comunidad centro de detención adecuado, los alguaciles (policías municipales) lo trasladaban a la prisión de San Pedro Cuesta Arriba, que nada tenía que envidiar a las mazmorras medievales. Este húmedo, frio, oscuro y mal oliente caserón de unos 8x5 metros convertido en calabozo, estaba situado en el patio trasero del edificio municipal. La falta de camastros obligaba a los reos a dormir en el suelo sobre la dura y casi congelante superficie cubierta chambonamente por una capa desalineada de cemento. La altitud ya apuntada de esta región, superaba los dos mil metros y esto hacía las noches severamente frías. Las necesidades biológicas se consumaban en la descubierta y rustica letrina construida dentro del mismo insalubre recinto. La luz apenas penetraba a través de la única tétrica oquedad que tendría una envergadura de noventa o cien centímetros de ancho por unos dos metros de alto, donde descansaba la puerta construida con barrotes de un ancho aproximado de 20 centímetros cuadrados labrados en madera rústica y maciza colocados en forma de parilla que terminaban reduciendo la reflexión de la luz a su tenebroso y oscuro interior. En el exterior, colgaba un enorme candado sostenido por bisagras de las mismas dimensiones que disuadía a los soñadores que pensaban podían escapar. El recorrido de los seis kilómetros que separaban los dos poblados aquellos guardias por falta de medios o quizá por rutina acostumbraban hacerlo caminando cada vez que surgía alguna diligencia que precisaba la asistencia de un juez competente. Y aquel día no fue la excepción. Poco se sabía de la identidad del supuesto ladrón y de las causas que lo llevaron a cometer "tan penoso delito". "A veces por hambre podemos hacer cualquier cosa", reflexionaba Benjamín. Otro vecino le contradecía.

"¡Lo hacen por sinvergüenzas!".

Un ruido extraño detuvo aquella discordante discusión. El inesperado y estridente estruendo provenía del cielo. Tres helicópteros militares sobrevolaban casi rozando los techos de las viviendas, en la puerta de cada aparato iba apostado un hombre vestido de verde olivo portando una colosal metralleta que apuntaba a tierra amenazante. Aún no recuperados de la sorpresa, turbados vimos aparecer por la misma esquina donde escasos minutos antes irrumpieron aquellos niños curiosos que acompañaban el cortejo, jeeps y camiones repletos de militares. Muchos de los uniformados ya se habían apeado y caminaban con fusil en mano preparados para una eventual contingencia. Las entradas y salidas del poblado fueron cerradas.

Quedó literalmente ocupado.

Me gustaría relatar para entender este hecho algo que sucedió durante la campaña electoral del presidente Julio César Méndez Montenegro. Él, había hecho alarde de ser "el tercer gobierno de la revolución" tras los gobiernos de Arévalo y Jacobo Árbenz. Las Fuerzas Armadas Rebeldes entonces, decretaron un alto al fuego unilateral, esperanzados de que se hicieran realidad las promesas de las reformas democráticas ofrecidas por el nuevo presidente. Sin embargo el ejército hizo caso omiso de aquellos ofrecimientos y continuó con su política represiva y detenciones arbitrarias, fueron detenidos, torturados y desaparecidos varios dirigentes liberales y miembros del PGT, FAR Y MR-13. Fueron 28 los desaparecidos. Este, según tengo datos, fue el primer caso de desaparición selectiva forzada de la historia de América Latina, con Méndez Montenegro estos hechos jamás se aclararon.

Este acto de traición del Gobierno revolucionario enfureció a la dirección de las FAR y ordenó el secuestro del secretario de la Presidencia, Baltasar Morales de la Cruz, el 4 de mayo de 1966. En el operativo en Ciudad de Guatemala, murió su hijo y su chofer. Luego serían secuestrados el presidente de la Corte Suprema de Justicia, Alejandro Romeo Augusto de León, y el vicepresidente del Congreso, Alfonso Castillo (nombre supuesto). El objetivo, canjearlos por los 28 desaparecidos. El silencio del Gobierno dejó al descubierto la realidad de lo ocurrido, habían sido asesinados. Lo sucedido al presidente de la Corte Suprema no lo recuerdo ni creo haber escuchado mucho

de él. A mi edad muy poco me interesaba la política y mucho menos sus protagonistas. Pero la cara descompuesta y el nombre de aquel hombre en la vida lo olvidaré. Alfonso Castillo, uno de los hombres de confianza del presidente Méndez Montenegro pasaba aquella soleada mañana junto a mí, espantado y humillado con destino a la mazmorra medieval. No me atrevo siquiera a imaginar lo sucedido a los hombres que por equivocación lo detuvieron y lo expusieron seis largos kilómetros. Antes de la retirada de las patrullas militares los noticieros radiofónicos ya habían desvelado la identidad del funcionario y lo sucedido: después de su secuestro fue llevado a la aldea El Manzanal, al chalé que colindaba con los terrenos de la casa donde me desangraba aquella fatídica noche del accidente. Aquí estuvo detenido varios días. Días más tarde burló la custodia de sus captores y aprovechó para darse a la fuga. Pero desconociendo el terreno se le hizo muy difícil moverse por el lugar sin levantar sospechas. En su estremecimiento sin darse cuenta caminó desorientado, terminado en el patio de un vecino donde trató de refugiarse. Y aquí surgió la confusión y sucedió lo ya relatado.
Según información posterior, cambió su vestuario con un aldeano de quien también recibió el sombrero. Este detalle al parecer le había salvado de caer en manos de sus captores de nuevo. Información vertida por la misma fuente reveladora afirmaba que camino a la prisión se habían encontrado con ellos en un tramo de la carretera, pasando desapercibido gracias a su vestimenta.

«Espero este "buen hombre" haya aprendido la lección. Nadie es superior a otro. La vanidad y las circunstancias crean la superioridad en la mente ignorante de los hombres».

Nos reubicamos de nuevo en nuestro relato. Debido a la poca afluencia de pacientes el doctor Patricio Montero atendía aquel consultorio únicamente un par de tardes por semana. En contra los pronósticos decidimos probar suerte. No tenía nada que perder por el contrario mucho que ganar. A igual que por los alrededores del percance la destrucción del transformador y el corte del cableado eléctrico de igual forma habían afectado al vecindario de mí pueblo natal. Los primeros tergiversados comentarios de lo sucedido tenían en vilo a los habitantes. Entre sentimientos de miedo e incertidumbre y, acosados por los perros, caminé por el oscuro callejón que llevaba al consultorio médico. Exasperado por el dolor, dando buenas zancadas acorté distancia. Mis acólitos y excitados amigos se mantenían a mi lado amén de la persecución de los caninos. Pegué con desespero sobre la hoja maciza de pino que cubría el umbral de la puerta principal del consultorio, encajando el puño con la poca fuerza que me quedaba. Pasaron un par de eternos minutos.

— ¡No puede ser!, dijo con desespero Alicia, aferrándose al picaporte.

— ¿Y ahora qué hacemos? No puedes quedarte así eso tiene muy mala cara.

— ¡Perdón! No quería inquietarte…

Alguien viene, exclamó eufórica soltando un suspiro de alivio y satisfacción. Que por lo visto era la única que había mantenido el temple. Alma, enfermera de turno vela en mano me tomó por el brazo y me haló al interior del pequeño consultorio. — ¡Pasa, pasa! Ustedes también, ¡no se queden allí!

— ¿Qué te ha pasado?, preguntó desconcertada.

La mano rebalsada en sangre ya casi en estado coagulante al igual que los manchones por todas las ropas le daban a aquella escena un aspecto desagradable y abrumador. No hubo espacio para más preguntas. El doctor atraído por el escándalo ya se había posesionado junto a mí. Saludó amable y cortésmente y pidió sentarme, y abrir la mano. "Despacio… Eso es, añadió. Ayudado por dos lámparas de gas, y sin anestesia procedió a desinfectar las martirizantes heridas y a zurcir los pedazos de carne desgarrados;

ya que para mí maldita mala suerte la pócima anestésica se había agotado el día anterior.

«— ¡Qué terrible dolor!».

Con fingida complicidad como tratando de comprender nuestro comportamiento de adolescentes, repuso mirándome a los ojos. "Son cosas que pasan no te preocupes". Respiró profundamente y paseó su mano por mi hombro, y continuó, "pero si no hubieras venido esta noche, me hubiera visto mañana en la necesidad de amputarte en el mejor de los casos, los dedos… Y en el peor, la mano". Concluyó.

Esa noche conciliar el sueño fue una verdadera odisea. El desangre había debilitado mi cuerpo al límite. Todo daba vueltas a mí alrededor. Un cúmulo de sensaciones horribles: sentir que el techo se desploma y que estás apunto de desfallecer a pesar de estar tumbado. A pesar de la magnitud del choque y los destrozos materiales, Vicente y este desdichado fuimos los que llevamos la peor parte. Mis dichosos acompañantes milagrosamente salieron ilesos. Atando recuerdos de aquella trágica experiencia logramos reconstruir lo ocurrido. Al segundo encontronazo, la furgoneta sin control continuó cuesta abajo incrustándose en la superficie recia de un poste del alumbrado eléctrico, partiéndolo en dos como cerilla, el transformador incrustado en la parte superior cayó desplomado sobre el vehículo. En consecuencia, quedó la aldea y todos sus alrededores sin el suministro. Gracias a la fortuna no terminamos incinerados por los cables de alta tensión al abandonar el vehículo. La furgoneta fue remolcada al Depósito Municipal. Los charcos de sangre habían dado otra tonalidad a los decorados interiores. La tétrica alfombra roja de sangre coagulada de coloración oscura le proporcionaba a todo aquello un aspecto desagradable y nauseabundo. Había sido casi un milagro. La furgoneta quedó prácticamente desecha. En medio de aquella calamidad estábamos de suerte aquel día de difuntos. Que pudo ser el último. A pesar de lo grave de esta terrible experiencia no recuerdo que de ella hayamos aprendido mucho. Ya que los traspiés se fueron repitiendo a lo largo de nuestra aturdida juventud.

INCIDENTE EN AMATITLÁN

Julián Méndez Hidalgo, párroco de origen español y amigo muy cercano de mí padre, durante los años turbulentos de la dictadura fue excomulgado, según la Santa Sede "se le había ido la mano". Desobediencia y comentarios impropios de contenido político no eran propios de un prosélito de la iglesia "y no podían ser perdonados". A pesar de las prohibiciones celebraba misas clandestinas en complicidad de José María Ruiz Furlán, este último conocido como padre Chemita. Este controversial cura también se reveló sin embargo fue restituido al pedir perdón a la Curia Vaticana. El padre Julián, por el contrario nunca se doblegó ante la potestad papal y mantuvo sus principios reivindicativos y embates al sistema injusto, corrupto y podrido, "rebeldía" que repercutió en su vida personal, fue al igual que Chemita amenazado de muerte en varias ocasiones. Y finalizó sus días editando "La Atalaya", periódico semanal en el cual exponía sus críticas. No volvió que yo sepa a ejercer como sacerdote facultado.

A Chemita la vida le tenía otra sorpresa. El 14 de diciembre del año 2003, acabada la celebración de la última misa de domingo, dejó la iglesia y se dirigió hacia su casa ubicada en las cercanías de su parroquia dedicada al Santo Cura de Ars, que él mismo había fundado unos treinta años atrás, en la zona 5. Uno de los barrios más pobres de Guatemala. Era ya noche, a pesar de las amenazas de muerte que cada vez con más frecuencia le habían llegado nunca tomó las debidas medidas. Al llegar a la puerta de su casa, cuando trataba de encajar la llave en la cerrojo, alguien le llamó por su nombre, probablemente no alcanzó siquiera a ver la cara de sus verdugos. Fue ultimado de varios disparos que le alcanzaron la cabeza y la cara. Los asesinos lo remataron al caer herido al suelo. Siete disparos fueron en total. Había entonces cumplido 69 años. De sus últimos años de vida pública no estoy muy bien informado. No obstante sé por fuentes confidenciales que en la década de los 70 fue amenazado de muerte. Para mí es significativo hacer mención de estos pasajes ya que forman parte de los años de mi enredada juventud.

Marcelo, muchacho humilde de provincia se convirtió en monaguillo de las ceremonias clandestinas celebradas por aquel insurrecto sacerdote. Pasados los años y siendo ya adulto no quiso abandonarle y continuó viviendo en casa del párroco. Así fue cómo nació nuestra amistad que se prolongó hasta poco antes de su muerte. Murió en plena juventud, en un trágico accidente de tráfico. Desgraciadamente no fue la única víctima mortal de aquella tragedia. Establecida su empresa impermeabilizadora de terrazas y piscinas su vida dio un giro transcendental. Su selecta clientela pertenecía a la clase privilegiada y esto le abrió las puertas del éxito. En días libres, el Bar El Che, lugar exclusivo de encuentro de burócratas del Ayuntamiento capitalino, y de empleados de algunos bancos de los alrededores así como de abogados y otros profesionales, se convirtió en lugar favorito de nuestras tertulias. Verdaderamente llegamos a tener una bonita amistad. Otras veces lo hacíamos en el chalé: «Vista al Lago», propiedad del polémico cura, ubicado en El Relleno, lugar selecto enclavado a orillas del Lago Amatitlán. Pasábamos ratos inolvidables y muy agradables en aquel hermoso y placentero lugar. La parte trasera daba bajando las escaleras a orillas del lago, donde en días de verano tumbados en una mecedora gozábamos de las delicias de la tonificante y refrescante brisa que brotaba de las sosegadas aguas.

El pueblo de Amatitlán fue fundado en 1536 y está ubicado al rededor del lago de su mismo nombre. Una belleza natural que está convirtiéndose en un pantano gracias a la abandono y a la dejadez de nuestros gobernantes y obviamente como no podía ser de otra manera a la eterna e ineludible corrupción. En Guatemala, no solamente estaba institucionalizado el soborno sino era considerado un acto de astucia, audacia e ingenio.

Su corta distancia, veinticinco kilómetros a la capital hizo en los años setenta de estos parajes una atracción turística para los capitalinos que los fines de semana en compañía de sus familias disfrutaban de la gastronomía y del paisaje exclusivo de la zona.

¿De dónde proviene la desmedida contaminación del Lago de Amatitlán? Estudios realizados por la Autoridad para el Manejo Sustentable de la Cuenca y del Lago de Amatitlán -AMSA-, una institución del Gobierno, confirman que en el año 1800 el lago tenía una profundidad promedio de 33 metros; para el año 1996 esa profundidad se redujo a 18 metros, y para el 2016 si no se toman acciones para rescatarlo será un pantano de 7 metros y medio. La pregunta que todos nos hacemos, es la misma. ¿De dónde proviene la contaminación? Seguramente cada uno tenga su teoría, y lo más probable es que todos o casi, la atribuyan a la industrialización de la zona. Sin embargo las causas son diversas. En principio, de las 24 plantas de tratamiento de aguas negras existentes en la cuenca ¡no funciona ninguna! El 23% de las industrias del país están ubicadas en la cuenca del lago y sólo el 1% posee sistemas de pre – tratamiento de aguas. Gran parte de los desechos industriales no tóxicos, tales como el zinc, aceites y colorantes que se depositan en el lago se mantienen en suspensión en la superficie. Antes atribuí este mal a la dejadez de los administradores de turno ya que no creo que nadie haya puesto interés en encontrarle solución al perdurable problema. En mi querida chapinlandia todo se arregla por debajo de la mesa. Los recursos petrolíferos dado a los usos y costumbres de nuestras autoridades se evaporan hacia Estados Unidos. Ningún gobierno ha tenido el valor ético de nacionalizarlos. ¡Claro que no! La avaricia no les deja. Simplemente el temor de no poder disfrutar durante su mandato de la totalidad de esas inversiones les estruja las tripas y les mata el nacionalismo. Es más fácil, cómodo y rentable recibir "una suculenta mordida" y ceder concesiones a empresas extranjeras que lo único que han dejado en nuestra patria ha sido: pobreza, sangre y dolor. De 100 dólares, dejan 2 en las arcas del Estado, los 98 restantes terminan en los santuarios de los protervos usureros que manipulan cínicamente la economía del mundo. Y con esos dineros robados "sanean" las economías de los pueblos débiles para subyugarlos y esclavizarlos y hacerlos dependientes de su enfermiza ambición. Esta es la terrible y nefasta idiosincrasia de la auténtica estructura entreguista del poder Ejecutivo y Legislativo de Guatemala que ha favorecido notablemente al estancamiento de su desarrollo. Tampoco podía pasar el Judicial inadvertido ya que es tan obsoleto como los dos anteriores.

Mi amistad con Marcelo se ajustó al poco tiempo que le quedaba libre por lo que nunca me separé del grupo de mis otros amigos. Un buen día decidí llevarles a pasar un fin de semana al chalé, logré, recuerdo, sin mucho esfuerzo convencer al cura. A pesar de los arrebatos de mi adolescencia confiaba en mí.

La vivienda estaba confortablemente equipada. Raúl, Adrián, Sara, Elsa y Aura hicieron los preparativos, éramos jóvenes, carentes de seriedad y obligaciones, así que todo se cuadró a la aventura. Marcelo no estaba al tanto de esta visita que habíamos dispuesto. Hacía ya varios días que no le veía. Muy temprano partimos de San Pedro Cuesta Arriba, en la ciudad recogeríamos a las chicas. Hacía un día estupendo. Por aquella región dado a su altitud el tonificante fresco de la mañana levantaba los ánimos, limpiaba pulmones y vías respiratorias "y hasta purificaba el alma". No obstante debido a nuestra afición al cigarrillo esto de poco servía. Después del infausto accidente, al pasar por la aldea Vista Linda cada uno de nosotros examinaba los alrededores sin pronunciar palabra. Pasado el tiempo fue quedando el incidente en el olvido. Las chicas impacientes ya esperaban por nosotros en el lugar convenido. Sin perder más tiempo continuamos hacia Amatitlán. En la ciudad de Guatemala hacía por lo consiguiente un día fabuloso el termómetro marcaba algunos grados más. No me cansaré de repetirlo y razones no faltaban, disfrutábamos de un clima fantástico. Desgraciadamente el cambio climático ha producido cambios severos en nuestro clima. Guatemala gozaba de una peculiar particularidad: cambios radicales de temperatura a cortas distancias. Entre tanta calamidad algo bueno deberíamos tener. El calor comenzaba a sentirse, descendíamos en dirección a las playas del sur (océano Pacifico) y esto influía, a tan sólo 50 kilómetros se hallaba Escuintla rodeada de cocoteros y de calor tropical. Aunque esta vez nuestro viaje concluía a unos 25 kilómetros de esta bella ciudad de palmeras y golondrinas. Si bien nuestra ajustada economía no nos permitía despilfarros este día era muy especial, pasaríamos jugando a los adultos y como tales iríamos de compras y al igual que ellos cocinaríamos nuestros propios alimentos. Así que nos detuvimos frente al Mercado Municipal. En medio de incomodidad, vergüenza y recato nos abrimos paso por los estrechos corredores llenos de parroquianas. La clásica liturgia dialéctica entre mercaderes y compradoras llenaba de murmullos el recinto, algunas de ellas desataban la furia de los vendedores. El regateo formaba parte de un distintivo que se había convertido parte del folclore. La desestimación en todos los mercados de precios era exagerada y práctica habitual, injusta y hasta abusiva. A lo mejor fueron imaginaciones nuestras pero percibíamos las miradas curiosas de algunas amas de casa que observaban con el rabillo del ojo cada uno de nuestros tímidos movimientos. Después de pasar el mal rato, pletóricos de alegría y muy entusiasmados nos dirigimos a la villa. Con frenesí comenzamos los preparativos. Las chicas muy entusiasmadas dieron marcha a la elaboración de lo que sería nuestro sencillo banquete. En la prisa por alejarnos de las incomodas y acosadoras miradas de las amas de casa indiscretas que abarrotaban el mercado aquella mañana —no echamos en falta algo fundamental.

"¡Los tomates!".

Casi al unísono exclamaron las chicas. Habíamos olvidado los tomates, algo esencial que no podía faltar en nuestra parrillada. Adrián, y él que hoy escribe estos sencillos relatos fueron los elegidos para cumplir aquella "empresa". Alegres como dos pequeños niños nos encaminamos a la furgoneta, propiedad de Raúl. Siempre hubo buena química entre nosotros, en la vida reñimos —nos queríamos como hermanos. Llegamos de nuevo al colorido mercado y sin regateos nos hicimos de un kilo de tomates. Entre bromas y risas retornamos al vehículo y nos pusimos en marcha por la misma ruta que llegamos.

En las afueras del pueblo, a la altura de un pequeño puente vi aproximarse en dirección contraria un inconfundible pickup Chevrolet, El Camino. Sabía que se trataba de mi amigo Marcelo, y pedí a Adrián detenerse un instante para saludarle y de paso presentarles ya que no se conocían. Llamamos su atención con un par de toques de claxon, un poco confundido interrumpió la marcha estacionando aquel flamante pickup a un lado de la vía. Hicimos lo mismo. Acompañado de un amigo, bajó del coche y saludó muy efusivo. No nos habíamos visto en varias semanas y a mí también me alegró el encuentro. De modo más reservado lo hizo Rafael, su acompañante. Concluidas las presentaciones respectivas un tanto entusiastas resolvimos prolongar "un poquitito" más la charla, y nos dirigimos a un pequeño comedor ubicado en las proximidades del encuentro. Sería ya el medio día. Sin más, empezaron las remembranzas y elogios a encuentros donosos pasados, difíciles de olvidar.

¿Porque no la continuamos en el chalé?, propuse. "Está ocupado". Respondió Marcelo, apresurando un trago del casi congelado tarro de cerveza (la táctica de refrigerar los tarros o vasos se hizo muy popular en muchos restaurantes). "Vimos a unas chicas en la terraza así que decidimos continuar y ya ven las casualidades si querer nos hemos encontrado", repuso. Sin disimular el deleite de frescor que le aportaba aquella bebida espumosa congelante.

Casualidad o no ya habían alterado parte de nuestros planes. Entreteniéndonos.

Los inquilinos somos nosotros —así que están invitados, añadí. "Entonces, aceptada la invitación pero antes yo convido la última ronda y exijo que se me acepte", repuso en tono jocoso nuestro nuevo amigo, Rafael. Perdimos la noción del tiempo, en absoluto pensamos en el disgusto que ya les habíamos con el retraso ocasionado a las muchachas y a Raúl, que nos esperaban "en casa". Los tomates olvidados a su suerte en la furgoneta aguantando las altas temperaturas de aquel medio día acabaron malogrados y "con muy mala cara". Fuimos recibidos como lo merecíamos. Después del altercado como era de esperarse ellos decidieron seguidamente volver a la capital. Heridos en nuestro orgullo nos resistimos y tratamos de convencerles que podríamos todavía pasarla bien juntos el resto del fin de semana. Ante la negación de nuestros disgustados amigos optamos por dejarles marchar. En ese momento no pude entender que era un enfado justo, y lo menos que podíamos haber hecho era disculparnos y aceptar lo que ellos dispusieran. Pero no fue así. Actuamos influidos en parte por el alcohol y en parte por la influencia impalpable de nuestros amigos. Irritados y en silencio subieron a la furgoneta y desaparecieron del lugar.

«Sé que nuestra vida está trazada o programada. Pero también sé que haciendo uso del libre albedrío con nuestros actos tenemos libertad de cambiarla. En otras palabras: cada quien hace de su vida lo que quiere que esta sea».

Esta tarde sin intuirlo los vectores direccionales de nuestras vidas cambiaron radicalmente de trayectoria. La diversión apenas había empezado. Rafael era oriundo de aquel pueblecito de pescadores por lo que lo conocía como la palma de la mano. E indiscutiblemente Marcelo, dado a la frecuencia de sus visitas también había hecho muchas amistades. Una de ellas, la dueña de un conocido restaurante en la afueras del pueblo. Así que la propuesta para el resto de la tarde era esa, pasarla allí, almorzar, tomar unas cuantas cervezas más y luego retornar a la ciudad. Por segunda vez en ese día se truncaron nuestros planes. La suerte quiso que no alcanzáramos a conocer aquella amiga un tanto íntima de mi amigo. Departíamos muy alegres e influidos por las copas de más que casi habíamos dado por zanjado aquel penoso hecho del cual todavía me arrepiento. Ninguno de los cuatro supo de donde había llegado el estruendo que nos devolvió a la realidad. Dada la estrechez del camino el pickup sin control se dirigía en dirección al borde, sabíamos que traspasándolo las posibilidades de caer a las orillas del lago se harían mayores. Las copas hicieron lo suyo, la reacción del conductor fue más lenta de lo que en estado sobrio hubiera sido. Sin embargo, la amena charla actuó en nuestra defensa. A lo largo del recorrido habíamos transitado a una moderada velocidad riendo de la menor tontería, tratando de alargar las pocas horas de claror que aquella tarde le quedaban. A la primera embestida el sorprendido conductor perdió el control pero supo serenarse, después de varias acometidas se hizo de él nuevamente. Detenido el pickup, bajamos atolondrados sin todavía entender que había pasado. El neumático izquierdo del tren delantero había explotado y partes de él se habían quedado a lo largo del camino dejando a la vista el bien pulido y refulgente aro de magnesio. De nuevo desfilaron por mi mente las imágenes del accidente acaecido en Vista Linda. Aquella pesadilla me hostigó por mucho tiempo.

Desconcertados permanecimos sin saber qué hacer. La mala suerte con su manto invisible trataba de envolvernos como preparando el terreno para darnos la estocada final. Al parecer no era nuestro día, lo habíamos empezado formidablemente y llenos de entusiasmo. Esa mañana partimos pensando en lo bonito que sería sin embargo hasta ahí todo había salido mal. Bueno... no es para preocuparse tanto pensé queriéndome dar ánimos, cambiamos la rueda y nos ponemos en marcha. Pero había un pequeño detalle que ignoraba, la dichosa rueda de repuesto yacía a varios kilómetros de allí. Mi amigo Marcelo no se preocupó de este pormenor creyéndolo irrelevante, siempre confió que jamás esto pasaría y la refundió en algún rincón del garaje.

En las afueras del pueblo a varios kilómetros de allí, se hallaba una gasolinera ¿cómo llegar allá? Era la cuestión. En vista que no encontrábamos solución inmediata a este asunto decidimos dejar el vehículo estacionado junto a la carretera, ya regresaríamos por él. Si bien en nuestro estado animoso hacer autostop era lo menos apropiado ya que nadie podría confiar en cuatro fachudos atolondrados tirados por la carretera. Pero por intentarlo no quedaría. El frescor agradable de la tarde ya se sentía, con sentimientos de desgano y frustración caminamos, recorrimos en silencio diez o quince minutos ya sin hacer el menor esfuerzo por tratar de detener a algún vehículo. Repentinamente oímos un chirrío de hierros que nos heló hasta la medula espinal, con poco animo volvimos la cabeza, la mirada vivaz del hombre que conducía aquel pequeño camión tan viejo como él se cruzó con la nuestra. Con una afable sonrisa nos invitó a subir.

"Lo siento, me queda en la cabina nada más que un lugar, ¡ustedes deciden! Los demás tendrán que viajar en la parte trasera, ¡pero no se preocupen que no muerden!", dijo riendo de forma maliciosa. La suerte estaba echada, Rafael, Adrián y este servidor trepamos por la baranda a la parte trasera de aquel "traste". Fue entonces cuando pudimos advertir la broma del buen samaritano. Como conseguimos nos acomodamos en los espacios que los ocupantes nos dejaron, soportando el hedor y el escándalo de la docena de roñosos cerdos llegamos a nuestro destino. Con todos sus inconvenientes y el constante hedor fue mejor que hacer aquellos largos kilómetros caminando. El benévolo hombre nos acercó a la gasolinera. De poco valió. No hallamos posibilidad alguna de trasladar el vehículo hacia el pueblo.

"Es domingo y todo está cerrado, se regularizará mañana, tendrán que esperar no les queda otra elección", advirtió un parroquiano que pasaba por el lugar.

Quedaría escasamente una hora de luz. Consciente que el traslado del vehículo a casa de Rafael tomaría tiempo y que sería la última actividad del día no le dimos más vueltas al asunto. La amiga del restaurante tendría que esperar. Esta vez corrimos con mejor suerte, un solitario conductor, que viajaba en la misma dirección aclarada la razón de nuestro infortunio advirtió nuestra difícil situación y voluntariamente desvió en un kilómetro su ruta para acercarnos a la carretera.

Las envolventes sombras de la noche ya dejaban apenas claros entre los celajes que se habían ido formando al atardecer y ya envolvían el manto brumoso de las aguas calmosas del lago. De cuando en cuando se escuchaba a los lancheros que con sagacidad extrema avanzaban, movían pasmadamente los remos cuidando no espantar a sus presas. De pronto todo quedaba de nuevo en silencio. A los pocos minutos se repetía el mismo momento. Para ellos así sería toda la noche para nosotros se presentaba un tanto más complicada. Días atrás, Marcelo había extraviado las llaves del auto y, como en Guatemala todo lo arreglábamos mañana, el enjambre de alambres del motor de arranque seguían colgados y desmadejados por debajo del tablero de instrumentos a espera de la mano milagrosa de "un manitas" acomedido. Este pequeño detalle contrastaba con la elegancia del terciopelo negro que envolvía el bien preservado sillón de cuero. A la luz del día puentear los dichosos alambres era cosa de niños. ¿Pero en la oscuridad? Este pormenor sin imaginarlo se convirtió en un detalle de suma importancia tomando en cuenta la trayectoria que tomaron las cosas aquella noche.

Abrigados por la oscuridad emprendimos el desplazamiento hacia el pueblo, como era de esperarse nuestra lenta marcha y aquel ruido estrepitoso causado por el rodaje del aro desnudo sobre el asfalto socavó nuestro humor. El lenguaje del silencio es sin duda alguna la expresión más efectiva en situaciones inextricables. Rafael rompió el mutismo revelando escuetamente la ruta más inmediata y fácil para llegar a casa, luego volvió a quedar en completo silencio. Sorteando algunos callejones y sin pasar desapercibidos por aquel fastidioso retumbo, por fin llegamos. Nos detuvimos junto a la estrecha acera. Rafael moraba en aquella pequeña casa en compañía de su octogenaria abuela. No teniendo planes de pernoctar en la vivienda decidimos asociar ideas y hallar soluciones en el bar más cercano.

Iluminados por las lámparas opacas del alumbrado eléctrico pesada y quedamente caminamos por las solitarias callejuelas. Al pensar que parte del problema estaba remediado la tranquilidad nos alzó un tanto el ánimo. Todo parecía volver a su cauce habitual. Las notas musicales de las típicas y bulliciosas canciones rancheras mexicanas y la algarabía de los devotos que departían alegremente en el lugar aquella noche se oían en la distancia. Al doblar la esquina el escándalo se hizo mayor, escapaba por los costados del caserón perdiéndose como eco por acantilado en la tranquilidad de la noche. El bar estaba situado en una pequeña elevación, cinco o seis escalones lo separaban de la calle. A su alrededor bordeaba un muro de cemento de por lo menos metro y medio de altura por uno de ancho que a la vez hacía de pasadizo. Al menos del único lado que pudimos ver esa noche ya que era la parte frontal del antro. Ascendimos las escasas escaleras de cemento hasta alcanzar la altura de la puerta, nos detuvimos un instante en el umbral. Estaba a reventar. Aquí, como en casi todos los bares, chicas atendían y habitualmente "vendían sus servicios". Una de ellas se acercó contoneándose y con un guiño de ojo, preguntó: "¿Qué van a tomar?".

Los coqueteos conducta habitual en estos ambientes de necesidades a veces conllevaban a situaciones degradantes que estas chicas debían soportar. Marcelo, con sus maneras finas tomándole la mano, respondió: "Cuatro cervezas y una mesa por favor". Ella, agradada por la gentileza de mí nervioso amigo, sonrió complacida, dejando al descubierto su bien delineada y blanca dentadura. Y con vos sugerente, dijo, "síganme". Y tras el vaivén de sus caderas y su sandunguero caminar llegamos a la mesa. Luego desapareció camino a la barra. Sin llegar aún a ningún acuerdo pedimos otra tanda de cervezas, era la segunda en aquel bar. La chica del guiño se acercó a nuestra mesa y preguntó con risueña y tentadora voz.

"¿Quieren compañía?".

"Sí tú así lo deseas". Intervino agradado mi tenorio amigo Marcelo de nuevo. "A mi amiga Lucrecia también le agradaría, repuso con cierta picardía, señalando a una joven trigueña de ojos cafés y cabello marrón.

"¡Faltaría más!", respondió Adrián esta vez.

Entre bailes y alegría el tiempo transcurrió. Ya muchos de los parroquianos se habían marchado. Quedaban, aparte de nosotros tres más en un apartado rincón y un hombre solitario que no dejaba de observarnos. Echamos de ver que estaba ebrio y optamos por ignorarle. Durante mucho tiempo permaneció en el mismo sitio, percibí claro malestar en él a juzgar por el acoso visual. Al parecer estaba enredado con Lucrecia, la chica del pelo marrón y le disgustaba la presencia de ella en nuestra mesa.

"Lo advertí por experiencia personal". No pudo más, oímos el ruido áspero e irritante que produce el roce de los soportes de un mueble metálico al ser arrastrado rudamente sobre el cemento. Maquinalmente e impulsados por el instinto animal defensivo como resorte nos pusimos en guardia. Con palabras indebidas y amenazadoras y gestos altaneros, derribó la mesa cayendo estrepitosamente el montón de botellas de cervezas que había consumido, y la emprendió verbalmente contra nuestras amadas progenitoras. Optamos por dejar el local. Ya habíamos tenido aquel día suficientes problemas para acabar el alba dándonos de golpes. El sujeto pensando que nos había amedrentado decidido echó mano a la cintura y sacó a relucir un lustroso revólver calibre 38 largo, que llevaba incrustado en el cinto. Nos detuvimos. No sabíamos qué hacer. En aquella situación darle la espalda hubiese sido la opción menos recomendable. Incuestionablemente si le desafiábamos las cosas no irían mejor. Nos encontrábamos ante un dificultoso dilema. Permanecimos exánimes, instante que aprovecharon los últimos tres clientes para salir a grandes zancadas y dejar el bar desolado. El personal por lo visto acostumbrado a estas trifulcas ya había desaparecido. Entre gritos e insultos y ruido de sillas que caían desbaratadas, unas derribadas por el agresor que ciego de ira la emprendió a patadas con todo lo que encontró en su camino, y otras que fuimos derribando al caminar de espaldas. Después de no sé cuántos largos minutos logramos abandonar aquel antro. Bajamos apresuradamente los escalones que separaban la puerta de la calle. Pero por lo visto la anhelada escapada no sería nada fácil. Tambaleante había ya alcanzado la puerta y permanecía en el pasadizo de cemento junto al umbral pistola en mano. En plena desventaja, le obedecimos, y nos detuvimos. Intuimos que aquella situación acabaría complicándose y yéndose de nuestras manos. Nadie salió en nuestro auxilio. Hasta ahí creímos ser los únicos noctámbulos pero no fue así como lo demostraron los hechos minutos después. Aquel alterado personaje haciendo realmente esfuerzos para mantenerse en pie apretó el gatillo y los disparos rasgaron el silencio sepulcral. Afortunadamente, por su estado de embriaguez los disparos se perdieron en la oscuridad de la noche.

No sé cuantos segundos permanecimos entumidos, clavados en la rustica y estrecha calle de terracería. Nadie se movió un solo centímetro.

Adrián, que había mantenido la calma caminó hacia el muro de cemento. Movimiento arriesgado y quizá hasta imprudente que le pudo haber costado la vida. Trató sin éxito devolverle la calma al perturbado amenazador. Al pie del pasadizo, casi en tono de súplica exclamó: "Sí no te hemos hecho nada".

El hombre terco desatendió las palabras sobreexcitadas de Adrián que en el fondo tenían mucho de sinceridad, dio un paso hacia adelante y al inclinarse ligeramente, estuvo a punto de perder el equilibrio. Adrián aprovechó aquel momento para ganar terreno y acercarse más a sus pies. El sujeto sobresaltado interpretó aquel movimiento como acto de acoso y le asestó tremendo golpe a un centímetro de la sien izquierda con el cañón del revolver. Centímetro que le salvó de la muerte. "El dolor debió ser terrible". Con movimiento maquinal y desespero llevó la mano a la cabeza, y al extenderla la sangre se escurrió entre sus trémulos dedos. Aquella actuación hasta entonces apaciguada de mi pacifico amigo se transformó. Lleno de furia se abalanzó sobre el individuo y se aferró a sus tobillos derribándolo. Para mala suerte del agresor el metro y centímetros que lo separaba del suelo no hicieron las cosas mejor. Cayó secamente con su pesado cuerpo revirando en la granosa superficie. El revólver voló por los aires. Ciego de ira, Adrián se abalanzó de nuevo sobre el delirante energúmeno y lo tomó con desespero por la solapa encajándole un bien merecido y sonoro puñetazo que debió probablemente desmembrarle los maxilares. Dejamos aquel lugar rápidamente sin sospechar que de víctimas habíamos pasado a convertirnos en victimarios. Apenas habían transcurrido un par de escasos minutos cuando a nuestras espaldas escuchamos un ruidoso alboroto, una multitud de vecinos con palos y piedras se había lanzado a por nosotros con intención de lincharnos. Esta lamentable conducta era entonces muy común. Esta práctica arcaica había segado ya la vida de muchos inocentes. Sacamos fuerza de la flaqueza. El instinto de supervivencia estimuló con fuerza invisible nuestras trémulas y flojas piernas. No sé cuántas callejuelas dejamos atrás. La tranquilidad de aquella madrugada fue interrumpida por los gritos de los vecinos y el ladrido de los inquietos perros crispados por tanto escándalo. Aquel vocerío debió escucharse en medio pueblo. Con apenas ventaja de minutos llegamos al pickup. En medio de aquel rollo de nervios y aquella atmosfera sombría de la noche hallar la madeja de alambres de arranque. Imposible. Las voces se escuchaban cada vez más cerca. Ya no había otra opción. Arrancamos con ligereza de vértigo al interior de la vivienda y por escasos segundos escapamos de las manos de la violenta marabunta. Los más violentos trataban de alcanzar el interior trepando por el techo. Otros aporreaban bruscamente puertas y ventanas. En medio de aquel escándalo. Lo temido. El golpeteo del aro desnudo contra la dura superficie del rustico camino llenó de rabia a mi sobresaltado amigo. "Si serán hijos de puta… se lo han llevado", dijo casi balbuceando. Rafael nerviosamente aturdido se paseaba por el pequeño corredor y cuando no pudo más se detuvo, hurgando bajo la desalineada y estrujada camisa de vivos colores torpemente rebuscaba algo. "¡No es el momento!", estalló Marcelo. La escasa luz que apenas penetraba, de la lámpara amarillenta apostada en el patio vecinal, elevó al máximo las palpitaciones arteriales de los ahí presentes. Si era lo que creíamos "la brutal cacería tendría justificación". El radiante resplandor nos sacó de dudas. "¡Desásete de él! ¡Ese revolver nadie lo ha visto!", dijo, Adrián. Asentimos con un apático movimiento involuntario de cabeza.

Fue un amanecer espeluznante. Temíamos que si conseguían penetrar a la vivienda no habría otra elección más que la confrontación. Celestialmente el cielo se abrió aquella alborada y el inesperado y repentino aguacero intervino en nuestra defensa ahuyentando a los convulsionados vecinos. La lluvia no solo espantó a nuestros enemigos sino también se coló por el averiado tejado que tras el impacto de los pedruscos quedó maltrecho empapando gran parte del corredor donde tumbados en el frio y húmedo suelo tratábamos de conciliar el sueño.

Serían ya las cinco de la mañana. Marcelo que al igual que este consternado había pasado en vigilia recorría la habitación nerviosamente, alzaba la cortina y avizoraba con desespero la callejuela en todas direcciones, no podía sacar de su cabeza las derivaciones que todo esto traería. Instintivamente llevó la mano temblorosa a las mejías y la detuvo a la altura de la mandíbula y comentó en voz apagada: "No puedo creerlo... Se lo llevaron". No podía disimular su frustración. Se aproximó sigilosamente a la puerta, la abrió y sin chistar palabra se marchó. Temiendo que regresaran los aireados vecinos hicimos lo mismo. Caminamos cual roedores asustados, exaltados y sobrecogidos. Alejarnos de aquella pesadilla era lo que más ansiábamos en esos instantes. Ahora vendrían las reflexiones.

Don Sebastián había sido jefe policíaco y seguramente podía orientarnos. No se me ocurría otra salida para aquel apurado enredo. Entendíamos que era muy de mañana pero había que proceder lo más rápido posible antes que los tribunales se interpusieran. En bata y en medio de bostezos fuimos recibidos por don Sebastián que muy gentilmente como era habitual en él, nos ofreció pasar. Dispensándose, se encaminó hacia el interior de la cocina para volver con una jarrilla de humeante café. Y mientras saboreábamos aquella bebida energizante todos en absoluto silencio seguíamos con la vista cada movimiento suyo. Colgó el teléfono, y con aflicción en el rostro desembuchó lo que temíamos. El vehículo estaba ya manos de las autoridades. Pero aquello no era todo. Había parte demandante. Inauditamente el hombre que estuvo a punto de matarnos se había constituido en parte acusadora. Apresuramos los últimos sorbos del aromático café. El sueño, el agotamiento y aquella desagradable y desabrida noticia descompusieron aún más los rostros de mis alterados amigos.

"Lo siento… lo mejor será buscar ayuda jurídica, los cargos son fuertes", enfatizó apenadamente aquel buen hombre, que lo era.

Razonablemente imputados de robo con alevosía y brutal agresión esto ya estaba fuera de su competencia. Pusimos el caso en manos de Alfonso, abogado de la familia. Esa misma mañana era ya noticia de dominio público. Los medios de comunicación habían ya tergiversado los hechos. En todos los noticieros hablaban del incidente. Un presentador repetía con exaltación: "A estos delincuentes se les debe poner en cintura". Nos habían inculpado sin siquiera escuchar nuestra versión de lo sucedido. Aunque esto no era nada extraño los medios de comunicación sensacionalistas y faltos de ética profesional que abundaban por aquella época llenaban los espacios radiofónicos sin corroborar la veracidad del contenido de las noticias. Pero que más se podía esperar si vivíamos en un país atestado de profesionales deshonestos, corruptos y carentes de principios éticos. Los pocos honestos estaban muertos o amenazados de muerte.

En Guatemala el culpable que tenía medios económicos para defenderse era inocente y, el inocente, que no los tenía, acababa pudriéndose en las cárceles.

"Lo más prudente será desaparecer por un tiempo mientras encontramos mecanismos para suspender el proceso", sugirió Alfonso. Marcelo y Rafael ya no fueron más vistos. Nunca supimos que rumbo tomaron. Fue mejor así. No podíamos correr riesgos. Adrián, al igual que este arrepentido no sabía qué rumbo tomar. Así que la primera proposición de nuestros amigos la dimos por aprobada. Con apenas unas pocas cosas esa misma tarde emprendimos la huida hacia las montañas. Estas serranías estaban situadas a unos quince kilómetros al norte de San Juan Cuesta Abajo. A sabiendas del delito, Carlos, Gustavo Adolfo y Raúl incondicionalmente tomaron el riesgo de "escoltarnos".

Fue una sensación muy rara. Ya no podía siquiera decidir sobre mi propia vida. Raúl que llegó a saber exactamente la ubicación de nuestro escondrijo ya que él y su furgoneta fueron cómplices de nuestra fuga debió volver al pueblo. Era necesario mantener discreción y no levantar sospechas aunque siendo un camino transitable no era de mucha afluencia sin embargo no queríamos correr riesgos y la furgoneta parqueada al pie de la montaña podía dar pistas de abandono y llevar a la policía a rastrear los alrededores. Esta fue naturalmente una hipótesis propia, paranoica.

Al final de la espesa elevación montañosa alzamos en un descampado nuestro campamento. El cielo despejado presagiaba una tarde prometedora, y el sol radiante principiaba a orear el follaje. De continuar las altas temperaturas pronto estaría el césped seco. La lluvia que el día anterior había azotado gran parte de la república también se había sentido aquí. Sería nuestra primera noche a la luz de las estrellas y a merced del sereno de la madrugada. Felizmente la lluvia nos indultó. Fue una noche larga de reflexiones. Adrián y este doliente agotados por la horrible noche anterior de vigilia caímos en medio de la tertulia en un sueño profundo. La angustia de no saber lo que estaba pasando me traía nervioso. Al término del exiguo desayuno dispusimos ocultar nuestras pocas pertenencias y darnos a la exploración del lugar. Nuevo para el resto del grupo pero no para Carlos que conocía muy bien aquellas tierras ya que pertenecían a su padre. Hacía realmente un día esplendoroso. El sol desde el amanecer nos volvía a sonreír, sus menguados rayos daban más luz que calor pero sabíamos que al medio día tendríamos que rehuir de ellos. Repuestos con el improvisado desayuno y el calor de la fogata que apagamos con sumo cuidado nos echamos al camino.

El pequeño abasto de aguardiente que mi padre había metido entre las provisiones "fue de mucho beneficio", aunque él nunca llegó a conocer nuestro destino final sabía que pasaríamos frio. Aquella fue la única vez que recibí bebida alcohólica de sus manos. Bebí un par de tragos lo necesitaba para aplacar los estragos que había provocado la borrachera la noche de los hechos. Deposité la botella (octavo de litro, medida del envase clásico de la época) de nuevo entre nuestras ocultas y pocas pertenencias y di unas cuantas buenas zancadas para alcanzar a mis tres amigos que ya habían desaparecido entre la maleza. Marchamos guiados únicamente por el sol. A falta de reloj fue nuestro mejor referente. Las reflexiones me traicionaban y me traían inquieto. No podía imaginarme una vida de fugitivo, en el mejor de los casos, y en el peor tras las rejas. Pero había algo más que no me dejaba en paz. En parte todo aquello había sido ocasionado por mi irresponsabilidad y ahora Adrián también estaba pagando por mi equivocación.

Al llegar a una pequeña y acogedora hondonada se disiparon mis insanos pensamientos. Unos diez metros abajo terminaba la quebrada a orillas de las refrescantes aguas del riachuelo que discurría lentamente dando la impresión de estar estancado en aquel paraje de postal. Con apuro nos deslizamos hasta alcanzar el borde. Mi enclenque amigo, Gustavo Adolfo, se despojó de las ropas y audazmente se lanzó a sus entrañas. Las aguas sumamente frías le arrancaron una ensarta de suspiros y maldiciones, y apresuró el paso tratando de esquivar el cúmulo de piedras que cubrían el fondo de aquel precioso manantial hasta alcanzar la caída de las aguas provenientes de las montañas que en un radio de unos veinte metros cuadrados se estancaban formando una pequeña «charca», en este lugar la profundidad alcanzaba el metro y fracción, luego desde un pequeño declive corría muy lentamente y continuaba en dirección noroccidental como buscando la población de Montufar, comunidad enclavada a unos kilómetros de este lugar. En aquel sombreado lugar, a esa hora de la mañana, permaneció dejando que las corrientes de agua procedentes de la cascada le suministraran relajantes masajes. Y nadó hasta la extenuación.

La temperatura ambiental al sol ya pasaría los veinticinco grados centígrados. Imitando a Adrián terminé acomodándome sobre una de las piedras diseminadas a lo largo del riachuelo. El ruido sonoro inalterable de la cascada así como el correr de sus tranquilizadoras aguas y la sutil y refrescante brisa estimulaban nuestros agotados cuerpos. El cabeceo constante e involuntario estuvo a punto de echarme sobre las frías aguas en más de una ocasión. Para evitar el impensado chapuzón elegí ponerme en pie e ir en busca de la compañía de Gustavo Adolfo que se divertía como un bendito. Después de aquellas horas inolvidables de retiro volvimos al campamento. Raúl visiblemente preocupado y confuso por nuestra ausencia no disimuló su alegría al vernos llegar. Le describimos el sendero que llevaba al pequeño arroyo, aliciente de nuestro infortunio que se convirtió durante el día en nuestro refugio. Todo para nuestro tormento seguía inalterado. Nuestra incertidumbre aumentaba conforme las eternas horas pasaban. Su presencia, su humor negro y los víveres que traía consigo nos hicieron olvidar nuestra enmarañada situación. Al despedirse, verlo partir sin que nada o nadie se lo impidiera mientras estos confusos prófugos tendríamos que seguir sin libertad ¿quién sabía cuánto tiempo más? Despertó en mí un sentimiento de envidia.

Esa noche pasó como la anterior mitigamos el frio con un par de tragos de aquel animoso aguardiente que raspaba la garganta. Ahí tumbados en la hierba sobre una sábana amén de colchón recordábamos las aventuras acaecidas en nuestra infancia. La desagradable y fría humedad penetrante del césped calaba hasta los huesos. Evitábamos movernos lo menos posible a fin de no perder el calor que con tanto esfuerzo habíamos almacenado.

Serían ya las tantas de la noche cuando los comentarios comenzaron a escucharse con abultada inapetencia. El silencio por momentos era interrumpido por el escándalo provocado por las ágiles liebres que disfrutaban correteando por los alrededores del bosque aquella noche llena de estrellas, y a veces por los estridentes gruñidos de mis cansados amigos que seguramente asustaron a más de un coyote. "Nuestras amigas las luciérnagas sobrevolaban nuestro campamento y los escasos entornos libres de floresta en busca probablemente de alguna aventura amorosa, bañándonos con su erótica e intermitente luz". El cansancio como a mis amigos al final me venció cayendo igualmente rendido.

El sol y los trinos alborozados de los pájaros nos despertaron. El inevitable sereno de la madrugada convertido ya en roció mañanero también contribuyó al tembleque matutino. "¡Maldita humedad!" rezongó fastidiado Gustavo Adolfo, lanzando las sábanas mojadas con arrebato sobre la humedecida hierba, y con un indeliberado movimiento rítmico provocado por la sensación térmica se paseaba de un lugar a otro tratando de desentumir las extremidades. A pesar de las circunstancias compartir con mis amigos los fríos amaneceres y las frescas mañanas que nos brindó aquella hermosa campiña nos anegó de inolvidables recuerdos. Fue una experiencia imperecedera. La complicidad de ellos y sobre todo la abnegada e incondicional amistad fue determinante para sobrellevar esos días con aparente normalidad.

Hurgué bajo la hojarasca al pie del macizo encino buscando los secos manojos de quebradizos chiriviscos, con finalidad de que la humedad no estropeara la leña este agujero se había convertido en nuestro depósito provisional de combustible.

A horcajadas junto al chispeante fogón charlábamos y con movimientos casi mecánicos explayábamos brazos y manos buscando su calor. Asido a dos manos con frenesí al pocillo de peltre aligeraba algunos sorbos del caliente y aromático café

mientras Gustavo Adolfo libraba una cruenta batalla con aquella
pieza de pan tan dura como las castañuelas. La liturgia del día
anterior se repitió, partimos hacia el arroyuelo para eludir el
aburrimiento. Por estas montañas predominaban el pino, encino
y el ciprés. En diferentes regiones de Guatemala la tala desmedida
ya había diezmado montañas completas. La mordida (soborno)
práctica ancestral contribuyó notablemente a la deforestación.
Pero esas praderas milagrosamente hasta ese momento se habían
salvado de sus depredadores —los leñadores. Los soberbios y
longevos pinos cubrían gran parte de la zona llenándola con su
agradable e inconfundible aroma, dando a penas paso a los
tímidos rayos del sol que a veces ni siquiera alcanzaban el suelo.

«La tala desmedida también tiene sus anécdotas».

Luis, era conocido por su tesón y honradez dentro su entorno
familiar y laboral. Muchos compañeros lo admiraban y sobre
todo respetaban. Eran tiempos difíciles y hombres como él ya no
quedaban. Cursó estudios en la Escuela Agrícola Panamericana,
Zamorano, Honduras. Al culminar con éxito su preparación
académica se hizo acreedor del diploma que lo acreditaba como
Perito Forestal, titulo muy apreciado. Al no existir una educación
equivalente en Guatemala obviamente estos profesionales tenían
garantizada una plaza laboral en el Ministerio de Agricultura que
requería de sus conocimientos para tratar de frenar y sobre todo
vigilar la deforestación desmedida. Era su primer trabajo y con
mucho entusiasmo se marchó, por designios de sus superiores a
la Costa Sur. Al corto tiempo fue llamado a la oficina central,
aunque su superior nunca se lo manifestó el sospechaba que no
estaba contento con su trabajo. "Le mandaré a otro lugarcito.
Allá por el occidente. Le va ir mejor… Ya lo verá", añadió el jefe
del Distrito Central. Sin más explicaciones ni preguntas acató las
órdenes. A las pocas semanas fue llamado por segunda vez. Está
vez el funcionario no se anduvo por las ramas. "Si lo envié a esa
"prometedora" zona fue para que ordenara su vida económica.

¿Dígame porque no ha permitido que los finqueros boten unos arbolitos de más? Si nadie se da cuenta. Por lo demás, "una mordidita" nunca cae mal. Lo siento pero lo debo trasladar por su seguridad. Si se queda en ese lugar un minuto más —lo matarán", concluyó.

Y para concluir con esta historia atípica y poco habitual, al ser trasladado por tercera vez sus potestades se extendieron por los alrededores y las afueras de la ciudad de Guatemala. Una noche el padre manda por él. "Luis, ¿tú has detenido esta noche un camión cargado de madera, no es así?". Pregunta el padre. "Así es". Escuetamente responde él. "¿Sabías que es mío?", en tono conciliador repone el progenitor. "Si, lo sé. Me lo dijo «el lobo»" (el chofer). "¡Y le advierto!, que si usted tiene licencia para talar diez árboles y corta once. ¡Se va a la cárcel!". Sentenció tajante. El padre no pudo evitar esbozar una sonrisa. En el fondo le llenaba de orgullo la firmeza y sobre todo la dignidad de su primogénito. Así de contundente e incorrupto toda su vida mi primo fue; pero desgraciadamente solo no pudo batallar en contra de tanta corrupción. Murió al igual que Marcelo, en plena juventud, a consecuencia de lo mismo. El alcohol.

Fuimos adentrándonos en fila india por el estrecho sendero eludiendo infatigablemente el sonoro recital de zancudos y mosquitos, y los rasguños que al menor descuido nos ocasionaba la espesa y virgen maleza, hasta alcanzar el pequeño desfiladero. Intrincado en mis pensamientos apenas advertí que ya habíamos llegado. El ruido agradable y melodioso del discurrir de las mansas corrientes del pequeño riachuelo y los comentarios de mis tres jubilosos amigos me hicieron retornar al deslumbrante escenario paradisiaco. Por un momento permanecí embelesado contemplado la tranquilad del arroyo. Todavía en el tiempo recuerdo el ruido sonoro del caer de las aguas cristalinas de la cascada, la sombra de los peñascos y las piedras dispersas por toda la anchura del pequeño rio. Era el único que quedaba ahí pasmado en la orilla de aquella hondonada, desde donde mis ojos "fotografiaban" imaginativamente cada rincón y mis oídos grababan en mi memoria cada sonido. Perseguía, embobado con la vista el vuelo y descenso de las coloridas libélulas y escuchaba el canto habilidoso de los inteligentes cenzontles que llenaban de alegría la campiña con sus variopintas entonaciones.

Los científicos del Centro Nacional de Síntesis Evolutiva en Carolina del Norte: Creen que las melodías complejas que cantan los cenzontles machos para impresionar a las hembras sin duda alguna demuestran la inteligencia de estas aves. Y el estudio, que aparece publicado en la revista Current Biology, sugiere que las hembras prefieren a los machos con habilidades superiores de canto porque manifiestamente eso indica que son lo suficiente inteligentes para sobrevivir climas difíciles. Los científicos del Centro compararon las grabaciones de 29 especies de cenzontles y estudiaron el patrón de sus cantos, incluido el número de notas distintas, el número de sílabas y la capacidad de las aves para copiar otros sonidos.

La libélula se alimenta de otros insectos como los mosquitos y las moscas. Puede en un solo día consumir hasta un 14% de su propio peso. La libélula ocupa un lugar privilegiado entre los depredadores. El león más feroz logra atrapar al 25% de sus presas, la libélula al 95%. No puede caminar, porque sus patas son simples garras mecánicas para atrapar presas. Poseen un campo visual de 360°. El récord de velocidad la tiene la especie australiana austrophlebia costalis que es capaz de alcanzar los 97 km/h. Mientras la libélula común alcanza los 85 km/h. Velocidad nada desdeñable.

Gustavo Adolfo, se hallaba ya en paños menores haciendo malabares por la orilla interior del rio tratando de escalar los escabrosos peñascos en busca de frutillas silvestres. Carlos y Adrián con retentiva envidiable se posesionaron como el día anterior de sus respectivas piedras. Un par de minutos después me uní a ellos, "ocupando la mía". El sosiego se desvaneció al escucharse el trash producido al pisar la hojarasca. Una silueta con ligereza de liebre huyó del lugar perdiéndose entre las marañas del follaje. Alguien nos había descubierto. Echamos a volar la fantasía "estaba claro que en aquella situación podía tratarse de miembros de la Policía Judicial", uno de los cuerpos policiales más temidos y sanguinarios de nuestra historia reciente que escudados en el poder que los absolutistas les otorgaron cometieron atrocidades indescriptibles. Pasaron los minutos en completo silencio. "¡El guardián! Es mejor salir de dudas. Voy hacerle una visita, le diré que hacemos aquí", reflexionó, Carlos. Permanecimos ocultos a orillas del rio y con voces estremecidas tratábamos de darnos ánimos y tranquilidad. Ahí acurrucado pasaron por mi mente imágenes de lo que podría pasar al estar desarmados y en total desventaja, nos cazarían como conejos. La voz brava de mi amigo desaceleró mis difusos pensamientos y el pulso a punto de taquicardia volvió a la normalidad. No puedo describir el alivio que sentí. La mala alimentación y el desorden del sueño nos traían perturbados.

—Fue José. Todo está bien —ya pueden salir.

— ¿Y quién diablos es José?, preguntó Adrián un tanto intrigado quitándome la interpelación de los labios.

—El hijo más pequeño del vigilante.

—Bueno… realmente, ¿no sé ni cuantos tiene?, concluyó con una gesto de manos. Aspaviento que nos hizo olvidar el incidente.

—Descansar a todos no hará bien para apaciguar un poco los nervios. ¿No les parece?, sugerí. Y me retiré "a mis aposentos".

Sabíamos que cuando el sol se posaba en el centro del firmamento nos acercábamos al medio día y ya había pasado este ecuador, esto indicaba que ya eran más de las doce. Busqué un lugar donde tumbarme para tratar de dormir y recobrar el temple. Adrián se distraía arrojando piedras a lo largo del riachuelo cuando el escándalo provocado por una bandada de aves que huían del lugar nos puso de nuevo en alerta. Esta vez no alcanzamos a reaccionar. Raúl era el causante de todo aquel alboroto. Quebrada arriba, con cara alterada y voz agravada, dijo: «Lo siento, "me prensaron" y me obligaron a traerles».

Escuchamos pasos apresurados que golpeaban enérgica y torpemente el suelo todo indicaba que se trataba de varias personas que se acercaban precipitadamente a la orilla. Sentí que el mundo se me echaba encima y empecé a sudar frio. Para poder escapar precisábamos alcanzar la orilla, desde la cual Raúl nos observaba con aquellos enormes ojos saltones que le hicieron ganarse el sobrenombre de Pulpo. Quizá percibió la aprensión manifestada en nuestros descompuestos rostros y se apiadó. Soltando una característica e irónica carcajada, repuso: "No se espanten no me obligaron —yo las obligué". La impresión y el enojo al ver entre la maleza asomar tres caras conocidas comenzaron a disiparse. Sara, con una coqueta sonrisa alzó la mano y dijo en tono casi de pena.

— ¡Buenas tardes! Chicos traviesos, Patricia y Adela de igual forma fueron muy afables en su saludo. Me preguntaba, ¿si Sara les había puesto al corriente de las razones de nuestro destierro por aquellas tierras? Una mezcla de alegría y vergüenza recorrió todo mi cuerpo. Quedé estático y no sabía qué hacer ni decir. En absoluto pude imaginar aquella sorpresa. Lo menos que quería en aquel momento era recordar lo sucedido. Avergonzado y con recato respondí al gesto alzando de igual forma la mano y bosquejando una retraída sonrisa. Despojándose en segundos de zapatos y recogiéndose faldas fueron entre risas y jugueteos hacia nosotros. Allí permanecimos varias horas correteando en aquel pequeño arroyo olvidados de nuestra compleja y difícil situación.

Lo hicimos como lo hacen los niños, dejando en el tintero circunstancias y causas que nos obligaban a permanecer aislados en aquel agreste lugar. En el fondo éramos eso: niños; niños que la cruda realidad de la vida había forzado a ingresar antes de tiempo al mundo de los adultos.

Por nuestras vidas análogas habíamos hallado en el grupo cariño y sobre todo apoyo y comprensión. Quiero matizar algo importante, ninguno de mis amigos sufrió maltrato. Corrían otros tiempos y las pautas filosóficas de la vida eran otras. "Los hombres se hacían solos y a golpes". Lamentablemente los mayores olvidaban que esos "hombres" apenas eran niños a quienes la aspereza de la vida les había robado su infancia. Con alegría y el hambre alborotada hasta el desfallecimiento volvimos al campamento. Comeríamos por fin decorosamente ya que nuestras visitantes no solo nos engalanaron con su seductora presencia sino además nos sorprendieron con una cazuela casera deliciosa. Aunque como anfitriones no pudimos ofrecer más que aquel hermoso escenario natural sé que ellas estaban muy alegres de compartir con nosotros aquellos inolvidables momentos en tan singular lugar. El reducto de fugitivos aquella tarde dejó de serlo. Las risas y el buen humor de nuestras espontaneas invitadas opacaron la ansiedad que nos abrumaba y con sus encantos femeninos envolvieron la pesada e insoportable atmosfera que ya no nos dejaba ni respirar.

Las horas fueron pasando y a medida que el retorno de las chicas se acercaba los ánimos y el humor fueron decayendo. Pero ellas nos tenían la última sorpresa del día, quizá la mejor de todas. Aquella inolvidable noche dispusieron cambiar sus confortables camas por nuestros "rígidos colchones" e incomodas y frías cobijas. Esta bendita sentencia representaría una noche más de desvelo. Las sombras de la noche envolvieron de nuevo aquel singular campamento de adolecentes indómitos. El manto de estrellas, la luna y el inevitable frio circundaron nuestro humilde cubil. Se presagiaba una noche más llena de tranquilidad y recuerdos perdurables. Momentos especiales e inolvidables que cuajaron en mi memoria.

Esa noche se multiplicaron las estridencias. Fui como ya se había comenzado hacer costumbre el último en caer rendido. Ese pormenor voluntario y glamuroso de las muchachas que a pesar de las incomodidades quisieran acompañarnos esa noche jamás lo pude anular de mi memoria. Sus responsabilidades habituales les obligaron muy de mañana a retornar a la ciudad. Ya se sentía la fastidia. Los otros dos compañeros pronto tendrían que hacer lo mismo. Sabíamos de antemano que tarde o temprano esto ocurriría sin embargo fue muy difícil digerirlo. El Pulpo volvería de nuevo por la tarde para dejarnos saber los últimos pormenores del asunto. Como pocas veces en su vida retornó a la hora palabreada. Pero esta vez tampoco llegaba solo, Elsa y Aura, la primera novia de Adrián, y la segunda se había enredado conmigo aunque realmente nunca fuimos pareja, caminaban junto a él. Al parecer el Pulpo la había "raptado" pues no estaba allí por su propia voluntad. Elsa, ante mi desazón se comió a besos a mi hermano Adrián. Y según ella, el incidente de Amatitlán ya estaba más que olvidado y prefería no hablar de malos ratos sino de mejores momentos.

Había sido tan brusca la llegada de Aura que no sabía cómo actuar ni de qué hablar. En mi constante estado de alerta le había sorprendido algunas veces su intensa e indiferente mirada clavada en las tupidas montañas vecinas como tratando de evadir mi presencia. En el fondo aquella ambigüedad y tanto gatuperio ya me estaba cansando. En parte la separación reciente de Albertina me había afectado y aunque prefería no entablar una nueva relación la vida comprensiblemente debía tirar hacia delante. Desde su llegada había estado bastante tosca, flemática y apenas comunicativa. "La invité a recorrer mis dominios", perdiéndonos bosque abajo. Junto a un colorido y perfumado vergel plagado de florecillas silvestres sin más preámbulo me senté, ella quedó de pie junto a la quebrada al pie de aquella enorme extensión de helechos que se extendían ladera arriba, en completo silencio.

Me tendí con la cara hacia el cielo azul, al final ella también hizo lo mismo, y comenzó diciendo, siempre hablando con la mirada hacia arriba. "Sabes que lo nuestro no puede ser, tú sigues amando a otra mujer y yo estoy muy confundida". Dio media vuelta y se irguió apoyándose en un brazo para mirarme.

"Estamos en una encrucijada, ¿nos enredamos o lo dejamos? A mí me parece que lo último sería lo correcto. ¿No crees? ", sentenció muy decidida.

¿Sigues, supongo, enamorada de Carlos Vinicio?, con rabia contenida pregunté.

"¿Quién sabe? Me gustaría estar segura y contestarte con sinceridad pero francamente ni yo lo sé, quiero estar sola un tiempo y reflexionar sobre mi vida".

Sabía de sus andadas con Carlos Vinicio y aquel reflexivo dialogo poco me convenció. Iracundo y más taciturno que antes me puse de pie y volvimos al campamento. Su conducta fue determinante en la decisión que tomaría horas más tarde. Muchas veces una mujer sin poder evitarlo puede influir notoriamente en nuestras vidas. Las aguijoneadas ponzoñosas de sus palabras espolearon mi orgullo. Emocionalmente estaba desecho y aquello terminó pisoteando la última pizca de esperanza que me quedaba. Al igual que un animal acorralado lucha con desesperación por escapar, así una pasión extraña dentro de mí luchaba por escaparse de mi cuerpo. Este sentimiento infrecuente y confuso, mezcla de calor interno y retorcijones abdominales y ansiedad que entonces ingenuamente no pude definir, invadió todo mi ser.

Mentiría al decir que la amaba, sin embargo brotaron en mí como cogollos en primavera una mezcla de sentimientos de desconfianza que no pude penosamente controlar. El avispero en el estómago y el pensamiento que me engañaba no me dejaban en paz. Hoy sé que todo aquel conjunto de pasiones tenían nombre. Deseo.

Esa tarde Carlos y Gustavo Adolfo igualmente dispusieron volver a la normalidad. Adrián sabía lo que aquello significaba, alzó la mirada buscando la mía, triste se encogió de hombros y continuó en silencio melancólico recorriendo con la vista perdida los confines inmensos de aquella agraciada serranía. Sería nuestra primera noche en completa soledad. Aquello ya no tendría el mismo agrado. Al ver la desolación en los húmedos ojos de mi entrañable amigo —no soporté más. A pesar de los riesgos dispuse que también dejaríamos aquel lugar. Levantamos el improvisado campamento y nos unimos al grupo que ya caminaba cuesta abajo en busca de la carretera. Por el camino, explicaba mis planes a Adrián que escuchaba muy atento y un poco más animado. No volveríamos al pueblo, simplemente mudaríamos de aires.

La casa de mis abuelos paternos estaba ubicada en una colina apartada, entre mi pueblo natal y San Juan Cuesta Abajo, acercarnos a la capital podría constituir un riesgo añadido sin embargo no le dimos más vueltas al asunto para no entrar en titubeos. En este "abandonado" caserón pasaríamos los días que hicieran falta. Ellos habían muerto y desde entonces la casa y los terrenos heredados por mi padre y sus hermanos se hallaban a la buena de Dios. Y así como en la montaña aquí también había un guardián. Las largas jornadas en el campo habían dejado en su rostro y en sus manos estampadas las huellas del esfuerzo por llevar el sustento a casa. Él como todos los campesinos de mi país llevaba las marcas del sacrificio en sus agrietadas manos. Heridas cicatrizadas causadas por sus instrumentos de labranza, el azadón y el machete. Félix, aunque larguirucho poseía cuerpo fuerte y macizo, su extraordinario metro ochenta rebasaba con creces la altura media de los campesinos. El incesante sol le había curtido cuajando un crónico color canela en su piel tostada. Cuidó de mis abuelos casi toda su vida. Antes de subir a la vivienda como no podía ser de otra manera me acerqué a su pequeña casa, con su acostumbrada amabilidad y su peculiar manera de hablar español me recibió con regocijo. Aquel buen hombre a pesar de sus limitaciones económicas era muy generoso, la inevitable cordial y siempre bien intencionada invitación de saborear "unos frijolitos y tortillitas calientes", términos diminutivos muy habituales usados por mi afectivo amigo, tampoco fue la excepción aquella tarde. Excusándome lamenté no poder hacerlo desobedeciendo a mis deseos. Ya que el hambre me traía el estómago alborotado. Cenaremos arriba, mentí de mala gana. Nunca supo la causa real de mi inesperada visita tampoco quería hacerle cómplice. Entre menos supiera, mejor.

Mis amigos se marcharon. La sensación y el entorno eran diferentes. Nos encontrábamos más cerca de los poblados y tendríamos que tener más cuidado. La estrecha carretera que unía estas dos pequeñas poblaciones por aquel tiempo era apenas traficada, usada solamente por el trasporte extraurbano y por lugareños privilegiados que poseían algún automotor.

Aquí también quedaron recuerdos. Fundamentalmente de mi niñez. Solía hacer compañía a mi padre casi todos los fines de semana. Hacíamos el recorrido a pie. Partiendo de San Pedro Cuesta Arriba serían unos seis o siete kilómetros. A pesar de que para un niño hacer este recorrido representaba sacrificio siempre me hacía ilusión. Estos eran los pocos momentos que disfrutaba a su lado. Mi pasión y el respeto por la naturaleza y el reino animal comenzaron a germinar de su mano a muy temprana edad. Si bien ya lo he subrayado anteriormente no me cansaré de repetirlo. Y espero que algún día todos los niños de la Tierra puedan decir lo mismo. Y así vivir en sintonía y armonía con nuestra madre naturaleza para cohabitar en un mundo mejor.

Hicimos un ligero reconocimiento de la propiedad. El olor a encierro y abandono se percibía en la atmosfera y en los muebles.

Las camas de madera maciza bañadas en un barniz café oscuro hacían juego con las cómodas que se encontraban casi vacías. Revolviendo en su áspero y oscuro interior sin así esperarlo, hallamos algunas mantas blancas y un par de ponchos (cobijas gruesas de lana tejidas artesanalmente). Al carecer de ventanas aquellas habitaciones provocaban un sentimiento extraño. Sabía que mis abuelos habían muerto en aquel lugar y solo de pensarlo me daba inquietud. Mi manía por los espíritus era casi enfermiza. Me preguntaba si realmente me atrevería a dormir en una de esas habitaciones. Muy rara vez los tíos visitaban la casa paterna y si lo hacían regresaban el mismo día. Los terrenos comenzaban a orillas de la carretera. Una puerta labrada en madera rústica unía el cerco de alambre espigado que los rodeaba. A unos trecientos metros al final del pequeño alcor había sido construida la casa. En aquella completa calma el silencio era único, señorial y alargado. Ni siquiera la nota de una lechuza, ni el silbido del viento se percibía aquella fría noche. Si bien aquella tranquilidad era a veces interrumpida por el ruido de los esporádicos motores que se escuchaban hasta los interiores de la espaciosa casa el desasosiego que se respiraba dentro era más que tenebroso. Esta sería después de tantas noches la primera bajo techo, e irónicamente ya echábamos de menos las estrellas y la luz de las luciérnagas, y sobre todo la compañía de nuestros amigos. El motor de un vehículo nos puso en alerta. Dando tumbos y muy agitados corrimos hacia el patio de la casa hasta alcanzar el muro que rodeaba la vivienda en su parte norte. Desde aquí, a través de la arboleda podía apreciarse la carretera y el camino inclinado que convergía en las cercanías de la casa. La extrema oscuridad al ser perforada por la iluminación de dos faroles puso de manifiesto el desplazamiento, y advertimos que en efecto subía hacia la vivienda. Un conjunto de pensamientos se acopiaban en mi cabeza que ya no me dejaban recapacitar juiciosamente. La policía… ¿Será la policía? Masculló con voz entrecortada. "No lo sé" dijo Adrián marcadamente excitado. De confirmarse mis malos augurios sabíamos que esta vez podríamos huir fácilmente nos amparaba la oscuridad y además aquella región la conocía perfectamente. La parte trasera de la casa daba a un camino de terracería, tomando al suroeste llevaba a San Pedro Cuesta Arriba, el que acostumbrábamos a tomar con mi padre. Y hacia abajo, al noroeste, a unos 4 kilómetros de distancia estaba situado San Juan Cuesta Abajo. No obstante, por común acuerdo decidimos que lo mejor y más seguro sería internarnos en el bosque y perdernos entre sus sombrías tinieblas.

En ese confuso momento recobramos la calma al echar de ver que de nuevo se trataba del Pulpo y su furgoneta gris. Intuimos que algo no andaba bien. A pesar de saber de quién se trataba actuamos con cautela. Le vimos dejar el vehículo pero el motor continuaba en marcha. Permanecimos inmóviles guardando una distancia más que prudente con el fin de poder eludir cualquier eventualidad. La oscuridad le impedía ubicar nuestra posición y al no conocer el lugar quedó estampado en el suelo sin saber qué hacer. Le seguimos con la mirada al compás de los latidos acelerados del corazón en completo y marcado silencio. Regresó al coche y antes de apagar el motor hizo resonar la bocina un par de veces. Dejamos el muro y comenzamos a bajar rodeando los terrenos por la parte este. Queríamos confirmar que no llegaba con alguna visita inesperada. Al situarnos a unos escasos veinte metros del vehículo pudimos notar que era el único ocupante.

"¿Qué habrá pasado?", preguntó Adrián con voz entre quebrada casi arrastrando las palabras. El silencio fingido de Raúl nos hizo suponer lo peor y empezamos alejarnos —pero aquella risa socarrona difícil de imitar nos contuvo.

"Sé que en algún sitio están temblando de miedo. Ya no sufran. ¡Están libres! Bajen que nos vamos a casa", vociferó a todo pulmón rompiendo el absorbente silencio de la noche. No logré ver en esos momentos la cara de Adrián pero la pude imaginar.

Los misterios de la vida son a veces difíciles de comprender. ¿Fueron realmente los celos los que me llevaron aquella tarde a tomar la determinación de dejar las montañas? Siempre me quedaré con esta duda ya que no creo en la casualidad. Todo tiene una razón.

La orden de aprensión se había suspendido sin embargo el proceso seguiría su cauce. Nuestra estancia en casa de los abuelos fue corta. Afortunadamente no alcanzamos a comprobar si las turbaciones del constante estrés y nuestra manía a las ánimas habrían permitido dejarnos descansar en aquel antiguo caserón. Necesitábamos dormir y sobre todo ingerir alimentos adecuados que nos devolvieran la energía que tanta falta nos venía haciendo. A pesar de la alegría del primer momento nuestro retorno a casa lo tomamos con desconfianza y zozobra. ¿Quién garantizaba si no seriamos de un momento a otro detenidos? Nuestros padres nos esperaban en casa no sabíamos sí contentos o enfurecidos, con tantas dificultades que les habíamos acarreado esperábamos lo peor. Me sabe amargo reconocerlo y recordarlo, mi padre ocultaba siempre la tristeza y sobre todo la frustración que mi comportamiento le causaba. Y esta vez tampoco me reprendió.

Reposar en mi "añorada" cama fue siempre un verdadero suplicio por su dureza —más esa noche creí estar tumbado en las nubes.

Los primeros dos días en libertad pasaron en completa calma, al tercero, citados por Alfonso acudimos a su despacho. Marcelo y Rafael aunque nerviosos cómodamente sentados ya esperaban por nosotros. Reunidos ya todos los afectados dio inicio aquella informal reunión. Los detalles de la causa los conocíamos sin embargo ignorábamos algunos datos. Además de ser vecino de la población, lo que explicaba el levantamiento vecinal la noche del frustrado intento de linchamiento este sujeto trabajaba como guardia de seguridad de un conocido empresario: Carlos Paiz, propietario de una cadena de supermercados populares en aquel entonces, lo que le otorgaba derecho legal a portar armas de fuego. No obstante la causa no contemplaba el estado de embriaguez de este sujeto mucho menos su conducta agresiva e intimidante aquella noche. Y menos, el intento de asesinato de personas inocentes que en lo absoluto tenían que ver con sus tribulaciones amorosas.

"Supongo que lo más prudente sería hablar con él y terminar las cosas en paz. ¿No les parece? ", planteó Alfonso.

Heridos en nuestros sentimientos nos opusimos. Esto significaba aceptar nuestra culpabilidad pero por otro lado sabíamos que emprender lucha legal en su contra tomaría en los juzgados una eternidad y aunque ganáramos el juicio esto nos condicionaría la vida por mucho tiempo. Después de una corta discusión con el orgullo por los suelos decidimos enviar un emisario. Ya se veía en el demacrado rostro de Marcelo el fastidio y sobre todo la frustración que le había ocasionado todo aquel enredo ya que tendría que desembolsar una buena suma para recuperar el pickup que, además de la rueda, había sufrido otros destrozos la noche del incidente. Con este propósito, ese mismo día en compañía del jurista, debió viajar al lugar de los hechos. Encontrarlo en lo que cabe, intacto, le consoló. Por aquellos tiempos turbulentos vehículo depositado en las dependencias policiales terminaba desbaratado.

Las negociaciones iniciaron. Mi padre se encargó de mediar entre las dos partes. Uno de los inconvenientes por el cual no podía llegarse a ningún acuerdo, la insistente exigencia de la parte demandante: la entrega del revólver. Algo que no podíamos aprobar ya que negamos desde el primer momento haberlo tenido en nuestra posesión y no podíamos cambiar ahora nuestro argumento. Al corto tiempo Alfonso urgió nuestra presencia al Bufete para notificarnos algo de suma importancia: "Marcelo ha sido detenido por la policía, los móviles los desconozco, salgo para la delegación, pero… por si acaso prepárense para lo peor", ultimó, con mucha seriedad. ¿Y ahora qué haríamos? Desde que todo este lío había comenzado la angustia nos traía abrumados. Era un sin vivir. Las horas pasaron y con terrible desesperación esperamos noticias del nuevo giro que el caso había dado. Esa noche ya comenzaba a exasperarme y ya hacíamos planes para emprender de nuevo la fuga. La oportuna aparición de nuestro defensor detuvo aquellas desagradables maquinaciones. Esta anécdota pasó a engrosar el sin fin de historietas. Unas con final amargo y otras con final feliz como esta. Al menos para nosotros.

Días atrás Marcelo había recobrado el malogrado pickup que debió enviar irremediablemente por las averías al taller, para repararlas. Averías ocasionadas por los enfurecidos vecinos la noche de los hechos. Y ese día felizmente ya se hallaba bajo su resguardo. Y para celebrar "el feliz encuentro con su fiel compañero de andanzas" —se tomó unas copas demás. Pero lamentablemente, de retorno a casa el cansancio y el alcohol le juagaron la más satírica jugada que en su vida pudo haber imaginado alguna vez.

"En efecto, Marcelo ha sido detenido. Según su propio testimonio, por un accidente de tráfico. Perdió el control y terminó enquistado en la parte posterior de un automóvil. Pero no en uno cualquiera. Habiendo tantos a escoger y el eligió el menos indicado", dijo el picapleitos moviendo el índice de su diestra, y continuó. "Y ahora el automóvil ya no está en Amatitlán. Qué va... Ahora está en el Mariscal. Solo ha cambiado de lugar. Pero les puedo garantizar", repuso el abogado entre risas contenidas, "que el otro automóvil quedó arremangado hasta la mitad y, que el policía que lo conducía y el agente que le acompañaba todavía no se reponen del susto".

Y el simpático jurista terminó el relato con una expresiva y sonora carcajada. Contagiados terminamos todos con lágrimas en los ojos. No sabíamos si llorábamos del momento jocoso o del alivio que aquella noticia nos producía. "Vamos a ponernos serios, debo sacarlo antes de que descubran los cargos que pesan sobre él y tiene que ser esta misma noche, mañana podría ser demasiado tarde", repuso Alfonso todavía sonrojado por el momento "festivo" que habíamos pasado. Y así fue. Horas más tarde fue puesto en libertad. El pomposo Chevrolet sufrió serios golpes en la parte frontal y gracias a la intervención inmediata del abogado fue retirado del predio esa misma noche. Pero irremediablemente debió al día siguiente retornar al taller mecánico. Este ingente susto tuvo un final feliz. Al menos para nosotros. Ya que Marcelo se vio obligado a correr con el nuevo resarcimiento económico para reparar su vehículo y el coche de policía.

Días más tarde ocurrido el antojadizo e irónico accidente el guardaespaldas retiró los cargos, evidentemente después de haber recibido una suculenta remuneración económica. Por fin libres de toda culpa. Culpa que nunca tuvimos.

El depósito de vehículos decomisados de la capital de Guatemala era conocido como Mariscal Zavala, dado a que estaba situado junto al cuartel militar Mariscal Zavala.

EL 28 de agosto del año de 1970, Prensa Libre publicó un reportaje sobre el abandono en el que se encontraban cientos de automotores en el predio de la Policía y como varios millones de quetzales yacían convertidos en chatarra, diseminada en una extensa superficie de alrededor de 5 manzanas de terreno. Que tituló: Un predio convertido en negocio oscuro y lucrativo.

Aquí se cometían hechos ilícitos en los que participaban descaradamente elementos de la propia Policía. Todo vehículo que en suerte le correspondía permanecer durante algunos días en aquel lugar, era objeto de un verdadero saqueo y cuando el propietario se presentaba a reclamarlo se encontraba conque aquel impecable motor que había dejado había sido objeto de un completo desmantelamiento al igual que el resto de piezas. Y naturalmente nadie se hacía responsable de estos abusos pues en estos hechos estaban involucrados toda suerte de jefes o administradores de este depósito. La corrupción primaba por doquier en Guatemala.

Este incidente repercutió en nuestra amistad. Lo lamenté porque lo apreciaba. Días antes de acabar nuestra relación, Rafael fue detenido en el Parque Central de Amatitlán. Al igual que nosotros él había quedado exento de culpa. Si el caso estaba ventilado. ¿Por qué?, me preguntaba. ¿Es que vendrán por nosotros? Ese mismo día con sumo nerviosismo y un ratón que me comía las entrañas marqué temblando a casa de Marcelo. Al otro lado de la línea, muy afectado mi amigo me glosó los pormenores. Infelizmente una nueva causa se había abierto en su contra al ser detenido por la policía cuando se paseaba por el centro del pueblo con el revólver calibre 38 largo incrustado en el cinto. Nos mintió. No se había deshecho de él. Se condenó. Ya no pudimos hacer nada. Los cargos fueron otros. Tuvo que pagar aquel amargo traspié. Fue condenado a tres años de prisión, teniéndolos que cumplir en una de las prisiones más terribles de Guatemala. La Cárcel de Pavón.

Obligado por mi padre, fui a visitarle. Aquel día frente a las puertas del penal me detuve, sentí un escalofrió que me recorría todo el cuerpo, quise salir corriendo. Me aterrorizaba sólo pensar que ya no pudiera salir de aquel desagradable lugar. Todo lo afín a autoridades aterraba a la colectividad ciudadana guatemalteca. Las experiencias vividas por muchos jóvenes eran horrorosas, prácticamente torturados en los interrogatorios que terminaban atribuyéndose delitos que jamás habían cometido. Los vecinos del Cuarto Cuerpo de Policía, situado a la altura de la colonia Centro América, en Ciudad de Guatemala, se despertaban según denuncias hechas por muchos de ellos a causa de los gritos de los torturados en ese cuerpo por las noches. Estos antecedentes y procederes abusivos generalizados en todos estos centros de detención mantenían acobardados y sin límite de acción dentro del marco de la legalidad a los ciudadanos. Sí estos criminales representaban la ley. ¡Aliviados estábamos! Saqué fuerzas de la flaqueza y continué en la fila que ya formaban mi padre, Marcelo y algunas otras personas que nos acompañaron. Hoy que llamo a mi memoria estos recuerdos, haciendo mis propias reflexiones pienso que a veces hacemos cosas que no debiéramos porque al hacerlas podemos cambiar la trayectoria de nuestra vida o la de los demás. El olvido de los tomates fue en parte la causa de todo este desagradable enredo pero también sabíamos que hacíamos mal abandonando a nuestros amigos de la forma poco digna que lo hicimos. Y sin embargo poco nos importó. Debimos asumir las amargas consecuencias de nuestra irresponsabilidad. Ver a Rafael en aquella penosa situación me desgarró el alma. Sí era apenas un niño. Cumplió 18 años en aquella tétrica prisión. Para que el hipotético lector pueda tener una idea del ambiente atroz que existe en esta cárcel, paso a reproducir estratos de un artículo publicado el 25 de septiembre de 2006 en varios periódicos nacionales e internacionales.

MASACRE EN CÁRCEL DE GUATEMALA

Al menos ocho fallecidos en un enfrentamiento entre presos y oficiales. Al menos ocho reos de la principal cárcel de Guatemala, Pavón, a 25 km al este de la capital, fallecieron este lunes al enfrentarse con las fuerzas de seguridad durante un operativo para recuperar el control del centro, en manos de grupos del crimen organizado, según fuentes oficiales. El incidente se dio horas después que el Gobierno de Guatemala decretara por un periodo de ocho días, un "Estado de Prevención" en el municipio de Fraijanes, con el fin de recuperar la cárcel de Pavón, la principal de Guatemala, controlada por la mafia. La medida, que prohíbe las reuniones y la portación de armas en Fraijanes, donde se ubica la prisión, fue publicada hoy en el Diario de Centroamérica (oficial). Los más de 1.600 reclusos que tiene la Granja Modelo de Rehabilitación Pavón, fueron sorprendidos hoy por un vasto operativo de la policía y el ejército por órdenes del presidente de Guatemala, Oscar Berger, con el fin de recuperar el control de la cárcel. Durante el operativo murieron al menos ocho reos, según informes preliminares. El ministro guatemalteco de Defensa, Francisco Bermúdez, quien participa en los operativos, aseguró a periodistas que las fuerzas de seguridad ya tienen el control de la prisión. Los reclusos han sido concentrados en un campo de fútbol que funciona en el lugar y en las próximas horas serán trasladados a otras cárceles. Bermúdez dijo que el presidente Berger ha ordenado la destrucción de las casas y champas (chozas) rústicas que los reos levantaron en la prisión. "Hay un sin número de casas, parece un barrio y serán demolidas", dijo el militar.

Una investigación realizada por el diario local "Prensa Libre" publicada ayer dio cuenta que Pavón está controlado por la mafia que tiene adentro laboratorios para procesar droga y un ejército que extorsiona y reprime a los propios reos. La cárcel, aseguró el diario, la controla el Comité de Orden y Disciplina (COD), presidida por el reo Luis Alfonso Zepeda, condenado por asesinato, y las extorsiones le representa ingresos anuales por unos 790.000 quetzales (unos 104.084 dólares). El mismo director del Sistema Penitenciario, Alejandro Giammattei, admitió que Pavón es "un asco" y está controlado por el crimen organizado.

«Sé que los tiempos han cambiado pero lo que admite el director sigue siendo y ha sido lo mismo. ¡Un asco! En nuestras cárceles prevalece la ley de la jungla, los presos condenados por asesinato se convierten en verdugos y en una verdadera pesadilla para el resto de reclusos. Es erróneo recluir y exponer la vida de personas que comenten infracciones de tráfico por ejemplo, u otros delitos menores con estos malhechores. Irónicamente este centro está catalogado según nuestras "garantes" autoridades, como: Granja Modelo de Rehabilitación».

CARLOS MANUEL ARANA OSORIO

En 1970, las aguas retornaron a su cauce, es investido Carlos Manuel Arana Osorio presidente de Guatemala. El periodo de Julio César Méndez Montenegro había significado para nuestro pueblo una triza de esperanza y aunque dudoso porque no decirlo, un cambio, ya que de sobra sabíamos que los buitres asediaban desde las sombras con sus grupos paramilitares, pero el solo hecho de ser un mandatario civil nos daba una chispa de serenidad. Carlos Manuel Arana fue responsable de la lucha antiguerrillera, como Comandante en Jefe de la Base Militar de Zacapa logró eliminar a las Fuerzas Armadas Rebeldes (FAR). En 1966, fue nombrado plenipotenciario de Nicaragua. En 1969, regresó a Guatemala y encabezó la candidatura de una coalición de extrema derecha formada por el Movimiento de Liberación Nacional y el Partido Institucional Democrático, el primero de ellos dirigido por Mario Sandoval Alarcón (Mico Sandoval), uno de los criminales más despiadados de nuestra historia reciente. Fue conocido como el "padrino de las escuadrillas de la muerte", llegó a tener su propio ejército privado integrado por cientos de delincuentes. Naturalmente, pagados con dineros del Estado.

Carlos Manuel Arana pasó a los anales de la historia de nuestro país por ser uno de los gobernantes más sanguinarios en el combate a la guerrilla. Una anécdota que ilustraba su manera de operar ocurrió en el cuartel de Zacapa, bajo su mando. Un grupo de periodistas esperaban para entrevistarlo cuando un oficial interrumpe para comunicarle: "Con la novedad que tenemos cuatro guerrilleros prisioneros, tras una refriega en el

Rio Grande". Arana respondió: "¿Y desde cuándo nosotros tenemos prisioneros?". El oficial comprendió perfectamente la observación y desapareció para volver minutos después: "Con la novedad que murieron cuatro guerrilleros en un enfrentamiento en Rio Grande". Cuando los militares aseguraban que en Guatemala no habían presos políticos, efectivamente decían la verdad. Claro que no había un solo prisionero político. Todos estaban muertos. O en el exilio. Arana alcanzó la presidencia al parecer en elecciones limpias. Tras lograrlo fue nombrado general. Ejerció el poder de una manera despótica y desmedida. Terminado su periodo entregó el Gobierno al general Kjell Eugenio Laugerud García, a diferencia de Arana, este fue impuesto después de unas elecciones amañadas. El verdadero vencedor de aquella contienda política, Efraín Ríos Montt (años después reclamado por la justicia española como actor intelectual de exterminios étnicos en aéreas rurales de Guatemala), fue enviado en calidad de Agregado Militar al Reino español. Medios de comunicación de la época afirmaron que con el boleto de vuelo había recibido "una pequeña compensación", un millón de quetzales/dólares. Por aquel tiempo no había diferencia en el cambio, además el dólar no tenía ninguna influencia sobre la moneda nacional por lo que era rechazado como moneda de canje.

Este autócrata estuvo implicado en una serie de fraudes electorales, imponiendo gobiernos militares que llegaron a su fin en marzo de 1982, con el golpe de Estado que irónicamente llevó al poder al general Efraín Ríos Montt.

Por aquel entonces, durante el periodo tenebroso del general Carlos Manuel Arana Osorio, que probablemente superó al general Franco por su conducta arbitraria, primitiva y chusca, sucedió un hecho patético, improcedente y vergonzoso —digno ni siquiera de comentarse. Sin embargo lo contaré. Esto ocurrió entonces: los jóvenes de los años 60 y 70 fuimos como todas las generaciones influidos por la moda, el pelo largo constituyó en los varones una tendencia de actualidad, y en las chicas las perpetúas y memorables faldas cortas que fueron las causantes de más de un accidente de tráfico, se convirtieron en una prenda cotidiana; tan cotidiana como los vehementes suspiros que arrancaban a los apasionados ciudadanos que ya no sabían hacia dónde mirar, particularmente, a los siempre bien recordados maestros albañiles, que con sus piropos siempre fuera de lugar, sonrojaban a las chicas que hacían peripecias para evitar las obras de construcción para no exponerse a las vulgaridades del gremio.

Una Mañana, casualmente tropecé con Fernando, me llamó la atención verle muy pulcro y sobre todo con aquel recorte de pelo completamente "fuera de onda, bien trinchado".

¿Qué te ha pasado?, pregunté sorprendido. Él Sonríe…
"Si no querés tener problemas te sugiero hagás lo mismo".
¿Qué hay de malo en mí pelo? Extrañado sin comprender, pregunté. "Verás… no me hagás caso si no querés, pero escuché que la policía está abordando los buses y cortándole la melena a los peludos. Y a las chicas en minifalda aunque vos no lo creás, les estampan sellos en las piernas para persuadirles a que ya no usen faldas cortas".

¿Estás hablando en serio? Azorado pregunté.
"¿Creés que de no ser cierto hubiera sido yo capaz de cometer esta "blasfemia"? Llevándose las manos a la cabeza con gesto de conformidad, repuso,"se me hace tarde tengo un par de materias por la mañana en la facultad, no se te olvide", insistió.

Pensando que se trataba de una broma de mal gusto traté de no darle más vueltas. ¿A qué descerebrado se le podía ocurrir semejante estupidez? Sin embargo parte de la mañana no dejé de pensar en la advertencia. Obligado por el gusanito intuitivo acudí al fígaro de mi barrio, «don Taco». Ahí, esparcida y mancillada por el frio piso quedó mi poblada e inmaculada melena. Esa misma tarde necesitando hacer unas diligencias por el centro de la ciudad, abordé un bus de la empresa Eureka, número 19, que me llevaría hasta mí destino final. El viaje trascurrió a lo largo de la calzada San Juan sin contratiempos. A la altura del cine Trébol, pude notar como por momentos la marcha se hacía más lenta, siendo esta ruta muy traficada los atascos eran más que normales y no despertó en mí la menor suspicacia, esto no era nada nuevo, los atolladeros de tráfico y los deplorables modales de los conductores formaban parte de nuestra vida diaria que apenas los notábamos.

Me gustaría, aunque de forma rápida describir este popular y emblemático lugar de esparcimiento. Aquí disipamos nuestras incipientes inexperiencias de juventud, de inquieta adolescencia. En este lugar disfrutamos de las primeras películas de carácter erótico, clasificadas: adultos uno, dos y tres. A nuestra edad la curiosidad por entrar al mundo de los adultos e indagar lo que este escondía se había convertido en un reto.

Las salas de cine como la del Cine Trébol estaban divididas en dos secciones: galería y luneta, la primera la más popular y naturalmente la más barata. Después de la clásica doble función se acababa con dolor apremiante de asentaderas. Sus fríos y duros graderíos no dejaban a nadie indiferente. La luneta presentaba un aspecto diferente, sus individuales sillones plásticos cubiertos por un paño que ocultaba el material esponjoso le aportaba cierta elegancia y sobre todo hacía la función más placentera. Bueno… Casi. Pues los cinéfilos mimados debían aguantar las groserías y el tosco lenguaje de la vox populi de galería que daba rienda suelta a su insana imaginación. Las ocurrencias y el humor chapín formaban parte de nuestra vida cotidiana y estos lugares públicos de entretención eran un escape a los problemas diarios. Aquí, los impertinentes lenguaraces amparados por la oscuridad soltaban a diestra y siniestra sus insanos impulsos reprimidos. Las palabras obscenas se escuchaban por doquier. Aunque vale reconocer que tenían quimérica fantasía, alguna expresión espontanea en más de una ocasión era premiada con aplausos y carcajadas. Doblamos hacia la Avenida Bolívar, aquí estaba emplazado el cuartel de policía, El Guardián, justo en este lugar detuvo la marcha el bus, no era el único al frente ya lo habían hecho muchos de ellos. Sentí el corazón atorado en la garganta, las palpitaciones me llegaron hasta el cuello. Vi boquiabierto cómo los uniformados subían y examinaban a los ocupantes del autobús. No podía creerlo. Sencillamente era demasiado trivial para ser real. Uno de ellos llegó hasta mí y buscó con la vista la complicidad del colega, se cruzaron las miradas, a pesar del reciente y pulcro corte de pelo este vacilaba. Afortunadamente, el segundo salió en mi resguardo, frunciendo los labios movió la cabeza negativamente y se retiraron con la amenazadora tijera de sastre a por otros "pecadores".

Vi por las calles a muchachos con el cabello trasquilado y a chicas con las piernas selladas o pintadas como si de mercancía se tratara. Fueron humillados por las absurdas órdenes de los déspotas que nos gobernaban. Este hecho execrable y prosaico transgredió los límites de la ridiculez. Sí me lo cuentan no lo hubiera creído.

Sin embargo este acto de prepotencia quedó corto ante tanta bestialidad que cometieron los criminales salvaguardados por el régimen. En el estado de ilegalidad en el que vivíamos muchos murieron sin tener ningún color político, fueron sencillamente asesinados o desaparecidos por rencillas familiares, venganzas o por pesar sobre ellos sospechas de simpatizar con unos u otros grupos. O porque simplemente se encontraban en tiempo y lugar equivocado. En esta época macabra resultaba habitual toparse con grupos de personas fisgonas que atraídas por la curiosidad se aglutinaban alrededor de un cadáver abandonado en la calle por estos carroñeros.

La valoración de la vida humana hecha por estos psicópatas degenerados estaba justipreciada en la escala más baja del desprecio y el respeto de la vida misma. Sobre la víctima los malhechores dejaban una nota que indicaba el nombre de la facción que se acreditaba el asesinato. Usaban estos métodos con el fin de amilanar a la gente y así reducir el apoyo a los grupos de resistencia. Las diversas organizaciones paramilitares que sin aparente vinculación con las criminales fuerzas armadas y policiales empezaron a combatir la insurgencia al parecer más efectivo que las mismas entidades oficiales. De esta manera surgieron estas delictivas organizaciones bajo el nombre de MANO" (Movimiento Anticomunista Nacional Organizado) "MANO BLANCA" ("Nueva Organización Anticomunista"). "Ojo por Ojo" y "El Escuadrón de la Muerte". Quizá habría otras más. Clanes familiares que amedrentaban comunidades enteras. En resumidas cuentas vivimos en un país donde imperaba la ley del más fuerte.

Al iniciar su gobierno Arana, declaró el estado de sitio y suspendió todas las garantías constitucionales, su intención, eliminar por cualquier medio a la insurgencia en Guatemala. En 1971 la Comisión Interamericana de Derechos Humanos dirigió solicitudes de información al Gobierno de Guatemala motivados por el alarmante número de denuncias de personas desaparecidas o vilmente asesinadas. Según el Comité de Familias de Personas Desaparecidas el número de muertos y desaparecidos durante los años 1970 y 1971 llegó a siete mil personas. El nuevo listado que se presentó por este mismo comité en el año 1973 el número se elevaba a quince mil personas. En este periodo los militares más influyentes se apropiaron de grandes extensiones de terreno y se hicieron con los beneficios de las concesiones recibidas por otorgar nuestros recursos naturales a empresas extranjeras.

Aquella fría noche de diciembre de 1996 en Estocolmo, en el momento de la rúbrica de documentos que comprometían a unos y a otros a aceptar el cese al fuego y a la convivencia, conociendo la trágica historia de mí país, haciendo mis propias reflexiones no veía un claro futuro ante la incompatibilidad de aquel escenario de posturas tan distantes. A pesar de que los humanos tenemos una virtud o quizá sea defecto: olvidamos muy pronto. Pero lo que sucedió en Guatemala fue muy fuerte, no se puede olvidar mucho menos perdonar. EL acoso, la tortura y la desaparición de miles de guatemaltecos profundizaron el abismo entre las clases sociales y acrecentaron el odio y el deseo de venganza. Los indígenas y la población desposeída lo perdieron todo. Tierras y seres queridos. Y los que venturosamente sobrevivieron fueron expulsados hacia la frontera sur de México donde terminaron desgraciadamente reprimidos y humillados por las autoridades "solidarias" de esa zona del país.

ROGELIA CRUZ MARTÍNEZ

El siguiente suceso que narraré tuvo lugar el 11 de enero de 1968, dos años antes de la llegada de Carlos Manuel Arana Osorio a la presidencia. Este fatídico día apareció el cadáver de Rogelia Cruz Martínez, fue hallado bajo el puente del rio Michatoya, en Santa Lucía, Escuintla, a la altura del kilómetro 84.

Rogelia, nace en un seno familiar influenciado fuertemente por la música ya que su padre era pianista. Desde niña le gustó el ballet que practicó durante muchos años, así como la natación, dado a que el deporte también formó parte de su vida. Aunque le gustaba la pintura, siempre soñó algún día ser arquitecta. En términos generales era una chica con un intenso abanico de directrices artísticas, con toda una vida por delante llena de ilusiones que fue cercenada por estos criminales malnacidos que cobardemente la asesinaron. Además del entorno musical que obviamente influenció su mente juvenil, el talante crítico del entorno familiar ante los problemas nacionales, las largas tertulias con su padre de la realidad de Guatemala le hacen despertar una conciencia crítica de la situación política real del país que termina fomentando en ella el deseo de lucha por hacer valer los derechos de los pobres. Pero también su participación activa en Juventud Patriótica del Trabajo (JPT) donde trabajaba abiertamente, hizo seguramente caer la balanza hacia la apertura política de tendencias colectivas. En el año 1957 se presenta al concurso Miss Guatemala, ganándolo. Este logro la lleva a Long Beach, California, al concurso de Miss Universo, en 1959. De piel trigueña, pelo castaño y ojos color miel, alta para el estereotipo de la chica guatemalteca de la época. Todos estos envidiables atributos le hacían una mujer muy carismática y admirada por todos aquellos que tuvieron la dicha de conocerla.

Su vida da un giro importante en el año 1955 cuando sus padres mueren por diversas razones en términos de dos meses, quedando huérfana cuando apenas contaba con quince años, por lo que pasa a vivir con su abuela materna. A los dieciocho años cuando comienza a estudiar en la Facultad de Arquitectura de la Universidad de San Carlos de Guatemala, se emancipa de su abuela y entonces decide vivir sola. Años más tarde, en el mes de noviembre de 1967, Rogelia es detenida en Chimaltenango por implicación en un accidente de tránsito y, acaba sin esperárselo, acusada de tenencia de armas de la guerrilla, posteriormente es liberada bajo fianza. Coartando al juez que llevaba la causa, las FAR y miembros del PGT consiguieron su libertad. Ella sabía la causa real de su detención y en seguida después de su liberación desapareció de la vida pública. En el fondo, creo, su detención se debió a que su pareja sentimental, Leonardo «Nayo» Castillo Johnson, era líder del PGT (Partido Guatemalteco del Trabajo) y dirigía el grupo activo en la ciudad de Guatemala.

Durante sus estudios en la Universidad sancarlista acabó afianzando los lazos de simpatía por los grupos de izquierda. Los déspotas lo sabían, ella era una amenaza para el régimen por su talante altruista que sin la menor duda le hubiera hecho saltar a la palestra política y quién sabe si no, posteriormente, llevado a la primera magistratura del país. En diciembre de ese mismo año se repite la historia, es detenida nuevamente, esta vez por agentes de la Policía Judicial que la detienen ilegítimamente, la torturan con cigarros, violaciones sexuales continuas y le cercenan los pechos. Si bien fue encontrada el once de enero de 1968, se sospecha fue asesinada el ocho. La crueldad con que actuaron sus asesinos sobrecogió al pueblo guatemalteco, una reacción de estupor, pena e indignación se produjo en todos los sectores sociales. Estos aberrantes hechos fueron consumados en una cantina. Máximo Zepeda se jactaba de haber ejecutado y dirigido la violación y ejecución de Rogelia. Zepeda fue jefe del Servicio de Inteligencia del Ejército y Director de la Policía Nacional, además organizador de escuadrones de la muerte.

Su cuerpo fue arrojado junto a los restos de 11 campesinos víctimas también del terror estatal. Estos grupos militares y paramilitares contaban con el respaldo de Estados Unidos por lo que este Gobierno indirectamente fue responsable de todos estos crímenes que se cometieron en contra de nuestro pueblo. Asimismo dio apoyo logístico a todas las dictaduras que asolaron al pueblo latinoamericano por aquellos días. No obstante que los tiempos han cambiado las intromisiones y el hostigamiento político y económico de los pueblos continúan a la orden del día. "Estos buenos samaritanos" continúan libre e impunemente desestabilizando por todo el mundo gobiernos legítimamente elegidos para establecer gobiernos títeres, como es el caso de Brasil, Argentina y Paraguay; tampoco podríamos pasar por alto a la "Israel de América Latina": la Colombia de Álvaro Uribe y de Juan Manuel Santos, que no hay que olvidar que el Novel de la Paz fungió como Ministro de Defensa del Gobierno de Uribe: 2006 y 2009.

«Aquí haremos un poco de historia… Ya que el ser humano olvida muy pronto».

Tenía 59 años y era "el número 2" de las Fuerzas Armadas Revolucionarias de Colombia. Raúl Reyes fue dado de baja, según confirmó el Ministro de Defensa del país, en funciones entonces, Juan Manuel Santos. Raúl Reyes, y al menos otros 16 rebeldes han fallecido este sábado en una operación del ejército colombiano contra una base del grupo guerrillero establecida en Ecuador, explicó el Ministro, entonces, y continuó informando que los datos recabados de informantes y verificados por los servicios de inteligencia permitieron establecer que Raúl Reyes, considerado el número dos del grupo armado, iba a acudir a un campamento levantado al otro lado del río internacional del Putumayo, en territorio ecuatoriano, aunque en una zona muy cercana a la frontera.

Según explicó Correa, presidente en funciones de Ecuador, entonces, Uribe le llamó para comunicarle la operación y la muerte de Raúl Reyes, y le explicó que la acción se había producido al repeler disparos de las FARC, que se habían adentrado en territorio ecuatoriano al huir de los combates.

"Esto es grave pero sería entendible si esto se hubiese producido por una persecución en caliente, es decir, por el cruce de fuego de lado a lado ", dijo Correa. Sin embargo, el Presidente ecuatoriano, indicó que los informes que había recibido de las patrullas militares que acudieron al lugar donde se habían registrado los combates, puntualizaban que el sitio se encontraba un tanto retirado de la frontera, al menos, dos kilómetros dentro del territorio ecuatoriano y que claramente se trataba de una masacre, ya que los cadáveres de 15 guerrilleros encontrados en el lugar estaban en paños menores y 2 guerrillearas heridas. Es decir, que no hubo persecución en caliente; fueron simplemente bombardeados y masacrados mientras dormían, utilizando tecnología moderna, de punta, que les localizó en la noche, en la selva. "Seguramente con la asistencia de potencias extranjeras", aseguró tajante el mandatario ecuatoriano.

Indudablemente, esta operación ilícita fue azuzada y auspiciada económicamente por "los benefactores del norte". Álvaro Uribe, ordenó a su ministro de Defensa y Novel de la Paz, Manuel Santos, llevar a cabo está misión en contra de los tratados internacionales. Pero a quién diablos le importan los tratados si se tiene pacto con los "dioses".

«En realidad, con estos degradantes antecedentes ya casi repetitivos el chiste del otorgamiento del Premio Nobel de la Paz ya se volvió un disparate. Tan sólo faltaría, que Donald Trump, George Bush o Rodrigo Duterte, fueran nominados».

Proseguimos.

Y para "seguridad" de los pueblos hispanoamericanos se han instalado por todo el continente con sus bases militares. Como no quiero despertar las dolencias gástricas me limitaré hacer mención solo a la Iniciativa Mérida: No existen instalaciones militares conocidas de Estados Unidos, en México y Guatemala, sin embargo, mediante la llamada Iniciativa Mérida, militares y agentes del FBI, CIA, DEA operan y asesoran a militares mexicanos y guatemaltecos para la lucha contra el narcotráfico, guerra que Washington quiere evitar en su propio territorio.

Chusco y sin precedentes, así podría definirse el escándalo montado por la administración Obama. Así rezaban las querellas: Rusia será sancionada económica y diplomáticamente por intromisión en las elecciones presidenciales de Estados Unidos, en las que venció Donald Trump. Pero esto es el colmo de la desvergüenza. A ver... vamos a refrescarles un poco la memoria, ya que al parecer la tienen demasiada flaca.

En 1947-1948, Estados Unidos interviene en las elecciones de Italia para evitar que el Partido Comunista llegue al poder. En las siguientes décadas, la Agencia Central de Inteligencia (CIA) junto con los buitres corporativos estadounidenses, prosiguen interviniendo en las elecciones italianas inyectándoles cientos de millones de dólares y usando medios de guerra psicológica para cercar el fantasma que recorría Europa. Albania 1949-1953, Estados Unidos e Inglaterra intentan inútilmente derrocar al gobierno comunista e instalar uno nuevo prooccidental.

Irán, año 1953: El primer ministro Mossadegh es depuesto en una operación conjunta entre Estados Unidos e Inglaterra. Mossadegh había sido elegido por una amplia mayoría en el Parlamento pero cometió el delicadísimo error de encabezar un movimiento para nacionalizar una compañía petrolera británica, la única compañía petrolera que operaba en Irán. El golpe restituye al Sha, con poderes absolutos, dando inicio a un periodo de represión y tortura que dura 25 años, en los que se restaura la propiedad extranjera de la industria petrolera, concediéndose descaradamente a británicos y estadounidenses el 40 % respectivamente y a otras naciones el 20 % restante.

Guatemala, año 1953-1996. Golpe de estado organizado por la CIA derroca al gobierno democrático y progresista de Jacobo Arbenz dando paso a 40 años de escuadrones de la muerte, torturas, desapariciones, ejecuciones masivas y una crueldad inimaginable con un saldo de más de 300 000 mil víctimas. Arbenz, cometió el mismo error de Mossadegh al expropiar las tierras ociosas y repartirlas dignamente entre los campesinos más necesitados, esta medida afectó a la United Fruit Company que mantenía vínculos muy estrechos con la élite del execrable poder explotador yanqui. Como justificación del golpe, Washington inventó y declaró que Guatemala se encontraba al borde de caer bajo el dominio de los soviéticos cuando en realidad ellos tenían apenas interés en el país, y ni siquiera mantenían relaciones diplomáticas con nuestro país. Desde la insana perspectiva de los estadounidenses, además de lo ocurrido con el pulpo de la United Fruit, el peligro de la extensión de la democracia social guatemalteca hacia otros países de la región ponía en peligro el saqueo de sus recursos y eso jamás lo podrían permitir. Estos nefastos argumentos se han usado ya en Venezuela, la muerte del comandante Hugo Chávez no ha sido casual ni natural. Chávez personificaba la peor amenaza para los imperialistas, un hombre que enamoraba a su pueblo y era amado por él. Pueblo que lo veneraba por sus obras, por su talante y sobre todo su gran y aguerrido corazón. Que ya había comenzado amenazadoramente a "contaminar" con sus ideas revolucionarias a toda América latina. Había que detenerlo. ¿Cómo? Como mejor saben hacerlo.

Una investigación documental comenzada con el objetivo de esclarecer las circunstancias de la muerte del expresidente de Venezuela, Hugo Chávez, en marzo de 2013, habría hallado el arma que Estados Unidos supuestamente creó a partir de enero del 2003 para inducirle un cáncer al exlíder venezolano, informó el portal web de noticias Aporrea. Según detalla el portal, la "nanoarma" fue desarrollada mediante el uso de alta tecnología, "nanotransportadores o nanocápsulas con direccionamiento controlado que contenían lo que podía llamarse nanopartículas inductivas con aceleradores de metástasis de dosis controlada".

Este portal revela que se trata de una arma multifuncional, que es capaz de inducir "varias enfermedades mortales, entre ellas un infarto y aquellas que causan daños cerebrales, como un accidente cerebro-vascular". Además, según el sitio web, al estar fabricada mayoritariamente con compuestos biodegradables, el arma es totalmente invisible, y gran parte de sus compuestos son eliminados del cuerpo por las vías urinarias. El arma con que fue asesinando el líder bolivariano fue presumiblemente utilizada contra siete presidentes latinoamericanos; uno de ellos, Néstor Carlos Kirchner, murió de un infarto, y cinco sobrevivieron. El portal llama la atención al hecho de que solo murieron los expresidentes Kirchner y Hugo Chávez, quienes se enfrentaron "con firmeza y valentía" a George Bush cuando fue derrotado con su Área de Libre Comercio para las Américas ALCA, en el año 2005 en Mar del Plata, Argentina. Aporrea de la misma manera resalta que "no pudo haber sido casualidad que cinco presidentes latinoamericanos: Fernando Armindo Lugo Méndez, Dilma Vana da Silva Rousseff, Luiz Inácio Lula da Silva, Cristina Elisabet Fernández de Kirchner y Hugo Rafael Chávez Frías, estuvieran enfermos de cáncer en menos de tres años", en 2009, 2010 y 2011.

Las sospechas se ven acrecentadas si tomamos en cuenta que los líderes afectados pertenecían a grupos populares de izquierda. Sería ingenuo pensar que la ley de la probabilidad encaje en estos hechos. Más adelante haré referencia a las armas del futuro y el peligro que estas representan para la Humanidad. Es difícil disuadir a los humanos que tienen el poder que dejen la ambición estacionada y se incorporen a la lucha por la supervivencia del planeta, que depongan la avidez apocalíptica porque no habrá marcha atrás después de la confrontación final y, tampoco piensen, que habrá ganadores después de ella.

¡Porque no los habrá! Reconsideren esto con la cabeza. Y no con las partes blandas,

La lista de intromisiones es larga y podríamos seguir… Pero lo dejaremos aquí. Únicamente recordaremos lo acontecido en el cono sur de América, aquel 11 de septiembre del año 1973, cuando el presidente legítimamente elegido, Salvador Allende, fue asesinado en complicidad de los que ahora "lloriquean" de las injerencias extranjeras en su política interna.

«Ya era tiempo que probaran su propia medicina».

Aunque a mi parecer, esto huele mal. Aquí sospecho hay "gato encerrado". Y todo este teatro obedece a algo gordo que se está gestando en el Pentágono. ¿Una posible alianza con Rusia? ¿Para frenar el expansionismo asiático en el mundo? Todo es posible. En la política no hay ni coherencia ni vergüenza mucho menos lealtad. Si no… Vean esto: Trump renunciará al sueldo de presidente y cobrará un solo dólar por año. Vaya… esto es naturalmente algo digno de aplaudirse, por fin hay un presidente estadounidense consiente de la necesidades de su país, que son muchas. Pero esto debe ser como los cuentos de hadas todo parece demasiado bueno para ser real. ¡Y no lo es! Y retiro los halagos. Ya lo decía, demasiado bonito para ser real. Tras el filántropo gesto de Trump, había trampa. ¡Claro que la había! Bueno... Que podía esperarse.

El escándalo se destapó a las primeras semanas de la llegada de Trump al poder. La Casa Blanca hace publicidad de las empresas de Trump. Según los medios de prensa, pocos sabían de la existencia de la Oficina de Ética del Gobierno, este departamento funciona como garante de que los funcionarios del gobierno de turno no incurran en conductas éticamente dudosas o hasta ilícitas, como por ejemplo promocionar públicamente marcas y productos. Y lo temido sucedió, Kellyanne Conway violó esta norma al animar durante una entrevista de televisión comprar productos de la hija del mandatario, Ivanka. Así que no es oro todo lo que brilla. Y aquí no termina todo. ¡Claro que no!... Hay más. El costoso estilo de vida de Trump que al parecer aunque haya rechazado los 400 000 dólares anuales de sueldo, más los 50 000 de una asignación para gastos extras al año ha desquitado con creces esa perdida.

Donald Trump, abordó el Marine One que lo esperaba en el jardín de la Casa Blanca, llevando a dos de sus nietos, hijos mayores de su hija Ivanka, de la mano. Muy orgulloso él, con su familia, como debe ser. Ivanka, su esposo y el asesor presidencial lo seguían unos pasos atrás. El helicóptero, los trasladó como es habitual hasta la base aérea de Andrews, donde esperaba por ellos el Air Force One, el avión presidencial. Aquí es donde trata de marear la perdiz. La primera escala era Charleston, Carolina del Sur, para hacer una visita oficial a la empresa Boeing. Pero el destino real era una vez más, West Palm Beach, Florida, sede de la residencia de los Trump. Viajes que no salen gratis y acaba pagando el contribuyente, aquel que tendrá más necesidades que él, digo. Por ejemplo esos latinoamericanos que trabajan hasta 14 horas diarias para poder subsistir "en el país de las ocasiones y de los sueños", y que él, discrimina y odia. "La pequeña e insultante" cuenta: unos 3 millones de dólares por fin de semana presidencial fuera de la Casa Blanca. Un mes después de jurar el cargo ha hecho esto en cinco ocasiones. Hasta el más escaso de seso podría hacer la multiplicación y descubrir que 3 por 5 son 15, es decir, 15 millones de dólares, suponiendo que fueran los únicos abusos del año.

Pero ya lo decía un amigo muy recordado, un pintor excelente que ya ha partido al plano espiritual. "El que calla otorga". Y yo agregaré: ¡Cada quien tiene lo que se merece!

Retomamos nuestra historia. A su recuerdo, en la Facultad de Arquitectura fue edificada una plaza que lleva su nombre. Algunos le llamaban "la niña de Guatemala". El asesinato de Rogelia, lejos de acallar a los insurrectos trajo más sangre y sucesos de odio, manifestados en diferentes enfrentamientos armados que se iniciaron en el Obelisco zona 13, de la ciudad de Guatemala. Aquí militantes del PGT atacaron a un grupo de militares estadounidenses, matando a dos de ellos. Y terminaron con el posterior asesinato de Leonardo "Nayo" Castillo Johnson, perpetrado por agentes de la Policía Nacional en las calles de la capital de Guatemala.

Rogelia Cruz Martínez: Miss Guatemala, 1957. Long Beach California 1959.

Tu muerte cambió la vida de los que vivieron cerca de ti pero mucho más lo hizo el imborrable recuerdo del tiempo que pasaste junto a ellos. Mujeres como tu no necesitan conocerse para amarse. Descansa en paz, Rogelia.

Fotografías obtenidas de ICARO 2012 Documental Rogelia Cruz Martínez.

AJUSTICIAMIENTO

El 22 de marzo de 1980, el psicópata Máximo Zepeda Martínez jefe del grupo paramilitar Nueva Organización Anticomunista (NOA), fue ametrallado cuando transitaba por la carretera hacia Amatitlán junto a su ayudante. El hecho fue atribuido a la guerrilla. Horas más tarde y como represalia, el Ejército Secreto Anticomunista (ESA) secuestró a los dirigentes de la Asociación de Estudiantes Universitarios Julio César del Valle, Marco Tulio Pereira Vásquez e Iván Alfonso Bravo Soto. Los tres estudiantes se habían reunido momentos antes del hecho para recoger y luego distribuir algunos ejemplares de periódico estudiantil: "No Nos Tientes", la publicación satírica de la Huelga de Dolores, que aquel año prometía ser especialmente crítica. Ese mismo día, los cuerpos de los universitarios aparecieron con señales de tortura y varios impactos de bala. Junto a los cadáveres fue encontrada una nota en la que el grupo paramilitar ESA reclamaba la autoría del hecho, como represalia por la muerte de Zepeda.

El despiadado brazo militar de la extrema derecha encarnada en los escuadrones de la muerte no podía golpear a la insurgencia por lo que cobardemente se ensañaba contra el movimiento frágil estudiantil.

A pesar de vivir en otro tiempo y lugar aún se me hace difícil contener la furia. Según el informe forense todo indicaba que Rogelia murió de traumatismo craneoencefálico por los golpes recibidos durante las torturas ocasionadas por estos desechos humanos. Añadido a tanto sufrimiento según he podido indagar, el informe médico forense arrojó un dato inesperado: Llevaba tres meses de gestación.

El sólo hecho de recordar estos infaustos sucesos hiere la sensibilidad humana. De igual manera el dolor de las miles de víctimas que murieron de la misma forma cruel y despiadada abre de nuevo las frágiles cicatrices de las terribles heridas que dejó la maldita guerra desproporcionada en sus 36 años. Este caso como muchos otros despertaron furia colectiva pero más allá de estas conmociones pocos pudieron actuar. La represión aplicada en su máxima expresión acabó socavando el deseo de intentar cambiar las cosas con un levantamiento popular.

En los años ochenta tuve la oportunidad de conocer a Felipe, guatemalteco radicado en Suecia. Él, al igual que yo cansado de tanta impunidad y falta de justicia había optado por abandonar Guatemala, a la espera de que algún día cesara aquella sanguinaria carnicería humana. Aunque suene macabro esta definición se ajustaba perfectamente a la triste realidad de aquellos días. Asesorados y adiestrados por israelíes los militares aplicaban los métodos más crueles de tortura. Anteriormente me referí al defecto o virtud de olvidar. Quiero hacer hincapié en esta frase de nuevo. Sí miles de judíos murieron cruelmente en los campos de concentración nazis, gaseados, torturados y de hambre ¿por qué olvidamos tan pronto? ¿Es acaso el dolor humano diferente? Estamos en pleno siglo XXI; siglo al que con optimismo en el umbral de su nacimiento bauticé con esperanza espiritual: "Del Gran Encuentro". Y sin embargo veo con desolación como mis prehistóricos congéneres continúan matándose a mansalva, en guerras absurdas, estúpidas y sin sentido. En las guerras no hay ganadores, entendámoslo de una vez por todas.

"Tengo un montón de pesadillas. Tengo un montón de pensamientos suicidas. Sigo recordando a mis amigos y pienso en cómo se verían si estuvieran vivos. Creo que la guerra fue un infierno y espero que nunca tengamos que pasar por algo así de nuevo". Así describió el veterano del Ejército Robert John Chavez, las secuelas que le quedaron de su participación en la Segunda Guerra Mundial. La historia de este veterano, no es única. Todos los veteranos de guerra regresan con secuelas irreversibles y jamás podrán adaptarse a una sociedad normal sin llegar a delinquir, ya que su salud mental termina fuertemente afectada. Las cifras de suicidios son más que alarmantes, cada día 20 excombatientes se quitan la vida en los Estados Unidos. Yo me pregunto entonces, ¿valen realmente las guerras la pena?

Tampoco podría pasar por alto otro lastre arraigado en la mente ambiciosa del hombre: cómo maquiavélicamente sigue usando para matar un instrumento sagrado; sagrado porque de él depende nuestra existencia. Me refiero a la ciencia. La ciencia en manos de estos ordinarios y anacrónicos primates terminará convirtiéndose en nuestra peor pesadilla. Sin el menor respeto a la vida, crean bacterias, enfermedades y virus para aniquilar a la población incomoda, es decir a los pobres de la tierra con único y exclusivo fin que "los elegidos" puedan vivir en la abundancia y el derroche.

La tecnología se nos está yendo de las manos. Es momento de exigir a todos los gobernantes del mundo transparencia y prudencia en el desarrollo y aplicación de este conjunto de ciencias antes que sea demasiado tarde. Con la avidez desmedida del hombre han comenzado a desarrollarse diferentes proyectos cuya única y cínica finalidad es dominar a la especie humana, someterla a sus designios para luego establecer elementos claves que les faciliten instaurar un nuevo orden mundial. Estos proyectos pueden convertirse en nuestra peor pesadilla pues estos maquiavélicos irresponsables están manipulando energías con las que a la menor equivocación pueden cercenar de un solo tajo la mitad del planeta. Es tal la ambición que están ciegos y les dará lo mismo las consecuencias ya que sus mentes estrechas todavía siguen delirando y soñando, haciéndoles creer que ellos serán los únicos sobrevivientes pues tienen "el antídoto o el amuleto" que les salvaguardará de "las devastaciones apocalípticas". Estos ambiciosos proyectos están ya en marcha, "los conspiranoicos" lo venido haciendo público desde hace ya muchos años atrás tratando de alertar a la comunidad internacional para que no caiga en el engaño Alguien dijo acertadamente que la religión es el opio de los pueblos y hoy podemos revalidar que esas doctas palabras son absolutamente incuestionables, dado que los dogmas de fe han sido utilizados desde tiempos inmemoriales como mecanismo de control social para dominar a las masas sin que estas presenten resistencia en el mejor de los casos, y en el peor, ni se den cuenta de dicho engaño ya que en nombre de la fe grandes multitudes se dejan someter voluntariamente con el fin de alcanzar "la supuesta salvación" prometida. Para los amantes de las conspiraciones, los últimos tiempos las élites de poder encabezadas por el Vaticano, han planificado el proyecto Blue Beam o Rayo Azul que consiste en erigir una religión universal para recuperar el poder perdido. Según los que creen en la existencia de este proyecto aseguran que se realizará en 4 diferentes etapas o fases.

Primera fase: precisa el rompimiento de todo conocimiento arqueológico. Esto al parecer se logra simulando terremotos en zonas puntuales de todo el planeta. Exponiendo falsos "nuevos descubrimientos" en estos lugares, "finalmente revelarían a toda la atónita humanidad el error de todas las doctrinas religiosas", taxativamente la cristiana y las doctrinas musulmanas.

Segunda fase: envuelve "un gigantesco show del espacio" en el que las proyecciones láseres holográficas en tres dimensiones se puedan transmitir por todo el planeta. Las proyecciones pueden tomar la forma de cualquier deidad puesto que todo este espectáculo será monitoreado con ayuda de computadoras. Al final de "esta fiesta de luz", repleta de dioses, hará su entrada triunfal, el Anticristo.

Tercera fase: en esta fase se empleará la "Comunicación bidireccional telepática electrónica", que intentará hacer que la gente piense que es el Creador de la Humanidad el que les habla telepáticamente, proyectando mensajes en sus pensamientos, esto se logrará utilizando ondas de radio de baja frecuencia extremas.

Cuarta fase: Hacer que la humanidad viva angustiada ante una eminente potencial invasión extraterrestre, para lograr esto se usarán el cine, TV y otras herramientas de manipulación mental. Harán creer a los creyentes cristianos que el rapto ocurrirá pronto. Ondas electrónicas casi sobrenaturales viajarán a través de las conexiones de fibra óptica, coaxial, líneas eléctricas y telefónicas penetrando en equipos y aparatos electrónicos. Para cuando todo esto suceda, cada uno de los ciudadanos del mundo deberán tener un chip implantado en el cuerpo y prácticamente nuestra voluntad sería dominada sin mucha resistencia. Sucedido lo anteriormente descrito, estallará el caos, y la gente finalmente estará dispuesta y tal vez incluso, desesperada a aceptar el nuevo orden mundial.

A propósito de lo antepuesto, añadiré parte del texto extraído del reportaje de Lourdes S. Payán.

Más cerca los chips implantados en humanos. "Un chip es un circuito integrado que puede ser utilizado en el tejido subcutáneo con diversos fines que van, desde el control policial o sanitario, hasta el ajuste de terapias para determinados pacientes. La tecnología va abriéndose camino en el campo de la biointegración tecnológica de elementos extraños, electrónicos u ópticos, que guardan u ofrecen información sobre nosotros. Pero, ¿dónde están las barreras legales o éticas?

Los microchips son aproximadamente del tamaño de un grano de arroz y se basan en una tecnología pasiva, NWO, una gran revolución tecnológica que podrá suponer también muchos adelantos en el campo de la medicina, en el desarrollo del consumo pero sobre todo un control sobre los ciudadanos. Esta medida ya se lleva poniendo en marcha desde hace algunos años en Estados Unidos y en otros países en secreto; a manera de experimento también ha sido implantado voluntariamente en todo el mundo para localizar a las mascotas extraviadas y se sigue usando aún después del descontento de muchos dueños, que han reportado cáncer en sus animales tras la implantación del chip. Algunos ciudadanos han comenzado hacerlo voluntariamente (en empresas suecas por ejemplo), y en algunos colegios de Sudamérica ya se lleva un chip implantado en el uniforme de los estudiantes para tener un mayor control de los mismos.

Sencilla y únicamente pretendía reforzar lo dicho en la cuarta fase. Así que no veo necesario agregar más al respecto de los microchips. Solamente agregaré: "El decretazo" de Obama.

«Obama Aprueba una nueva ley HR 3590 y también la 4872 la cual entre otras cosas exige que todos los ciudadanos de los EE.UU. tengan el RIFD implantado. RFID (siglas de Radio Frequency IDentification. La identificación por radiofrecuencia es un sistema de acumulación y recuperación de datos remotos que usa dispositivos denominados etiquetas, tarjetas, tags o transportadores RFID. El propósito esencial de esta tecnología es transmitir la identidad de un objeto (similar a un número de serie único) mediante ondas de radio».

PROYECTO HAARP

Proyecto tan controvertido como peligroso. Sus defensores alegan un sinfín de ventajas de carácter científico, geofísico y militar, pero los detractores están convencidos de que podría traer consecuencias catastróficas para nuestro planeta, desde imprudentes manipulaciones en la ionosfera, e inclusive, hasta la manipulación de la mente humana. El 20 de Noviembre del año 1994, en el conocido periódico Anchorage Daily News, de Alaska, fue publicada una carta, en ella se aludían las peligrosas investigaciones militares (probablemente relacionadas con un invento de Nikola Tesla) en el transcurso de las cuales se habrían estado enviando haces de partículas desde la superficie de la tierra hacia la ionosfera. El proyecto al que se hacía referencia no era otro que el High-frequency Active Aural Research Program (Programa de investigación de la aurora activa de alta frecuencia), más conocido bajo la sigla HAARP, que formaría parte de la Iniciativa de Defensa Estratégica (SDI) ("Star Wars".) Su objetivo: modificar las condiciones de la ionosfera introduciendo algunos cambios químicos en su composición (lo que llevaría consigo un cambio climático), o bien podría también usarse para bloquear las comunicaciones mundiales. O irresponsablemente como arma de destrucción masiva para crear terremotos y fenómenos "naturales" para diezmar y poner a los pueblos "rebeldes" de rodillas. Con este proyecto nace el geoterrorismo. El conocido ingeniero en electricidad Pedro Gaete, Director Ejecutivo del Observatorio Sísmico Solar de Chile, afirma con contundencia que los terremotos son provocados por razones políticas. Habla abiertamente sobre los terremotos como arma, desentraña que en los últimos años —determinados poderes han utilizado esta maldita arma criminal y desbastadora, expone sus argumentos con bases científicas contundentes.

"Este es un tema delicado porque cuando la mayoría de la población lo considera un hecho natural les da licencia a estos psicópatas para usarla a sus anchas con los fines más miserables", alega visiblemente enfadado, Pedro.

Pedro Gaete, reportó al Gobierno chileno que el terremoto que afectó Chile en el año 2010, fue un pulso escalar, es decir un terremoto inducido. Sin embargo la administración de entonces extrañamente le restó importancia a sus denuncias. Pedro, explica que se entiende por geoterrorismo: "Es el uso de una arma efectiva o geofísica que permite interaccionar entre las capas tectónicas, inducirlas y crear un terremoto. Parece ciencia ficción pero la ciencia ficción ya nos alcanzó. Y la realidad es más dura que la ciencia ficción". "La gente del Pentágono ya tiene capacidad respaldada por el Proyecto HAARP, de provocar un terremoto en cualquier parte del planeta", afirma Pedro. Pedro, manifiesta que todos los sismos se producen por interacciones en cuatro dimensiones sobre la litosfera de la Tierra, con una diferencia de tiempo de doce horas. Y que es totalmente falso el tema del choque de placas y puede ser probado técnicamente. Con el Proyecto HAARP se encontró esta fuente infinita de energía y en vez de usarla como una fuente de energía inagotable para ayudar a la humanidad, han creado el geoterrorismo, aprovechándose de la ignorancia existente en el planeta. Desde el Observatorio Sísmico Solar de Chile, HAARP está siendo observado y medido. Tras un trabajo investigativo de cuatro años, ahora científicamente puede afirmarse que en Chile y Japón no fue la naturaleza sino un arma secreta para la humanidad, lo que produjo ambos terremotos.

Después de analizar esta información no sería absurdo pensar que el terremoto ocurrido en México el 8 de septiembre del año 2017, haya también sido "fabricado" por la mano maquiavélica del hombre. Y haya sido una advertencia al Gobierno mexicano que debe "obediencia" a las políticas imperialistas y a los desmanes de la actual administración. No me parecería extraño que "acaten las ordenes" de construir el muro con fondos económicos mexicanos.

Es lamentable que el mundo no despierte y se dé cuenta que ya es tiempo de cambiar nuestro talante, y obligar a todos esos políticos papanatas a que acaten el mandato del pueblo que es el verdadero dueño de los dineros que estos inescrupulosos corruptos usan para hostigarlo. No podemos admitir que estos degenerados el día menos pensado "electrifiquen" a la población mundial con esta maldita arma infernal. El hombre ignorante actúa influido por algo o por alguien. Es hasta cuestionable creer que se trate realmente de seres humanos, ya que ningún bien nacido en este planeta podría ser tan malagradecido y destruir su hogar y a su propia raza. Estos comportamientos psicópatas podrían solo atribuirse a entes ajenos a nuestra raza que se pasan por el trasero la creación humana, con el beneplácito de algún gobierno deshumanizado sin moral ni vergüenza.

«Ingeniero "halla" la prueba en imágenes de la NASA que el hombre es el causante de crear los huracanes: Harvey, Irma y José que azotaron las islas caribeñas en el mes de septiembre del año 2017». Patrick Roddie, químico y geoingeniero, afirma que los huracanes Harvey, Irma y José, que castigaron las islas caribeñas en el océano Atlántico, han sido creados por el hombre. A esta conclusión ha llegado Patrick Roddie tras analizar las imágenes de la NASA a través de la herramienta interactiva Worldview, que permite ver el planeta desde la perspectiva satelital. En su investigación el activista de Stop Spraying Us, descubrió "pautas sospechosas" en las trayectorias de los huracanes Harvey e Irma. Roddie asegura que en estas imágenes se distinguen "elementos plumosos, bruma y patrones de ola", que destaca son habituales en "las estelas de agentes químicos pulverizados", lo que pone de manifiesto la existencia de "materiales de geoingeniería" en torno al fenómeno de los huracanes. Él, subrayó que este origen anómalo de los huracanes debe inducir a la gente a "investigar el posible papel de geoingeniería en ellos".

El hombre desquiciado, ignorante e involucionado, está jugando con fuego… ¡Y se quemará!

Quien no ha visto alguna vez en los cielos a "los incansables" aviones que nos fumigan las 24 horas del día. Y nadie se hace responsable de esas acciones. Preguntados algunos políticos. O no tienen respuesta o se toman el tema para el cachondeo ya que su cerebro limitado no les da más que para ir a fondearse a las curules del Congreso o, a conectarse a las redes sociales que es lo único que saben medio hacer. Pero la realidad es que esta trama forma parte de este diabólico proyecto. Los metales pesados que echan sobre nuestras cabezas para conseguir sus nauseabundos objetivos han comenzado a crear nuevos padecimientos, como: jaquecas, irritación de garganta, narices resecas y hasta falta de sueño. El rocío de estos aerosoles forma nubes artificiales, esto se conoce como: "CHEMTRAILS". Se rosea para formar un "escudo en el cielo" con el fin de reducir la luz del sol. De acuerdo a NASA, el mundo ya ha sufrido una pérdida del 20% de la luz solar. Esto incuestionablemente traerá consecuencias graves en nuestros ecosistemas. Me pregunto, ¿hasta dónde piensan llegar estos disolutos? ¿Y hasta cuándo la población mundial despertará? Es momento de exigir responsabilidad a los gobiernos, y si no somos escuchados, echarnos a las calles. Caso contrario lo lamentaremos el día de mañana. Somos los contribuyentes de cada nación los que pagamos esos proyectos satánicos. "Por lo que deberíamos por lo menos saber, ¿de qué pretenden matarnos estos irresponsables?

El padre de Felipe, don José, me relató la historia de la señorita que unos hombres sacaron de su casa con lujo de fuerza. Él, ignorando de quien se trataba dio en alquiler una habitación que tenía demás a aquel señor de porte poco común y de aspecto intelectual que se presentó, como "Luis". Además de elegante y carismático siempre fue respetuoso y correcto. Él lo recuerda como una finísima persona de conducta intachable. Un día, llegó acompañado de una señorita muy guapa, ya que como inquilino él podía llevar a quien quisiera don José jamás objetó su compañía. Según su propio testimonio la chica permaneció en el dormitorio la mayor parte del tiempo. "El único que salía era él", me comenta. "Verá usted, justo aquel día da la casualidad que don Luis había salido, los golpes violentos en el portón de la casa hicieron pensar a Marta (madre de mi amigo) que se trataba de Felipe que había olvidado las llaves de la casa y se apresuró a la puerta, sin siquiera figurarse lo que le esperaba. Al abrir apenas pudo hacerlo". Hace una larga pausa… todavía frustrado por los acontecimientos vividos. Nervioso o tal vez indignado alza la voz casi sin percibirlo y continúa el relato. "Los hombres la apartaron groseramente y ella cayó al suelo. A causa de todo aquello por la angustia vivida le dio derrame, perdió la vista de un ojo", añade, tragándose el cúmulo de saliva que le atosigaba, y prosigue, visiblemente afectado. "Catearon la casa y encontraron a la señorita, la sacaron por la fuerza y la metieron a un carro y se la llevaron con rumbo desconocido", repone con rabia contenida.

Aquel día muy de mañana como de costumbre don José, se dirigió a la abarrotería de su propiedad ubicada a poca distancia del domicilio donde residía. El, como todos los comerciantes guatemaltecos se pasaba desde muy temprano hasta entrada la noche atendiendo su negocio. Ignorando lo que el imprevisible destino le tenía trazado aquel día atendía con total normalidad a sus asiduos clientes agarrándolo por sorpresa y en plena faena aquella noticia. Fue alertado de lo ocurrido por Carlitos, un sobrino suyo. El chico muy nervioso en lenguaje confuso le relató lo acontecido. En seguida se dirigió a su casa. A pesar de su desesperación por llegar se detuvo a mitad del camino al reconocer el vehículo de don Luis, quien se dirigía hacia la casa. Le salió al atajo llamando su atención con las manos en alto, aún se hallaban a una distancia prudente de la vivienda. Don Luis, que se hacía acompañar de otro amigo al reconocerle sin entender lo que pasaba detuvo la marcha. Don José, no obstante su alteración supo mantenerse sereno y exclamó, según sus propias palabras:

"Don Luis, ¡se han llevado a la señorita!".

En ese preciso instante hacia el lugar del encuentro un vehículo particular oscuro se dirigía, estos vehículos fueron usados por los asesinos que mataban amparados por la ley: el típico modelo "bronco". Estos grupos paramilitares operaban en automóviles sin registro, esto les salvaguardaba de estas acciones ilegales y consentía cometer todo tipo de abusos libremente en el mayor secreto. No fue el único modelo, usaron muchos otros de fabricación yanqui para consumar estos actos criminales. "El acompañante, advirtió la presencia de los policías y con voz templada, dijo: ¡Mirá lo que viene ahí! Y deslizó la mano por debajo de un libro que llevaba sobre el asiento. Yo podría asegurarle a usted que allí llevaba una pistola", repone todavía enardecido. No obstante los años los recuerdos lo exaltan. "Afortunadamente, los hombres no se detuvieron y pasaron de largo", concluye. Esa fue la última vez que él vio al místico y elegante caballero que convivió en su casa y que el sin saberlo salvó de caer en las garras de los paramilitares que secuestraron a Rogelia. Desafortunadamente contra el destino es muy difícil luchar. Aquel refinado caballero cayó asesinado días después en un enfrentamiento con la policía. Hasta el día de hoy, a sus 95 años, don José desconocía que aquel hombre carismático y distinguido era ni más ni menos que el legendario: Leonardo Castillo Johnson. Líder del PGT.

ROBIN GARCÍA

El 28 de julio de 1977 son desaparecidos Robin García Dávila, estudiante de Agronomía y ex dirigente de la Escuela de Comercio, y Aníbal Leonel Caballeros Ramírez, estudiante de la misma escuela. El 30 de julio fue hallado el cadáver de Aníbal Caballeros en la zona 11, en la ciudad de Guatemala. Y el 4 de agosto, apareció el cadáver de Robin García en Palín, Escuintla, a la altura del kilómetro 48 a inmediaciones de la finca Media Monte, con evidencias claras de haber sido sometido a crueles torturas. Este triste suceso me sobrecogió ya que a Robín llegué a conocerle. La amistad con mi primo que llamaré René, hizo sus visitas a nuestro vecindario muy frecuentes. A pesar de no ser nunca presentados sabía que al igual que René, se mantenía en la clandestinidad. Joven reservado y de naturaleza noble, así como

René, profundamente comprometido con la problemática que aquejaba al país. Desgraciadamente estas cualidades se volvieron en su contra, al volverse el clavo en el zapato de los que odiaban la justicia: policías, políticos y militares deshonestos e ignorantes que les indigestaba la intelectualidad. Su único crimen. Haber denunciado a través de los medios estudiantiles las iniquidades sociales. Su cadáver fue encontrado con huellas de haber recibido martillazos en el pecho y con las piezas dentales destrozadas.

No encuentro palabras para describir esta crueldad. A veces siento aversión de pertenecer a un espécimen prehistórico tan bajo y sanguinario. Las hienas y los chacales matan para vivir. El hombre desquiciado y primitivo vive para matar. « ¡Qué absurda y vacía existencia!».

Karl Kraus, escritor y periodista austriaco definió la maldad de los humanos de una manera simple: «El diablo es optimista si cree que puede hacer peores a los hombres».

Aunque no es mi intención desviarme más allá de los sucesos de mí vida, la historia política también representa parte de ella. No creo que haya un solo habitante de la Guatemala de entonces que no tenga algo que contar. Aquellos lóbregos días tiñeron de incertidumbre y opacidad el diario vivir de los guatemaltecos, las cotidianas injusticias conmovieron a la sociedad en su conjunto. Todos, sin excepciones, vimos o vivimos el terror de la represión. Unos callaron por temor a ser asesinados y otros optamos poner tierra de por medio para ya no ver tanto sufrimiento. Los más valientes empuñaron las armas y combatieron a los sirvientes del imperialismo estadounidense. Y los derrotaron. El precio pagado fue alto. Miles de muertos y desaparecidos.

Imprevistamente, encontré el siguiente artículo que despertó mi atención y que reproduzco a continuación: Gobierno de Guatemala rinde homenaje a los estudiantes asesinados, Robin García y Aníbal Caballeros. Treinta años han trascurrido desde que Robin García Dávila y Aníbal Leonel Caballeros Ramírez fueran secuestrados, torturados y asesinados debido a su entrega y labor social en favor de la población guatemalteca. Tres décadas después de su muerte, el Gobierno pide perdón en nombre del Estado guatemalteco por tales vejámenes y rinde homenaje póstumo a estos líderes estudiantiles. "Después de años de indiferencia en nombre del Estado de Guatemala les pedimos ese perdón por las angustias y el dolor causado durante el conflicto armado interno", expresó el Vicepresidente Rafael Espada al dar lectura a una carta escrita por el presidente Álvaro Colom a los familiares de los homenajeados. "El Estado no otorga valor económico a la vida ni al sufrimiento de cada uno de ustedes, sin embargo con el resarcimiento económico, se reconoce simbólicamente y en parte, los daños causados a cada una de las víctimas y de sus familiares", continuó. El Vice mandatario hizo un llamado para que la muerte de líderes como García y Caballeros no se quede con este perdón sino con "la lucha activa de cada uno de los guatemaltecos que quieren que ya no existan niños con hambre, ni campesinos sufriendo la inequidad y el desprecio, ni sociedades indiferentes e irresponsables. Busquemos y soñemos con una Guatemala grande como la que Aníbal y Robin querían".

—Hasta aquí el artículo—

Reconozco que las cosas han cambiado pero a mi parecer no era el gobierno de Álvaro Colom ni el de Jimmy Morales, o cualquier otro, los que deban pedir perdón, sino los asesinos y hostigadores de estos hechos. Los militares y políticos implicados debieron ser juzgados por el Tribunal Internacional y condenados por todos estos crímenes de lesa humanidad. Aún ostentan el poder económico las mismas familias que reprimieron a nuestro pueblo. No se puede cerrar un capítulo más de nuestra historia y pasar página y tal cual olvidar estos detestables y monstruosos hechos.

En la Guatemala de entonces, existían tres poderes. No son los que ustedes probablemente están pensando. No me refiero: al Ejecutivo, Legislativo o Judicial. Esos poderes eran obsoletos sin el visto bueno de la tríada que representaba los tres verdaderos poderes. Comenzaremos con el poder supremo. Es decir el primero. Lo personificaba Estados Unidos. El segundo. El CACIF. Y el tercero. El militar. Me extenderé un poquito más para aquel que no sea guatemalteco y no comprenda cómo funcionaba nuestra desestructurada vida pública y política.

Al CACIF, estaban asociadas las siguientes corporaciones: Comité Coordinador de Asociaciones Agrícolas, Comerciales, Industriales y Financieras. Entidades afiliadas: Asociación de Azucareros de Guatemala; Cámara del Agro de Guatemala; Cámara Empresarial de Comercio y Servicios; Cámara de Industria de Guatemala. De igual manera formaban parte de este entramado las "hermandades": Asociación Guatemalteca de Exportadores; Cámara de Finanzas; Cámara Guatemalteca de la Construcción; Federación de la Pequeña y mediana Empresa y la Asociación Nacional del Café.

Como habrán podido apreciar aquí estaba congregada la flor innata de la eterna explotación. No se necesitaba ser ni siquiera medianamente inteligente para adivinar quién mandaba en Guatemala. Para hacer corta esta incomoda historia nada más detallaré como estos poderes en la práctica funcionaban: Los yanquis ordenaban. El CACIF obedecía a sus amos y hacía extensivas las órdenes. Objetivo deseado —defender con uñas y dientes las órdenes del poder supremo. Y para este trabajo sucio tenían a sus sirvientes, los militares, que siempre dispuestos a masacrar a su propia gente cumplían a raja tablas los dictámenes. Hasta aquí me he referido en tiempo pasado. No me atrevo ni siquiera a pensar que aún los usos y costumbres sean los mismos.

René, gracias "a su buena estrella" logró evadir a los grupos paramilitares en más de una ocasión. El día del secuestro de

Aníbal y Robín, pudo ser la tercera víctima. Por aquellos días anduvo como judío errante. Aquella cálida mañana del mes de agosto de 1977, como ya venía haciéndose costumbre llegué a temprana hora a casa de mí madrina Amanda, esposa de mi tío Francisco y madre de René. Ella siempre me consideró un hijo más y me atendía de igual forma. Cuando René se vio obligado a desaparecer la vi sufrir. Si bien siempre sonreía yo sabía que no era feliz y que había un vacío en su vida. Mi tío Francisco, tampoco podía ocultar su dolor. Hablaba poco de su hijo como tratando de convencerse así mismo que todo andaba bien. Afortunadamente, René terminó ileso y años después al firmarse los acuerdos de paz pudo retornar a casa. La peor parte la llevaron los progenitores que cargaron con la zozobra y el sufrimiento hasta el final de sus vidas. Al igual que los seres queridos de los miles de desaparecidos.

Serían las 8:30. Al llegar a la casa noté que había un poco de agitación y no era para menos, la noche anterior, René había estado a punto de ser detenido por agentes de la policía. La noche en mención, Ernesto, y el que hoy escribe esta sencilla historia le llevamos a las cercanías del cuartel de policía El Guardián donde años atrás durante la presidencia de Carlos Manuel Arana Osorio estuve a punto de ser esquilado y avergonzado por los agentes que seguían las órdenes de este tirano. A unos trescientos metros del mencionado cuartel siguiendo siempre sus instrucciones nos detuvimos apenas unos segundos para no levantar sospechas. Internándose sigilosa y velozmente en un callejón oscuro sin más, desapareció de nuestra vista. Esa noche no supimos más de él.

Esa mañana le vi la cara descompuesta, en ella podía percibir que estaba atemorizado y que algo grave había ocurrido. Don Sebastián, en complicidad de mi primo Edgar, había resuelto llevarle a una recóndita región del occidente del país para protegerlo mientras se encontraba otra solución más prudente. Tal vez sacarle del país. Queriéndolo como a un hermano, pedí unirme al pequeño grupo. Al abandonar la casa lo hicimos con la debida cautela. Sabíamos que estos grupos operaban en la clandestinidad y con total impunidad. De ser perseguidos era poco lo que podíamos hacer. La única arma en nuestra posesión durante aquel largo viaje fue el revólver que portaba don Sebastián, que habiendo sido un funcionario policiaco rígido y honesto se había ganado la antipatía de algunos funcionarios corruptos. Durante los años de gobierno del General e Ingeniero Miguel Ydigoras Fuentes fue acusado de conspirar contra el régimen y en una ocasión fue ametrallada su residencia y como consecuencia de ello debió apartarse de la vida pública durante algún tiempo.

Los primeros momentos fueron de muchos nervios. Al dejar la 37 avenida de la calzada San Juan y alcanzar la calzada Roosevelt (en este lugar murió el teniente guerrillero Turcios Lima, a la altura de la tienda "Chiqui") enfilamos rumbo a occidente, ya aquí el tráfico se redujo y la marcha fue más acelerada. A 54 kilómetros hicimos el primer alto. El restaurante típico se hallaba prácticamente vacío. Mis acompañantes, para rebajar la extrema tensión que nos había asediado desde que dejáramos la ciudad, pasaron del café y se humedecieron la seca garganta con un aperitivo. El estrés y el nerviosismo sin siquiera notarlo elevaron nuestra destemplanza corporal.

El camino fue largo y las paradas se hicieron más frecuentes. Mis entrañables y muy recordados camaradas, inclusive nuestro protegido, dificultosamente podían sostenerse en pie, el aire fresco de la serranía terminó casi doblegando la última pizca de brío que conservaban, el orgullo era lo único que los sostenía ahí frente aquella suntuosidad natural. Don Sebastián, parado en una saliente de roca miraba desafiante casi con engreimiento aquella hondonada que pareciera no tener fin, mientras nos pintaba aquella acuarela con la experticia de un buen conocedor de aquel terruño —que aunque no lo expresó, sé que lo echaba mucho de menos. Ya era de noche y aún nos encontrábamos encallados a mitad de un camino rural, rodeados por colinas montañosas de los Cuchumatanes y por enormes acantilados. La estreches de este pasaje al igual que en la selva petenera hacía imposible el paso de dos vehículos al mismo tiempo. A la luz del día pude apreciar las profundidades de las enormes hondonadas, y de cómo habíamos temerariamente desafiado la fatalidad esa noche.

Ya habríamos recorrido unos 285 kilómetros y aún nos hallábamos a más de una hora de nuestro destino final. Aquello que comenzó por la mañana con temor y seriedad terminó convirtiéndose en jugueteo a orillas de aquellos profundos precipicios que helaban la sangre y hacían temblar las rodillas al más valeroso. Aunque el tiempo ha pasado no quiero describir exactamente el lugar final de nuestro viaje. Lo que sí es meritorio: un recuerdo y agradecimientos a toda esa gente solidaria, sencilla y hospitalaria que se desvivieron en atenciones a pesar de no conocer a algunos de nosotros.

Esta visión a través del recuerdo todavía permanece intacta, viva y latente con la claridad de aquellos cielos en que el azul claro se iba fundiendo escalonadamente en tonalidades verdosas, por allá por donde hacían tope los últimos contrafuertes de la asombrosa Sierra de los Cuchumatanes. Aquí quedó grabada esa mágica visión, fundiendo emociones y sobresaltos de aquel imprevisto recorrido por estas tierras dotadas de hermosura por "los dioses". Este viaje a pesar de las circunstancias también dejó gratas evocaciones.

«Antes de proseguir quiero aquí también hacer una nueva interrupción. Ya que aquí, un poco más al norte en la dirección en la que nos encaminábamos aquella fría noche, sus pobladores tampoco escaparon a estos inmorales y perversos criminales».

La masacre selectiva invariablemente incluía, como patrón propio, algún elemento claro de la selección de víctimas, específicamente consideradas. Entre estos elementos utilizados por los victimarios se distinguían: los listados de nombres llevado por los hechores; el empleo de un "señalador", una persona generalmente encapuchada que identificaba ante los victimarios a los supuestos guerrilleros o sus colaboradores; la ejecución arbitraria de determinados miembros de una o ciertas familias; o la ejecución arbitraria de determinados miembros de un grupo, como cooperativistas, rezadores y catequistas. Es importante señalar que en muchos de estos casos el "señalador" había sido capturado previamente y luego inhumanamente torturado para lograr su colaboración en este tipo de operaciones.

«Esto ocurrió en la población pintoresca de San Mateo Ixtatán, Huehuetenango, en julio de 1982, en medio de la campaña militar más intensa en esa región».

TESTIMONIO

«"En aquel día los soldados llegaron llevando a un guerrillero enmascarado y amarrado. Tenía como una gorra sobre su rostro... reunieron a las mujeres en un lugar, y los hombres en otro. A ellos los pusieron en cinco filas, luego el guerrillero pasó cinco veces entre los hombres... diciendo 'aquél sí, aquél no'... Este guerrillero caminaba como un loco. No podía caminar bien y apenas logró sostenerse a pie. Vimos una parte de su cara que era hinchada y tenía moretones, tal vez lo habían pegado. Creo que ya había perdido el control y sólo imaginaba quienes entre nosotros eran guerrilleros... Después de haber señalado 37 o 38 hombres el ejército nos obligó a afilar palos igual que los palos que usamos para sembrar maíz. Nos preguntó el teniente, ¿saben cómo matar a la gente...? Nos enseñó cómo matar, era como sembrar milpa, sólo en el cuello de las gentes en vez de en la tierra. Nos dijo el teniente. Ustedes saben cómo manejar machetes', y nos obligó a machetear nuestros hermanos. A unos les quitamos la cabeza, a otros los brazos. Unos aguantaron mucho y sufrieron mucho el dolor. Al fin unos quedaron puros trozos, otros no murieron. ¿Por qué no murió éste?, dijo el teniente. "¿Saben ustedes cómo manejar esta arma? ", y luego él disparó a los que no habían muerto todavía. La verdad es que no sabíamos manejar armas. Luego obligaron a los hombres de hacer un hoyo grande para echar los cuerpos. Los cadáveres todavía se encuentran allí"».

"Historias verdaderamente escalofriantes, impactantes, donde la realidad superó a la ficción. Los comentarios saldrían sobrando".

Volvemos a nuestro relato. La muerte de Robín y Aníbal trajo consigo consecuencias irreversibles para René, quien ya no encontró tranquilidad en ningún sitio. Esto marcó un antes y un después en su vida. Si bien no envidiaba su situación lo admiraba, pero no podía concebir que fuera capaz de renunciar a la carrera universitaria y a la pequeña finca que el padre le había delegado y sobre todo arriesgara su vida por un ideal. No lo comprendí entonces pero pasados los años entendí que la lucha sacrificada que iniciaron personas como él fue digna de imitarse. Gracias a ellas quedó atrás el periodo más oscuro de nuestra historia reciente. Aunque lamentablemente miles de ellos no vivieron para ver esos cambios.

El siguiente episodio que paso a relatar, hasta el día de hoy sigue para mí siendo un misterio. ¿Que realmente pasó aquel día? Iban ya siendo las doce del mediodía. Se había mantenido el secretismo, probablemente por órdenes de los dirigentes de la organización que lo sacaría, sin embargo sabíamos que él dejaba el país. Sí bien, el, siguiendo las reglas o el protocolo establecido solicitó ser acompañado exclusivamente por Edgar, no acatamos aquel deseo. Él no lo advirtió ya que actuamos con cautela y mucha discreción, a todo lo largo del recorrido conservamos distancia prudente para no despertar sospechas caso fueran perseguidos. Al parecer la suerte no estaba de nuestro lado aquella acalorada tarde, al llegar al aeropuerto les perdimos, en aquellos minutos de confusión nadie supo precisar hacia donde habían tomado. La búsqueda desesperada resultó infructuosa. La intranquilidad se hizo más delirante cuando echamos de ver que abriéndose paso entre la multitud de bulliciosos viajeros se acercaba a lo largo de la espaciosa sala, Edgar, quien llegaba hondamente alterado y hecho un nudo de nervios. "Se perdió… No sé qué ocurrió". Sobrecogido, trató de dar explicaciones. Pasados los años me pregunto sí él no sabía que todo aquello sucedería y que René desaparecería de esa manera entre aquel grupo de viajeros que ignorando el motivo de nuestra presencia iban y venían sin siquiera notar nuestra zozobra. Oficialmente se dirigía al Caribe. Don Sebastián, teniendo todavía contactos a nivel administrativo solicitó hablar con el garante de seguridad del aeropuerto, y así corroborar sí en efecto había dejado el país. Nadie supo dar explicaciones, según datos obtenidos nunca dejó Guatemala. En el supuesto vuelo no aparecía registrado, al menos con su nombre de pila. Esa tarde se cerró un capítulo más de su vida. No fue visto más. Supe de él, hasta aquel día que llegó una carta sellada, si mal no recuerdo, en Francia. Fue un alivio saber que se hallaba fuera del país y sobre todo con vida. A partir de esos años nuestro contacto fue relativamente nulo, me ponía al corriente de los pormenores de su situación en el exilio a través de la madre. Por seguridad de la familia era de suma importancia que nadie supiera de él, mucho menos de sus andanzas.

En Guatemala las cosas siguieron de mal en peor. Como René, por intimidaciones fueron expulsados del suelo patrio miles de guatemaltecos que tratando de salvar a sus familias prefirieron abandonarlo todo. Algunos se fueron solamente con lo puesto.

A principios de 1980, yo también dejé Guatemala. Algo que relataré más adelante. Pero antes quiero cerrar este capítulo de mí vida. Así, que adelantaré algunos hechos vividos ocho años después, es decir: en 1988. Para estos días nuestro contacto ya era personal, sabía que vivía en el Distrito Federal, México. Ya teníamos cerca de nueve años de no vernos. A mediados de ese año decidí con mi familia viajar a Guatemala. A decir verdad no me hacía ninguna gracia regresar, sabía que las cosas seguían igual, las arbitrariedades, expulsiones, persecución y asesinatos continuaban. Por aquellos días René tenía en su agenda viajar a San Cristóbal de las Casas, probablemente, para coordinar las ayudas a los refugiados guatemaltecos desplazados que vivían en los campamentos de acogida en el sur de México.

Antes de continuar con mí relato quiero invitarles a conocer "este lugar encantado".

Este precioso pueblecito está enclavado en una hermosa zona de la meseta conocida como San Cristóbal que forma parte de las montañas del norte de Chiapas, México. San Cristóbal de Las Casas fue una de las primeras ciudades edificadas en la agraciada Norteamérica española. Es denominado pueblo mágico, aunque en realidad posee la cualidad de ciudad. Por diversas razones esta ciudad ha tenido cuando menos diez nombres diferentes, quedando finalmente el de "San Cristóbal" en honor al santo patrono de los viajeros, y "de las Casas" por fray Bartolomé de las Casas, que fue el primer obispo de la ciudad y luchó incansablemente como muchos recordarán por los libros de historia, para abolir la esclavitud de los indígenas, no sólo en esta región sino en muchos otros confines del Nuevo Mundo.

En esta localidad, una de las más bellas de México por su armónica composición urbana podrá el viajero hallar solemnes edificios religiosos, como: la Catedral o el Templo de Santo Domingo, revestidos con profusos detalles de estilo Barroco y manufactura indígena que perpetúan la herencia cultural de las etnias aborígenes: tzotziles, tzeltales y lacandones, que residen en sus alrededores y de quienes también podrá observar exóticas colecciones de objetos de uso cotidiano, artesanías y piezas prehispánicas resguardadas en instituciones de amplia tradición antropológica y filantrópica como el Museo Na Bolom. O el Centro Cultural de los Altos de Chiapas.

Después de haber hecho una rápida descripción del escenario que sería nuestro lugar de encuentro, continuamos. Al llegar a Guatemala procedentes de Europa, coincidimos con la madre de mí esposa que llegada de Nueva York se encontraba alojada en la casa paterna familiar. Sabiendo de nuestra llegada al país y queriéndonos agradar, fuimos invitados a viajar a Honduras. Ella con intención de visitar a su familia había planeado este largo viaje. Creyendo podría realizarlo y regresar a tiempo a Guatemala para proseguir hacia México y poder concertar la cita que tenía proyectada, acepté gustoso. Aunque había un dato inesperado del que no estaba al corriente, aquel viaje se haría por aire en una avioneta particular. Y esto me descompuso.

"Acepto… No me hizo mucha gracia".

Probablemente a muchos les hubiera halagado emprender aquella aventura. A pesar de haber atravesado un par de docenas de veces el Atlántico no termino de acostumbrarme. Un tanto intrigado por el aspecto de aquella nave, pedí a Alejandro me acompañara que por ser hijo de militar conocía perfectamente la ubicación de los hangares. Una chica muy agradable y simpática cortésmente nos indicó el sitio donde podíamos localizarla. Pudimos adivinar que sería la nuestra, pues era la única ahí estacionada, sin asientos ni puertas y con aspecto de desguace, aquella escena acrecentó mí suspicacia.

¿A lo mejor nos habíamos equivocado de lugar y aquel no era el sitio que buscábamos?

Estas interrogantes acabaron despejándose. Un hombre de complexión fuerte y estomago pronunciado, bajó de un pequeño jeep, con voz aguda casi chillona que no correspondía al ciclópeo cuerpo respondió a nuestro saludo y acto seguido se dirigió a la parte trasera del vehículo para descargar, caja de herramientas y repuestos. Y nos expuso que efectivamente se trataba de la avioneta de Pedro Antonio "el catracho" (hermano de la madre de mi esposa) pero que tardaría probablemente varios días en hacer aquellas reparaciones (catracho: gentilicio usado para referirse a los originarios de Honduras). Me despedí de él satisfecho y aliviado. Sin avioneta no habría vuelo por aire y esto me reconfortó. Ya me miraba haciendo la travesía hacia la Ceiba, Honduras, en aquella pequeña nave impulsada a voluntad por las ráfagas de aire. Aunque nuestro destino final fue Trujillo, junto a la costa del Mar Caribe.

Veintiún años después "la Aerolínea San Pedro" propietaria de la pequeña avioneta en reparación, continuaba sus actividades. Quiero anexar este pequeño artículo publicado por el periódico El Tiempo de Honduras, en el año 2009. Cuando aún no poseía la flotilla de aeronaves que posee el día de hoy, 2018.

—Aerolínea hondureña presenta nuevo avión—

Fuente: tiempo.hn, 2009

"Aerolínea San Pedro", presentó al nuevo integrante de su familia, el avión SAP340-B con capacidad para 33 pasajeros y tres tripulantes. El presidente de la aerolínea, Pedro Antonio Serrano, señaló que el SAP340-B volará de la Ceiba a San Pedro Sula y Tegucigalpa. Tiempo recoge declaraciones de Pedro Antonio Serrano: "Ésta millonaria inversión tiene como propósito modernizar su flota y apoyar el desarrollo del país, principalmente de la Ceiba, ya que esta institución ha nacido y crecido en esta localidad".

El nombre del propietario así como el de la empresa han sido cambiados. Las actividades comerciales de esta empresa han alcanzado auge en toda la zona y aún continúa operando (año 2018). El día de hoy tiene oficinas en La Ceiba, Tegucigalpa, San Pedro Sula, Utila, Roatan, Guanaja, Guatemala y Miami, Estados Unidos. En la actualidad cuenta con aeronaves más modernas: Bombardier CRJ-200, SAAB 340B entre otras, que pueden llegar a contar con cincuenta butacas.

Por transporte no quedaría. Con una propuesta más terrenal se concertó contratar los servicios de José. El día convenido se presentó muy de mañana en su pequeño microbús, Toyota Hice Lux, color mostaza, él había cumplido pero los pasajeros no terminaban de salir. En Guatemala no nos llevábamos muy bien con la puntualidad y aquel día no fue la excepción. Nuestro paciente amigo que se hacía acompañar de su ayudante, Tiburón, esperaba por nosotros en el exterior de la casa, resignado. Aunque en el fondo le importaría poco el retraso. O quizá ni lo notó. Ellos ya habían cumplido la primera parte del convenio. Estaban allí. El color oscuro intenso de la piel de Tiburón desentonaba con el color bronce acaramelado de José, su figura abultada y sus cortas extremidades y aquel bigote acicalado le proporcionaban un perfil difícil de olvidar.

Por fin... como pudimos nos acondicionamos. Sabíamos que teníamos un largo camino por recorrer y a la larga se comenzaría a sentir la incomodidad pero la ilusión de los más chicos y su inocente y febril entusiasmo contribuiría hacer más placentera la larga trayectoria. El calor espantoso no se hizo esperar y la necesidad de mitigar la sed nos forzó a interrumpir en varias ocasiones la marcha. Finalmente llegamos a la primera meta de nuestro viaje. Esquipulas.

ESQUIPULAS

Esta comunidad está ubicada a 222 kilómetros de la ciudad de Guatemala. Quizá para el que nunca haya estado en Guatemala, o conozca poco de nuestro terruño pueda resultarle un poco curioso e interesante conocer de nuestras costumbres y creencias. Antes de internarnos en territorio hondureño quisiera por lo antepuesto hacer un poco de historia de este lugar emblemático. Originalmente fue lugar de asentamiento de indígenas del grupo

Chortí, fueron ellos quienes en principio denominaron la ciudad: Yzquipulas. Según consta en el libro del Cabildo. Yzquipulas fue conquistada en el año 1525 por los capitanes españoles Juan Pérez Dardon, Sancho de Barahona y Bartolomé Becerra, quienes fueron enviados por Pedro de Alvarado. En abril del año 1530 los esquipultecos consiguieron recuperar la ciudad debido a la crisis política creada en la Capitanía General a causa de la insurrección contra la autoridad del Rey de España. Más tarde es definitivamente reconquistada por orden del gobernador interino Francisco de Orduña, por los capitanes Pedro de Analin y Hernando de Chávez, quienes consiguieron la rendición del cacique de Yzquipulas después de tres días de feroces y cruentos combates.

Finalmente, los españoles fundaron la villa entre 1560 y 1570, con el nombre de "Santiago de Esquipulas", topónimo que mantuvo durante toda la época colonial. La actual cabecera del municipio alcanzó la categoría de ciudad el 11 de octubre de 1968, y su templo fue elevado a Basílica por Bula del Papa Juan XXIII —el 16 de abril de 1961, fecha en que además recibió la categoría de "Ciudad Prelaticia".

EL CRISTO NEGRO DE ESQUIPULAS

Representa la imagen de Jesús Crucificado. La posición de la cabeza está dirigida hacia adelante, ligeramente volteada hacia el lado derecho, el cabello está tallado en forma trenchada y picado con camino al centro y un mechón al aire; sobre su costado derecho se le aprecia la oreja izquierda, el resto del cabello cae hacia la parte de atrás. La frente redondeada, con una expresión de serenidad como si fuese el momento de la expiración, ya que la boca la tiene un poco entreabierta, dejando ver la lengua, fruncido el ceño, los pómulos bien definidos y resalta la barba, que se divide en dos bucles a la usanza judía, perfil semi-aguileño. Se conoce como Cristo Negro, debido a que a lo largo de más de

400 años de veneración la madera en que fue tallado ha adquirido la tonalidad oscura. Este lugar ha sido considerado santo por muchos creyentes y es visitado por feligreses de toda Centro América y México. Algunas personas la consideran "la meca" centroamericana del Cristianismo. Mi padre, al igual que sus hermanos acostumbraban como creo lo hemos hecho casi todos los guatemaltecos alguna vez, visitar la iglesia del Cristo Negro de Esquipulas. Sin embargo para ellos el peregrinaje fue de manera totalmente diferente, una verdadera odisea, según sus propios testimonios. Lo hacían llevando carretones tirados por mulas o caballos que transportaban todo lo que precisaban para la larga romería, dormían a la intemperie bajo el manto de estrellas y a la luz de la luna, y durante el día caminaban bajo los radiantes y tormentosos rayos del sol. Una verdadera penitencia. A pesar de las penitentes penurias y de tanta incomodidad aquel viaje de fe y esperanza también tendría su embrujo.

Siendo aún muy chico en compañía de amigos y familiares en varias ocasiones cumplí con este ritual. En una de estas visitas ocurrió un incidente que me acongojó. Aquel mediodía movido por curiosidad o por imitación a los mayores me encaminé hacia la entrada del templo. En el atrio, vi a una mujer muy humilde que trataba de ganar terreno, se dirigía también en la misma dirección, pero lo hacía de una manera muy poco usual. Fue impactante, apenas era un niño y no podía aunque me esforzaba entender el motivo de aquel sacrificio. La pobre mujer de rodillas trataba de llegar al altar donde reposaba el "Cristo Negro", sus rodillas ensangrentadas iban dejando huella en aquel triste peregrinar. Por mí sensibilidad "traté de ignorar" aquel gesto tan susceptible que me conmocionó.

Así como a esta mujer con mis castos pensamientos le deseé entonces, deseo hoy que todos los actos de fe reciban de igual forma compensación de la vida y de la Energía Universal. En lo personal estoy en contra de llegar a estos extremos "para ser escuchados". Entiendo que este sacrificio es una ofrenda, "una forma de pago", pero totalmente innecesario. Y esto lo digo con todo el respeto que estas humildes personas se merecen. Sé, que la fe sin duda alguna es un incentivo de consuelo y esperanza, acostumbramos a decir que mueve montañas aunque en el fondo sabemos que es nada más una expresión simbólica de decir las cosas. Ya sea esto producto de la casualidad o porque las cosas tenían que tomar este cauce muchas de las personas que acuden a este santuario más de alguna vez han sentido fortaleza y han resuelto sus problemas después de su visita. Independiente de la causa a estos fieles devotos les dará lo mismo y continuaran con sus fervorosas visitas de fe y esperanza.

Luego de nuestra "obligada penitencia", continuamos hacia Agua Caliente, puesto fronterizo que une Guatemala con nuestro vecino, Honduras. Al hallarse este lugar a escasos 10 kilómetros de Esquipulas su corto recorrido lo realizamos en pocos minutos. Habiendo recorrido ya más de 222 kilómetros restaban 277 para alcanzar nuestra próxima meta, San Pedro Sula. Si bien, por fortuna, solo parte del equipaje fue revisado, la paciencia y el desgano de los funcionarios se tradujo como siempre suele pasar en nuestros países con lo relacionado a las gestiones burocráticas, en pérdida innecesaria de tiempo. Libres de controles fronterizos tiramos para adelante al compás de las voces graves de los chicos que con sus cantos inocentes nos deleitaban ajenos a la pesadilla de ser adulto.

Era patente la diferencia geográfica de aquella abrupta región el terreno quebrado y las profundas hondonadas nos habían acompañado un buen tramo del camino. José, el conductor, conocedor de esta comarca reparó mí curiosidad y sin más, señaló: "De allí proviene el nombre de Honduras". Después de muchos contratiempos arribamos por fin a la segunda ciudad de mayor importancia del país, fue fundada por Pedro de Alvarado, originalmente con el nombre de San Pedro de Puerto Caballos, el 27 de junio del año 1536. En la actualidad esta ciudad cuenta con más de un millón de habitantes. La industria ha hecho de ella una ciudad prospera. Uno de los mayores encantos de San Pedro Sula es su ubicación dentro del denso Valle Sula. Este hermoso valle está rodeado de montañas cubiertas por una espesa vegetación. Su fastuosidad natural ofrece al visitante un recorrido caprichoso e inolvidable.

Al dejar San Pedro Sula de antemano sabíamos que teníamos un buen tramo por recorrer, religiosamente 203 kilómetros hasta alcanzar La Ceiba. En las autopistas modernas esta distancia se superaría al máximo en dos horas pero por aquellos quebradizos caminos de terracería y con la sobrecarga que iba soportando el pequeño microbús percibimos que sería un largo e incómodo y sobre todo aburrido recorrido. Armados de paciencia y abatidos por el intenso y abrumador calor comenzamos la larga travesía. La gente campesina se caracterizaba por su amabilidad, cortesía y sobre todo su sencillez, aquí estos patrones de conducta al igual que en Guatemala, se conservaban.

Una explanada amarillenta de extensos cultivos de piña adornaban encantadoramente el ejido como dando la bienvenida a visitantes que como yo, en su vida, habían visto un sembradío en su hábitat natural. Al otro lado de este jardín natural se escondía la seductora ciudad. La Ceiba está ubicada en la costa norte de Honduras, junto a la Riviera del Mar Caribe. Y es la tercera ciudad en importancia. El origen de su nombre es bastante curioso. Cuentan los pobladores de la existencia de una frondosa ceiba, que estaba situada cerca de la actual barra del rio cangrejal, según ellos, antes de 1877 se asentaban debajo de este árbol varias champas que servían para dar cobijo y descanso a lugareños y a visitantes. Y de esta forma se acostumbraron a llamarle a este lugar: La Ceiba. Esta región por su clima cálido es muy adecuada para el cultivo de frutas. La toronja, el banano y la piña se hallan entre su variedad selectiva. Parajes de belleza inconmensurable como tantos de nuestra América. Por aquellos dorados tiempos caminar por las calles con una cámara fotográfica por los hombros, anillos y colgantes, era algo natural. El día de hoy esto sería impensable (Honduras, según la ONU es el país más violento del mundo). Es muy fácil moverse por La Ceiba, sus dos inconfundibles avenidas paralelas: San Isidro y 14 de Julio llevan de sur a norte en línea perpendicular a la costa, convirtiéndose en puntos de referencia. Así que encontrar la casa del tío Pedro Antonio, propietario de la dichosa avioneta que seguramente aún se hallaba "botada" en el hangar en Ciudad de Guatemala, no sería muy complicado.

Seguidamente después de las rigorosas presentaciones cada quien jaló para el lado que se sentía más cómodo, a lo largo del traqueteado viaje había hecho muy buena amistad con Chepe y Tiburón, me uní a ellos, que ni lerdos ni perezosos huyendo del inclemente sol que todavía nos abrumaba se hicieron de la primera sombra al otro lado de la calle, donde charlaban muy animosos bajo un cocotero. Esta bonita amistad que surgió con aquellos dos hombres jugó un papel significativo un año más tarde cuando debí volver a Guatemala por razones personales. Pero no quiero adelantar acontecimientos.

Antes de continuar hacia Trujillo compartimos con nuestros anfitriones parte de la mitad de aquella calurosa tarde, casi asfixiante. Entre aperitivos, anécdotas y recuerdos transcurrió el tiempo. Tengo recuerdos muy vagos de algunos detalles que envolvieron nuestra presencia por aquellos lares. En absoluto me planteé alguna vez escribir sobre mí vida. El deseo de hacerlo se ha manifestado en los últimos años. En el fondo lo hago con el afán de que mis hijos y mis nietos conozcan algo de lo que debí vivir, ver y sentir. Las emociones, alegrías y tristezas de mí vida. Ellos han tenido la dicha de nacer y crecer en «otro mundo», jamás han visto las injusticias e iniquidades de la vida ni mucho menos el dolor que ocasiona el hambre y la miseria.

Amparados por la frescura de la tarde nos echamos de nuevo al camino. Nuestro destino final quedaba a 173 kilómetros. Esta distancia era la más corta entre ciudad y ciudad que hasta ahora habíamos recorrido. Sin embargo debido a las condiciones del terreno sabíamos que tomaría varias horas en superarla. Noté la preocupación en el rostro de nuestro conductor, nunca imaginó el difícil acceso en algunos tramos del escabroso y estrecho camino. No quiero decir que estuviera en malas condiciones, se encontraban en estado aceptable pero el excesivo peso y los baches ocultos podían echar a perder el tren delantero o los amortiguadores y, esto, inevitablemente le mantenía la mosca en la oreja a mí malhumorado amigo.

Caída la tarde ya en los albores del anochecer, llegamos al final de Honduras. Aquí terminaban sus potestades terrenales y empezaban los señoríos del Mar Caribe. En la lejanía, protegidas por las impasibles aguas del mar divisamos las que parecían ser las islas de la Bahía: Roatán, Guanaja y Utila (las más grandes). Destacando entre ellas Roatán, isla paradisiaca de hermosas playas de arena blanca y colinas cubiertas de una sorprendente y extraordinaria selva tropical. Está rodeada de arrecifes coralinos lo cual hace de ella una excelente elección para los amantes del buceo y la pesca. Posee la mejor infraestructura turística. El idioma predominante es el inglés. Si bien debería serlo el español, que es el idioma oficial del país.

Según la historia, durante la Colonia, ingleses y españoles se enzarzaron en sendas disputas por el poder de las islas.

«Quiero corregir. Estas islas están situadas a 69 kilómetros del litoral de Trujillo, por lo que efectuamos un mal "análisis" el primer día a nuestro arribo. A lo mejor fue la bruma lo que nos hizo creer que los espesos neblinosos formaban parte de ellas».

Como en la Ceiba, aquí el recibimiento fue el mismo, efusivo y cordial. El curioso Tiburón, escudriñando por la playa había hecho "un sorprendente hallazgo" —contiguo a esta había un bar... "Jamás cierra ni siquiera tiene puertas", agregó exaltado. Esa noche, pasamos varias horas charlando en aquel acogedor lugarcito a orillas del mar. Las menguadas ráfagas de aire apenas penetraban meneando con inapetencia las ensartas de listones colgantes de nácares que ahora remplazaban las puertas, no así el mecedor y penetrante ruido del vaivén de las aguas que aunque tranquilas resonaban en todo el recinto a cada estrepitoso golpe de ola manifestando la magnificencia de su poder. A la mágica noche aún le quedaban algunas horas de oscuridad pero nuestros extenuados cuerpos no daban más. Precisábamos descansar.

Podríamos decir que toda la ciudad de Trujillo se extiende a lo largo de la playa o viceversa. Lugar hermoso para pasar unas vacaciones sanas y placenteras. Posee algunas de las playas con palmeras más bonitas del país. También sus aguas tranquilas protegidas por la bahía son bastante populares.

Hoy que escribo estas humildes líneas y veo a través de la ventana el cuadro que tengo ante mí, siento remembranza y añoranza de aquellos días, estamos en invierno, y desde hace varias semanas todo el país "está sepultado por la nieve". No puedo a pesar de sus gélidas temperaturas: 25 grados centígrados negativos, negar que los techos y árboles cristalizados aportan una belleza portentosa a esta vista panorámica. Verdaderamente, no es simplemente el frio y la nieve la que agobia nuestros corazones. "La eterna oscuridad" nos deprime, la frialdad, el egoísmo y la indiferencia de sus pobladores nos enferma y nos hace recordar a cada instante que no pertenecemos a su recelosa sociedad. ¡Sí! ¡Claro que sí! Nos hemos integrado. Hablamos su idioma. Conocemos nuestros derechos y por supuesto sabemos cuáles son nuestras obligaciones. No obstante continuamos siendo ciudadanos de segundo orden. En tiempo de crisis somos los últimos de la lista y los primeros en despertar la furia colectiva. Indudablemente, sería injusto generalizar ya que hay gente buena y solidaria que se ha identificado con el asunto migratorio. A la sociedad sueca también le tocó un día, debieron dejarlo todo o lo poco que poseían para buscar una nueva vida en "la tierra prometida", y ellos al igual que los anglosajones se lanzaron a la aventura "de la conquista de América". Porque aunque parezca increíble y alejado en el tiempo, Suecia, al igual que muchos países hoy desarrollados, tampoco fue ajena al feudalismo y a las inadmisibles injusticias sociales. Sin embargo poco aprendieron de ello, llevaron con ellos el talante de la ambición, y tampoco fueron ajenos al despojo de tierras que sufrieron los nativos que abnegadamente les abrieron las puertas del gran país que ahora muchos reclaman como propio, y algunos hasta pretenden levantar muros en vez de levantar puentes para hacerle justicia al pasado y a su triste historia.

Con la nueva mañana llegaron nuevos embelesos. El original olor a mar circundaba toda la costa caribeña. Recorrimos algunas de sus pintorescas y coloridas calles contestando al ineludible saludo de todos los lugareños. Detalle para mí muy significante. Quiero subrayar. O quizá machacar en lo mismo. El sueco es huraño y de ningún modo trata de entablar amistad con gente desconocida, llegando a veces a extremos insólitos de negar el saludo a sus propios vecinos.

Mientras los más pequeños y las mujeres se internaban en las mansas y tibias aguas del mar me acomodé plácidamente en una butaca. La pestaña de palma que cubría esa parte exterior norte del comedor que daba al mar, estaba sostenida en la parte inferior únicamente por tres rústicos sostenes, dos en los extremos y el que sostenía la parte central. Y en su parte superior por la viga transversal en la que descansaba parte del resto del techo que cubría el acogedor y sombreado ranchón. La parte interior de la típica construcción playera tenía sus lados protegidos con tablas de madera rustica sobre pintadas que alcanzarían a lo sumo los 125 centímetros de altura, para dejar el agasaje de la vista al mar a los comensales. Absorto, hacía recuerdos de mi vida en Europa y del lujo que para algunos representaba estar tendidos en una playa veraniega; playas donde los bañistas por falta de espacio terminaban empacados como sardinas. El retorno bullicioso de los chicos me hizo volver al paraíso terrenal. Hambrientos como lobos no terminarían hasta lograr su propósito. La propuesta culinaria era incuestionable. ¡Si estábamos junto al mar! ¿Cómo iba a ser de otra manera? Mariscos para los mayores y, para los chicos, ya se las ingeniaría nuestra hábil cocinera.

Ya que nos encontramos por estas tierras me agradaría hacer un recorrido por el tiempo. Como todas las ciudades coloniales de América, Trujillo también tiene su historia. Descubierta por Cristóbal Colón en 1502, se convirtió en una de las primeras capitales del Nuevo Mundo. El florecimiento económico atrajo a piratas ingleses a la zona. Al igual que el Castillo de San Felipe, en Guatemala, para proteger el patrimonio español se construyó aquí la Fortaleza Santa Bárbara de la cual aún quedan vestigios. Permaneció abierta hasta después de la captura y ejecución de William Walker, corsario estadounidense que fue fusilado en Trujillo el 12 de septiembre de 1860.

William Walker nació en Nashville, Estados Unidos, y llegó a ser presidente de Nicaragua, pretendió establecer un estado esclavista en Centroamérica. Fue derrocado y tuvo que refugiarse en Costa Rica. Al ser expulsado de este país se dirigió a Honduras pero para su mala suerte en Trujillo fue capturado y ejecutado. Aquí descansan sus restos.

CULTURA GARÍFUNA

Como en el resto de la costa norte de Honduras, también viven comunidades garífunas en la zona de Trujillo. El Barrio Cristales es un sector eminentemente garífuna. Los garífunas pertenecen a un grupo étnico afro descendiente que reside en varias regiones de Centroamérica, Caribe y Estados Unidos. En Guatemala, la mayoría de la población garífuna se agrupa en las comunidades de Izabal, Livingston y Puerto Barrios. La cultura garífuna tiene su origen en los inicios del siglo XVII, en la isla de San Vicente, Antillas Menores, a raíz de la llegada a ese lugar de un barco averiado portugués que se dirigía a Brasil llevando un grupo de esclavos africanos quienes se refugiaron en la isla; y así comenzó un proceso de mestizaje con el pueblo caribe originario del continente del que adoptaron sus costumbres y lenguas.

Salvador Suazo, en el estudio realizado sobre la sociedad garífuna describe su tipología de la siguiente manera: "Afro indígena o afro amerindia, sus rasgos físicos evidencias características africanas y su cultura es producto de un sincretismo complejo que incluye elementos de procedencia africana. Angola, Costa de Oro, Togo, Dahomey, Alto Volta, Ghana, Benin). Europa (Francia, Inglaterra y España) e indoamericana (Caribe - arawako). Durante el período colonial (1797 a 1820) estos ciudadanos fueron conocidos como caribes o negros vicentinos, en la época independiente (1821 en adelante) se les conoció como morenos, pero ya desde 1980 se les identifica como garífunas tal como ellos se autodenominan".

Como todas las cosas lo bueno también termina. La mañana a diferencia del día anterior se presentaba un poco amenazadora y borrascosa y ya comenzaba a llover. El cielo impregnado de nubarrones oscuros presagiaba una fuerte y pluviosa tormenta. Ese día retornaríamos a Guatemala. Acorde pasaron las horas el cielo se abrió y ya estaba lloviendo a cantaros. Al ver el bravío mar que empujaba las olas con fiereza hacia tierra firme bañando gran parte de lo que hasta ese día había sido una sosegada playa, me sentía inquieto. Los lugareños habituados a estos fenómenos indiferentes corrían por las calles buscando refugio para evitar llegar empapados a casa. Nosotros hacíamos lo mismo, la lluvia nos pilló cerca de la playa. A diferencia de ellos yo no podía dejar de pensar en el mar y el mal tiempo. América Central es una de las regiones en el mundo lamentablemente más propensas a sufrir desastres naturales: huracanes, terremotos, sequías, inundaciones y erupciones volcánicas. A causa de esto no podía sacarme de la cabeza la incertidumbre que me producían los vendavales y la copiosa lluvia.

En el año1974, el territorio centroamericano fue devastado por la tormenta tropical "Fifí" que convertida en huracán golpeó con fuerza gran parte de la región ocasionando pérdidas humanas y económicas cuantiosas. En Honduras, murieron entre ocho y diez mil personas. Once años después de nuestra visita a Trujillo, Centro América sufrió uno de sus peores desastres, fue arrasada entre octubre y noviembre de 1998 por el huracán Mitch, que alcanzó la categoría 5 en la escala de Saffir-Simpson. Fue una de las tormentas tropicales más poderosa y destructiva que se ha visto en la era moderna. Llegó alcanzar una velocidad de 290 km/h. Nicaragua fue afectada por precipitaciones continuas que provocaron la saturación de los suelos. Y como era de esperarse las inundaciones apresuraron el desbordamiento de ríos.

Bajo la perseverante y copiosa lluvia partimos hacia La Ceiba, donde pernoctaríamos esa noche. Sería la última que pasaría en compañía de mis amigos y, para festejarlo, elegimos como lugar de la tertulia final un sitio selecto: "El Club Nocturno Monte Carlo". Realmente fue una noche muy agradable colmada de recuerdos y sobre todo de mucha simpatía. La delicada atención del personal. Inolvidable. Ya casi de madrugada dejamos el antro. Apenas le quedaba oscuridad a la fresca alborada. En unas pocas horas tendríamos ante nosotros una larga jornada de marcha. A pesar de los estragos del desvelo nuestro conductor hizo frente al duro reto de conducir los cientos de kilómetros que nos apartaban de Guatemala. La idiosincrasia guatemalteca ajustada a nuestros usos y costumbres prevalecía muchas veces ante la sensatez. El agotamiento por momentos me avasallaba y las cabeceadas me acusaban. El tiempo se me había echado encima. René, ya se encontraba en el lugar de la cita y yo todavía a cientos de kilómetros de San Cristóbal de las Casas, ponía en tela de juicio que consiguiéramos concretar tan ansiado encuentro y dejé que el destino moviera la siguiente pieza. No había nada más que hacer. Y en efecto así fue. No se pudo establecer aquella anhelada cita esperada por tantos años. René, retornó a México y a los pocos días hice lo mismo. Debí volver a Europa.

Sin haberlo así proyectado el número de viajeros aumentó. Rosa, que era como una hermana para mi esposa a petición de la misma niña, accedió darnos su custodia, digamos, temporal hasta que Andrea terminara sus estudios. Pero la vida es imprevisible y a veces aunque batallemos nuestros deseos se truncan, a los pocos años al igual que la madre también nosotros la perdimos. Siempre respetando sus decisiones accedimos a su voluntad de permitirle estudiar en la ciudad de Nueva York, donde vivió muchos años. Posteriormente, por razones que desconozco se empadronó en Oklahoma, ciudad donde hasta el día de hoy reside.

Margarita, administradora de las oficinas de la línea aérea española, IBERIA, situada por aquel tiempo en la Avenida la Reforma, uno de los sectores más selectos de Guatemala, urgió mi presencia para concretar el acuerdo de la reservación y la liquidación del boleto de la pequeña, arreglado este contratiempo ya no quedaba más que esperar el día de nuestra partida. Nuestro largo y tedioso itinerario fue el mismo: Santo Domingo, Madrid, Copenhague y Estocolmo, nuestro destino final.

Aquella soleada mañana, aunque el calor apretaba en Santo Domingo todo transcurría normal, o casi… hasta que un irritado viajero que se había quedado sin plaza protestaba requiriendo una juiciosa explicación, aunque el incidente no tomó mayor transcendencia me sentía culpable y a él no le faltaba razón. La ansiada butaca la ocupaba, Andrea. No pude evitar pensar en nuestra querida y recordada cómplice, Margarita. Y le agradecía el glamuroso detalle. Alterado por el cambio de hora y el largo viaje ya comenzaba en mis parpados a sentir el incómodo cansancio. Las espontaneas y constantes cabeceadas me hacían perder parte de la seguramente interesante charla del amable conductor que nos trasladaba hacia el hotel, El Mayoral, que nos describía y resumía de tal forma la seductora historia de Toledo que incitaba a visitarla.

"¡Hombre! Yo mismo os llevo. No os arrepentiréis. Esta misma tarde si queréis".

Si bien no lo logró me gustaría hacer una breve descripción de esta encantadora ciudad. Toledo está situada a 71 kilómetros de Madrid y es considerada por la UNESCO: Patrimonio de la Humanidad. Muy bien merecido nombramiento ya que es una verdadera joya monumental. Es considerada por muchos como una segunda Roma, y es una de las ciudades más turísticas de España. Concentra como ninguna otra ciudad la historia de España. Conserva monumentos de las más variadas culturas que han pasado por ella. La hispano-romana, la árabe, la judía y la cristiana. A pesar de guardar una imagen de ciudad medieval la modernización también ha llegado a Toledo. Es como un museo al descubierto, que aloja iglesias, sinagogas, conventos, murallas, puentes y mezquitas. Estas combinaciones culturales y artísticas hacen de esta ciudad una atracción muy singular para el turista que busca perderse en el tiempo sin abandonar los tiempos modernos.

Luego de ponerle al tanto de nuestra larga travesía entendió que tendríamos muy pocas ganas de seguir viajando. Aunque doblados de cansancio mantenernos despiertos el resto de la tarde sería necesario para ponernos al día con el tiempo europeo, de lo contrario tendríamos que pasar en vigilia toda la noche a espera del taxi ya reservado con antelación que nos recogería a eso de las 8 de la mañana. Así que a regañadientes nos vimos obligados a caminar por las calles de Madrid. Madrid es una ciudad cosmopolita que nada tiene que envidiar a otras ciudades europeas. Sus plazas y tantos lugares representativos, como: la Puerta del Sol, la Puerta de Alcalá, la Fuente de Cibeles entre otros, hacen de Madrid una ciudad muy exclusiva. Una anfitriona aliada al ocio las 24 horas del día gracias a su variada oferta en todas las ramas artísticas, deportes, espectáculos o gastronomía. Es una de las ciudades europeas más atrayentes para el turismo.

LA PUERTA DEL SOL

Aquí podemos encontrar el reloj que marca las tradicionales doce campanadas que anuncian la llegada del nuevo año. Durante este ritual es costumbre para los españoles "atragantarse" doce uvas y pedir los mejores deseos para el año que comienza. Desde el 31 de diciembre del año 1962 se acostumbra a trasmitir este evento en directo por la televisión española. Además, aquí en esta plaza encontramos el kilómetro cero, punto de partida al interior de la "república" española.

LA PUERTA DE ALCALÁ

Es una de las cinco antiguas puertas que daban paso a la ciudad de Madrid. La puerta daba acceso y la bienvenida a aquellos viajeros que entraban antiguamente a la población desde Francia, Aragón o Cataluña. Actualmente esta puerta monumental se encuentra ubicada junto a la Fuente de Cibeles y al Parque del Retiro.

MUSEO DEL PRADO

Sin la menor duda es una de las pinacotecas más importantes del mundo, singularmente rica en cuadros de maestros europeos de los siglos, XVI al XIX. Su principal atractivo es sin duda alguna la amplia presencia de Velázquez, Goya, Tiziano y Rubens de los que posee las mejores colecciones que existen a nivel mundial.

A lo que hay que sumar las interesantes colecciones de autores tan transcendentales, como: El Greco, Murillo, José de Ribera, Zurbarán, Rafael, Veronese, Tintoretto, Van Dyck o El Bosco. Por citar sólo los más relevantes. Las habituales limitaciones de espacio explican que el museo exhiba una selección de obras de máxima calidad (unas 900 pinturas) del total de 7.800 que tiene su inventario, y que por ello sea definido como la mayor congregación de obras maestras por metro cuadrado. Un regocijo para los amantes del arte de la pintura. En el mes de enero del año 2017, fue visitado por 206.070 personas. Además de este importante museo, en Madrid, podremos visitar otros no menos importante como: el Thyssen o el Reina Sofía, con obras como el Gernika de Picasso o las Meninas de Velásquez. Y si queremos apreciar la puesta del sol que mejor hacerlo desde la azotea del Círculos de Bellas Artes, desde donde igualmente podemos disfrutar de las mejores vistas de Madrid.

CATEDRAL DE SANTA MARÍA REAL DE ALMUDENA

Es la sede episcopal de la Archidiócesis de Madrid. Se trata de un templo de 102 metros de longitud y 73 de altura, construido durante los siglos XIX y XX en una mezcla valiosa de diferentes estilos: Neoclásico en el exterior, Neogótico en el interior y Neorrománico en la cripta. Fue consagrada por Juan Pablo II en su cuarto viaje a España, el 15 de junio de 1993, siendo de este modo la única catedral española dedicada por un papa. Está ubicada en el centro histórico de la ciudad. La fachada principal se encuentra frente al Palacio Real. La fachada del crucero mira hacia la calle de Bailén, y el acceso a la cripta se realiza por la Cuesta de la Vega, al final de la Calle Mayor. A diferencia de la mayoría de templos cristianos, de orientación este-oeste, la catedral tiene una orientación norte-sur. Fruto de su concepción como parte integrante del conjunto del Palacio Real. Está construida en piedra de Novelda (Alicante) y granito de las canteras de Colmenar Viejo.

Extenuados, a causa del "ayuno de sueño", casi con desespero buscamos nuestras habitaciones. Caímos fulminados. Hacía una maravillosa mañana, el brillante sol y el calor veraniego español ya envolvían a la movida ciudad madrileña. Un día perfecto para volar. Arrastras con nuestros hijos salimos hacia Copenhague, aquí, dado a que IBERIA la línea aérea española no tenía vuelos hasta Suecia, fue sustituida por la línea aérea sueca, SAS. Sin el mínimo sobresalto dos horas más tarde aterrizábamos en el aeropuerto, Arlanda de Estocolmo.

Desde Escandinavia el intercambio postal con René aunque menudo, continuó. Fue así como en 1989, o sea un año después del fracasado intento de vernos en el sur de México, dispusimos volver a encontrarnos. El encuentro se llevaría a cabo en el mismo hospitalario lugar. Está vez viajaba únicamente en compañía de mí hijo menor. La larga ruta fue casi la misma, aunque en esta ocasión agregamos al tedioso recorrido unos cuantos kilómetros más, 1478, qué es la distancia que separa Santo Domingo de la ciudad tropical panameña. Con una estimación de vuelo de aproximadamente 2 horas 25 minutos.

El 21 de diciembre del año 1988, el mundo fue testigo de un cruento atentado, en pleno vuelo desdichadamente explotó sobre Lockerbie, Escocia, la aeronave de Pan American (vuelo 103) procedente de Frankfurt, Alemania, donde se empaquetaron los explosivos en el equipaje de mano. Había llegado a Londres donde hizo escala en el aeropuerto Heathrow. Su destino final: el aeropuerto John F Kennedy de Nueva York. Al que nunca llegó. Entre pasajeros y tripulación este atentado cegó la vida de 259 personas. A estas pérdidas humanas se sumaron once más, victimas residentes de la localidad de Lockerbie. Habían ya transcurrido algunos meses de esta tragedia sin embargo resultaba difícil quitarse de la cabeza las imágenes de aquel infeliz suceso. Pasado el tiempo, sin siquiera tener la mínima idea de aquello, terminé enterándome de algo que no podía dar crédito, aunque a él no le llegue a conocer, si a su esposa pues casualmente con ella, habíamos coincidido algunas veces en el paradero del autobús. Para mí fue un tremendo choque saber que aquel vecino al que no alcance a conocer, era uno de los presuntos implicados en este hecho. Vaya que si el mundo es chico.

En el aeropuerto de Ciudad de Guatemala, Alejandro, que en los hangares de este mismo aeródromo un año atrás había sido mi guía en la búsqueda de la avioneta que nos transportaría a Honduras, esperaba por nosotros. En esta ocasión estaría menos tiempo pero sin embargo el inconveniente de llevar a mi hijo conllevaba afrontar una situación dificultosa. Lo sabía. El propósito de este viaje únicamente fue motivado por el encuentro con René, y trataría por todos los medios de efectuarlo. No quería retornar a Europa sin concretar esta cita. Fortuitamente, coincidimos con Manuel y Leticia, radicados en Suecia, que casualmente viajaron a Guatemala por esas mismas fechas. Vivían en un pequeño barrio marginal en las afueras de la ciudad. Este sector fue muy conocido por la poca seguridad y los constantes actos delictivos que sufrían sus vecinos. "La Colonia Santa Ana gozaba por entonces de tener el privilegio de ser un protectorado de la delincuencia". Aunque estos aseverativos no dejaban de estar fundados como a menudo suele suceder las invenciones y la ficción de la gente terminan tergiversando la realidad. Días después, tuve oportunidad de comprobar que al menos durante el día era un barrio común y corriente como la mayoría de los sectores populares del país. ¡Fueron mí salvación! Era mi última semana en Guatemala, y dado a que los vuelos regulares desde Suecia por aquellos tiempos eran escasos, coincidimos en nuestro viaje de retorno. René, había aplazado por seguridad o por alguna otra razón para la siguiente semana su visita a San Cristóbal. No había marcha atrás. Marco Tulio, retornaría con Manuel y su familia. Retrasaría en una semana mi regreso. Debido a su corta edad muchas personas cuestionaron mí decisión. Resultaba difícil explicar que me sentía seguro de lo que hacía. Y que mí hijo llegaría sano y salvo a su destino. Mi mentalidad ya había comenzado a cambiar. Si en algún momento tan solo hubiera insinuado que mis hijos a la tierna edad de guardería ya habían recibido, si bien elemental, educación sexual, aquel atrevimiento de enviarle solo se hubiera quedado corto. Su partida dejo un vació en la vida de las personas que lo conocieron. Especialmente en Alejandro: "Déjalo a mi lado te prometo que conmigo estará bien, tendrá las mejores escuelas" —dijo— vehemente. Sabía que poseía los medios económicos y que sus anhelos eran los mejores pero todo aquello era nada más que una efímera ilusión. Sin embargo agradecí las manifestaciones de cariño y los buenos propósitos que rodearon su generoso deseo.

«Antes de continuar quiero hacerle un póstumo recuerdo. La muerte le sorprendió cuando menos lo esperaba, murió unos años después de esta despedida. Falleció en plena juventud. A su corta edad se había felizmente realizado económicamente y este privilegio se convirtió en su peor amenaza, la vida holgada y decorosa lo indujo por una senda desordenada de la cual ya no pudo escapar. «Descansa en paz».

Los preparativos del viaje hacia México continuaron en total hermetismo. Mi hermano Alberto, fue mí confidente y sería mí cómplice en aquel ansiado viaje. Los ciudadanos guatemaltecos necesitábamos visa ya fuera turística o de tránsito para ingresar a territorio mexicano. Mí boleto de vuelta a Europa se convirtió en mi mejor aval. A pesar de haber prácticamente terminado su carrera universitaria de Agronomía y de impartir algunas cátedras en la Universidad de San Carlos de Guatemala, Alberto tuvo algunas objeciones. Al dejar la representación diplomática se me ocurrió que a lo mejor nuestro primo Mauricio podría echarnos una mano para agilizar las gestiones y desbloquear las exigencias de nuestros vecinos, los mexicanos. Nos dirigimos al Palacio Nacional. El país estaba gobernado por Marco Vinicio Cerezo Arévalo. Vinicio había sido presidente de la Asociación de Estudiantes de Derecho de la Universidad de San Carlos. Se licenció en Ciencias Jurídicas y Sociales, y de Abogado y Notario, en 1968. Al ser proclamado candidato presidencial acrecentó la esperanza en el pueblo guatemalteco. Por sus antecedentes nadie ponía en tela de juicio sus buenos propósitos y mucho menos sus justas aspiraciones de gobernar para los guatemaltecos. El 14 de enero de 1986, a sus 42 años de edad fue investido presidente de Guatemala. Sin embargo, por su iniciativa de dialogar con la guerrilla para alcanzar la paz y así iniciar el proceso democrático, los de siempre no lo dejaron gobernar. Sufrió intento de golpe de Estado. Así que al no poder cumplir lo prometido acabó desacreditado el resto de su carrera presidencial.

Mauricio, siendo jefe de seguridad y hombre de confianza de él podría seguramente proporcionarnos un documento que "garantizara" el regreso de mí hermano a Guatemala. Esto era nada más una formalidad, sabíamos de antemano que no nos quedaríamos más de lo necesario. El mandatario estaba por llegar y entendimos perfectamente la estresada actitud de los soldados que se movían agitadamente por patios y corredores tratando de encontrar la menor excusa para ocupar su tiempo y justificar así su "fundamental presencia" en aquel recinto que más parecía una institución castrense. Mauricio, como era de esperarse no se encontraba en su oficina. Y por indicación de los miembros de la guardia presidencial permanecimos junto a la entrada, en un pequeño cuarto usado como garita de control. Al paso de los primeros vehículos, uno de ellos se excusó:

"¡Lo siento!, es el Presidente y tengo que cerrar. Regreso en seguida". Nos quedamos encerrados en el "cuartucho" a espera del retorno de aquel hombre que seguramente nada más seguía órdenes. Nos sorprendió la rapidez de la maniobra. En pocos minutos el guardia estaba de regreso. Los motores se habían apagado. Todo quedó en absoluto silencio tal como si nada hubiese sucedido. "El teniente coronel Mauricio, espera por ustedes en su oficina. Háganme el favor... ¡Acompáñenme!".

Caminamos un buen trecho a la retaguardia del empeñoso militar que en ningún momento perdió las normas protocolarias. A lo largo del corredor, bajo el umbral de una puerta con una sonrisa muy peculiar de él aguardaba por nosotros nuestro anfitrión. Realmente aquel "campechano muchacho" no había nacido para militar, lo hicieron las circunstancias. O la insistencia del padre que quería para su hijo "un mejor porvenir". Aquello no era lo suyo pero no pudo contra el destino. En una ocasión durante sus estudios académicos escapó de la Escuela Politécnica Militar. Días más tarde fue obligado a volver y así continuar la formación militar. Cuando le vi sonreír recordé al muchacho alegre y sencillo que compartió con nosotros tantos años de infancia. El uniforme militar y aquel escenario no pudieron cambiar las imágenes de juventud. Tenía nueve años de no verle. Él se alegró tanto como yo de aquel inesperado encuentro. En seguida del ceremonioso intercambio de saludos explicamos la razón de nuestra presencia. Sin la mínima objeción rubricó y estampilló el salvoconducto que presentaríamos en la embajada, esto facilitaría la obtención de aquella "ansiada visa". Con un vehemente apretón de manos nos despedimos, y un hasta luego, que aún no ha llegado. Ya han pasado más de treinta años de aquel encuentro. Por sus propios deseos fuimos escoltados por Pedro, su chofer particular que tenía órdenes de permanecer a nuestro lado el tiempo que fuese necesario. Aquel buen hombre vestido de paisano, solícitamente pidió seguirle. "Por aquí", retrayendo los labios esbozó una pequeña sonrisa y apresuró el paso, lo imitamos tratando de mantener la etiqueta, en absoluto y total mutismo. Ver hombres uniformados moviéndose de una esquina a otra me estresaba. Un nudo en la boca del estómago me apretaba el vientre, estaba al tanto y perfectamente sabía lo que muchos "hombres del orden" en años anteriores habían hecho y seguían haciendo. Al alcanzar la parte trasera del enorme patio se rompió el silencio. Pedro se detuvo, y gentilmente extendió la mano y señaló la parte trasera del vehículo. "¡Por favor!".

Sentí aquel gesto cortés e instintivo de Pedro. Incómodo. Y no sabía cómo actuar. Al sentirme "acorralado" no pude más, y en casi tono de súplica pregunté: ¿Puedo sentarme adelante? "¡Por supuesto! Usted decide", dijo con un aspaviento de agrado. Después de algunos minutos de marcha con una infanta sonrisa y más confianza, repuso: "A la mayoría de los familiares de los oficiales les agrada sentarse en la parte trasera". No hizo más comentarios. Tampoco hicieron falta. Comprendí perfectamente a que se refería.

En la embajada el martirio burocrático se repitió. La espera fue como era de esperarse, eterna. Muchos de los que abarrotaban aquel día la delegación diplomática lograrían el visado pero para otros estos rigurosos trámites se traducirían en pérdida de tiempo. Las exageradas exigencias eran excesivas: presentación de documentos que demostraran propiedad de bienes, solvencia económica y tarjetas de crédito. Fuera como fuera, con o sin visa muchos de ellos cruzarían la línea fronteriza. México era tan solo una excusa. En el fondo las verdaderas intenciones de la mayor parte de ellos era seguir hacia el norte para intentar realizar el sueño de muchos compatriotas de radicarse en alguna ciudad de Estados Unidos. Los yanquis lo sabían y con afán de reducir el flujo migratorio forzaban a las autoridades del país vecino a presionar a los solicitantes, traduciéndose esto en las exigencias desmedidas apuntadas. Nuestro buen amigo por sentencia propia esperaba en el vehículo. Serían ya las once de la mañana. Las altas temperaturas y el sol resplandeciente ya atormentaban a los transeúntes. El calor en el interior del automóvil era insoportable. Al mismo tiempo me pareció demasiado burgués e incorrecto, y regresé por él. La espera se alargó hasta el mediodía. A escasos minutos del cierre fuimos atendidos por un desdeñoso empleado que con descortesía y desgano replicaba por enésima vez el enunciado de la mañana: "Dejen los papeles y vengan por la tarde. Entonces sabrán sí califican". "¡El siguiente que estamos por cerrar!".

Nuestro conductor que sentado en una butaca plácidamente esperaba, más optimista, comentó: "Les pidieron regresar por la tarde, ¿verdad? No se preocupen se las darán, son puramente trámites ya lo verán". Le agradecemos sus buenos deseos y compañía, pero sospecho tendrá otras cosas más importantes que hacer y querrá irse, ¿no es así?, añadí.

"¡No, claro que no! Mis órdenes son permanecer con ustedes el tiempo que así lo deseen".

Ya que es así, ¿qué le parece almorzar? Y de pronto tomarnos una cerveza, nos vendría bien para el calor, repuse.

"Encantado y lo digo sinceramente", con gesto de complacencia, sonríe.

¿Conoce algún sitio donde podamos degustar algo típico?, desde hace ya mucho tiempo que no saboreó el arte culinario chapín (chapín gentilicio de guatemalteco).

"¡Claro que sí! Les llevaré a un lugar muy típico y original, les encantará, ya lo verán".

Desde el primer momento compatibilizamos y departimos como viejos amigos. La química jamás se equivoca. Mientras esperábamos los antojitos tan ansiados instintivamente tomó entre sus manos el cenicero y recorrió suavemente con sus dedos los contornos metálicos labrados en relieve sobre la fina y llana superficie de vidrio, y comentó apesadumbrado: "Realmente a mí también me gustaría dejar todo esto e irme... Pero no tan

lejos como usted lo hizo. Aquí no más al norte. Tengo amigos
en Estados Unidos". Al parecer la espontanea visita a la misión
diplomática le había despertado deseos de intentarlo. O a lo
mejor le trajo recuerdos frustrados de alguna pasada intentona
que había terminado en fracaso. Regresamos al tema de los
allegados de los oficiales y su conducta. Haciéndose de una
profunda boconada de aire... respira profundo, y afirma.
"Ustedes son diferentes".
¿Cómo así?, pregunté patidifuso.
"Un sinfín de ocasiones he debido esperarles toda la noche en el
carro. A veces sin comer. El teniente coronel Rosales es muy
especial, al igual que su familia. Y no son halagos, ¡créanme!",
repuso.

Me sentí agradado que tuviera esa impresión y al mismo
tiempo indignado por la utilización y sobre todo por la poca
gratitud de algunas personas. Con el hambre sosegada volvimos
a la embajada. La liturgia se repitió. Sin embargo esta vez la
fluidez fue patente. "Las profecías de Pedro se cumplieron".
Pedimos a nuestro amigo un último favor, acercarnos al
estacionamiento. En este lugar nos despedimos. A pesar de haber
tan solo compartido unas pocas horas con aquel buen hombre,
sentí congoja como cuando se despide un buen amigo.

Teníamos los datos del encuentro, lugar, hora y día. Así que
sobre la marcha hicimos los preparativos. A decir verdad no
necesitábamos casi nada a fin de cuentas no estaríamos mucho
tiempo por aquellas tierras. Habíamos concertado la cita en una
céntrica tiendecita. En aquel lugar preguntaría por "Ramón".
Para alcanzar territorio mexicano teníamos tres elecciones
posibles a escoger: a 336 kilómetros, la Mesilla, ubicada en la
Democracia, emplazada en el departamento de Huehuetenango.
A 251 kilómetros, Tecún Umán. Y finalmente a 275 kilómetros,
el Carmen, Malacatán. Estos dos últimos puestos de control

están situados en el departamento de San Marcos. Después de una corta deliberación, descartamos la Mesilla, el departamento de Huehuetenango por su altitud, 1901 metros sobre el nivel del mar tiende a tener relativamente bajas temperaturas. Cansado de las destemplanzas climáticas de Escandinavia dispuse que iríamos por la ruta tropical. Las dos opciones restantes quedaban en el mismo rumbo. Elegida la frontera del Carmen, sería esta nuestro último alto antes de abandonar territorio guatemalteco. Alberto, conocedor del territorio había hecho "cómputo de buen cubero". Teníamos tiempo de sobra. A no ser que ocurriera algún imprevisto. Dejamos la ciudad de Guatemala a eso de las nueve de la mañana. Acorde el tiempo transcurría y reducíamos los kilómetros el calor se hacían notar. En Escuintla, detuvimos la marcha. Al descender sentí con agrado el calor tropical que tanto ansiaba. Esta es la tercera ciudad de Guatemala. Es una región con muchas fincas grandes. Su parte sur colinda con la aguas del océano Pacifico. Escuintla produce cerca del 43 por ciento del producto interno bruto guatemalteco. Un dato bastante curioso: es estadísticamente el departamento, provincia o región con el menor índice de desempleo y pobreza extrema en Mesoamérica; datos que claramente contrastan con la realidad económico-social de Guatemala. Su nombre etimológicamente proviene de Itzcuintlan, que significa tierra de perros, por la confusión de los conquistadores españoles surgida al confundir el reino de los caninos con los tepezcuintles, autóctonos y abundantes en la región. Es uno de los roedores de mayor tamaño e importancia en los bosques tropicales, y es considerado una especie cinegética de gran valor.

Escuintla es un parador ineludible para los viajeros que visitan las playas del sur de Guatemala.

La falta de aire acondicionado se percibía. El soleado día continuaba encumbrando la temperatura ambiental. Con las ropas prácticamente empapadas, arribamos por fin a la frontera.

Necesitábamos recuperar el líquido perdido y al mismo tiempo dejar aquel insoportable horno ambulante. Con arrebato y casi desespero buscamos resguardo, a dedo elegimos aquel pequeño y acogedor comedor que no era diferente a los demás. Ordené una cerveza, Tecate (mexicana), la más famosa por aquel tiempo. El día de hoy la cerveza Corona la ha desplazado. Mi abstemio hermano, que años atrás había dejado de beber, dado a su fuerte adicción debió conformarse con un refresco de tamarindo y hielo picado. Nunca había compartido tanto tiempo con él como por aquellos inolvidables días. Conversamos de muchas cosas, sin embargo hablamos más del presente, de lo que haríamos, no tocamos el pasado ni mucho menos el futuro. Sabía que muchas cosas le atormentaban y que no era feliz pero no fui capaz de ser yo quien le interrogara y demandara una explicación. Tal vez su orgullo le obligó a callar y a ocultar el martirio que le abrumaba. Estos fueron los últimos momentos que compartimos como amigos. Como hermanos. Lo quise igual que él a mí. La muerte le sorprendió cuando nadie lo esperaba. Y con ella se llevó a la tumba el tormentoso secreto de su vida. «Enigmáticamente la vida en confabulación del destino nos manipula y acorrala, y nos deja apenas escaso margen de actuación autonómica. En otras palabras: no somos más que maquinas orgánicas programadas, controladas no por Dios, sino por entes subalternas que observan nuestro desarrollo sin poder intervenir».

Alberto, inquieto, ¿y cómo podría ser de otra manera? Si los dos habíamos nacido bajo el mismo signo zodiacal. Virgo: puede ser considerado el signo del orden. Cada cosa en su sitio y un sitio para cada cosa y aunque parezca presunción somos muy responsables. Los deberes priman en nuestras vidas. Miró por enésima vez el reloj entonces caí en la cuenta que le preocupaba llegar a tiempo pero al parecer no se atrevía a exponerlo. Fui quien tomó la decisión.

¿Tiramos…?

No alcanzó a contestar mi interpelación. A mis espaldas se escuchó una voz que efusivamente saludaba. Aunque familiar, hasta ese momento no reconocible. Giré en la silla para identificar al espontaneo, a varios metros de nuestra mesa vi la silueta de mi interlocutor, la luz que penetraba por los cuatro costados descubiertos de la sencilla construcción me tenía cegado y no me dejaba distinguir su rostro, pero sabía que se trataba de él, para mí fue un enorme gusto verle de nuevo. Acercándose a un enfriador rectangular que yacía en medio del establecimiento, se hizo de dos cervezas y volviéndose a Alberto, muy alegre y cortésmente, preguntó: "¿Un refresco más?".

Mí célebre amigo, José, dándome un fuerte y sincero abrazo me hizo recordar pasajes ocurridos durante nuestro viaje por tierras catrachas, un año atrás. Durante mí relato de este viaje manifesté que la amistad que entablamos influiría notoriamente en este ahora de mi vida. Este fortuito y casto encuentro estaba por echar por la borda nuestros planes. Continuamos recordando vivencias y momentos inolvidables. Tampoco sus protagonistas escaparon a nuestros recuerdos.

— ¿Hacia dónde van?, su pregunta fue respondida con otra.

— ¿Y usted que hace aquí?

— ¡Yo pregunté primero!, sonríe.

—A San Cristóbal, repuse.

—Yo, me dedico al cambio, comenta sin perder la sonrisa.

— ¿Al cambio?

— ¡Sí!, no ponga esa cara.

Los fajos de dólares, quetzales y pesos mexicanos en sus manos patentizaban que mi amigo en otras palabras se había convertido en sucursal bancaria ambulante. La creatividad y la versatilidad guatemalteca son elementos esenciales que impulsan la economía de muchas familias. Cuando estamos a gusto el tiempo transcurre casi sin percibirlo. Mi hermano que no dejaba de mirar el reloj no pudo contener su inquietud. Esta vez no pudo más, con la mirada y una cabezada casi indiscreta, me insinuó que el tiempo se nos iba.

¡Vaya sí tenía razón!

Deseando volver a vernos nos dimos un fuerte estrechón de manos y un abrazo fraternal. Penosamente, las expresiones de simpatía de aquel mediodía terminaron en una efímera amistad. Efectuados los correspondientes trámites legales fronterizos, continuamos. Abastecernos de combustible en el lado mexicano por sus precios asequibles tenía sus ventajas, esto a la larga traería recompensa económica ya que la diferencia de precios era sustancial. Sin embargo tardamos poco en darnos cuenta de que había sido una medida equivocada que terminó influyendo en el factor tiempo. El vehículo comenzó a perder fuerza y en algunos tramos traqueteaba como vieja cafetera, patentemente la calidad del carburante era inferior. Temiendo quedarnos varados en el momento menos esperado en aquel camino solitario, apenas advertimos que estábamos a punto de perder de nuevo la cita. Esta vez por mí propia negligencia. O por jugarreta del destino.

"¿Quién sabe?".

Tuvimos tres puntos fronterizos a escoger, y nos decantamos por el paso del Carmen. Y curiosamente, elegimos entre tantos comedores "el de mi amigo Chepe", que nada más pretendió ser cordial y manifestar su alegría por nuestro afectuoso e inesperado encuentro. Fuere como fuere arribamos con dos horas de retraso al punto de encuentro y, efectivamente, como lo previsto nuestro contacto había estado allí pero ya había partido hacia el Distrito Federal (capital de México). Perdí la cita de nuevo. Había retrasado mi retorno en una semana, enviado a mi hijo "en solitario" y todo aquello de nada había servido. Felizmente corrían otros tiempos y mi juventud me incitó a aceptar aquel nuevo fracaso con deportividad. No quedaba más que hacerle buena cara a las extrañas circunstancias. "El Hotel Jardín de San Cristóbal", sencillo, cómodo y muy bien decorado en un cálido estilo colonial mexicano nos pareció una propuesta loable para descansar aquella noche. A pesar de la cercanía de estas bellas tierras a las líneas divisorias de Guatemala, la forma expresiva y la variedad de términos muy regionales usados por nuestros vecinos por momentos me desorientaban. El tedio de las largas horas de viaje y el fastidio del traqueteo del automóvil desde que dejáramos la frontera nos traía más que hastiados. Y aunque no habíamos llegado a eso a fin de cuentas ya estábamos en el lugar y, René, a cientos de kilómetros camino al Distrito Federal, así que se me ocurrió aprovechar el corto tiempo que teníamos y llevarnos al menos en nuestras cámaras algunos recuerdos de esta agraciada localidad. El resto de la tarde y parte de la noche entre lugareños y turistas nos perdimos por las calles y lugares de ocio.

Con muy pocos ánimos abandonamos la cama. Ya serían las 8.30. El estómago intranquilo nos advertía que ya era hora de desayunar. Después de tomar una ligera y refrescante ducha, sin más, nos encaminamos hacia el comedor. Un desayuno criollo, propio de la región esperaba por nosotros: huevos con chorizo, frijoles colorados, tortillas y algo fundamental que no debe faltar en las comidas mexicanas, el chile (picante). Y por último, escoltando el café, un pan dulce también típico de la región. ¡Sabrosísimo! No teniendo más que hacer por aquella comarca retornamos a Guatemala. Ya no me quedaba posibilidad de concretar otra cita ya que ese mismo fin de semana volvería a Europa. A pesar del encuentro fallido con René no me lamento de este difuso viaje. La pasé como nunca con Alberto.

«—A lo mejor la vida usando su persuasión y aforo preparó este largo viaje con otro propósito y objetivo y René fue nada más el señuelo».

Esta fue la última vez que lo vi. Si bien vivíamos en contacto las cosas fueron cambiando, él enfermó y fue mermando nuestra comunicación. Muriendo a consecuencia de nuestra malograda juventud, años después. Todo ocurrió muy rápido. Los últimos años de su vida había desaparecido de los entornos familiares. Nadie sabía de él. Algunos afirmaban haberle visto pero como aparecía de la misma forma desaparecía si dejar rastros. Un día volvió, y por propia petición fue internado en un dispensario capitalino. Según amigos que le vieron se hallaba muy animado. Nadie pudo intuir aquel trágico desenlace. Al parecer él sabía que estaba enfermo y moriría. El cariño a su familia le hizo volver. Quería recibir el perdón de sus hijos que significaron todo en su vida y a quienes tanto daño había hecho por su incontrolable adicción. Probablemente, estar junto a ellos sus últimos días fue el postremo reto de su vida.

¡Por fin! En la década de los 90 pudimos concretar nuestro encuentro. Con la finalidad de dar charlas sobre la situación política en Guatemala, y buscar solidaridad, René visitó con una agenda apretada, Suecia. La vida está llena de recurrencias. Se repitió el episodio vivido en compañía de Alberto. Apenas hubo tiempo para evocar las divertidas y tristes anécdotas pasadas y a sus protagonistas. "E hicimos caso omiso" de la portadora de tantos momentos difíciles. La violencia. Que continuaba cegando vidas y perturbando la existencia de los guatemaltecos —y nos dedicamos a vivir el presente y compartir las pocas horas que teníamos—.

Su corta estancia por tierras escandinavas dio apenas tiempo a explicar pequeños detalles de lo acontecido años atrás en San Cristóbal de las Casas. Tampoco tocamos los largos años de ausencia de nuestro terruño.

TERREMOTO EN GUATEMALA

La terrorífica madrugada del 4 de febrero de 1976, los habitantes de Guatemala vivimos uno de los más desapacibles capítulos de nuestra historia, despertamos sobresaltados por un sismo de 7.5 grados de magnitud en la escala de Richter, y 5.5 grados de intensidad. Eran las tres de la madrugada, tres minutos y treinta y tres segundos. El movimiento telúrico duró tan solo cuarenta y nueve segundos; cuarenta y nueve eternos segundos, luego todo era destrucción y muerte en la mayoría del territorio nacional. La falla transformante del Rio Motagua que atraviesa el 80% del territorio guatemalteco fue la causante del desastre. Esa lóbrega y espeluznante noche en el Instituto Nacional de Sismología, Vulcanología, Meteorología e Hidrología (Insivumeh) todo había transcurrido en completa normalidad, las agujas y las líneas del sismógrafo "no presagiaban" en absoluto una desgracia. El personal del observatorio tampoco imaginaba que a escasas horas sería el más solicitado y que en esa madrugada quedaría impresa y registrada en la pila de papel una grotesca y fatídica línea. La aguja y el sismógrafo dieron un desmedido salto para después quedar oscilando cual campanas que anunciaban aquel fatídico amanecer. Este mismo observatorio afirmó en aquel momento que el epicentro se localizó a 150 kilómetros al noroeste de la capital, cerca del Municipio de Gualán, Zacapa, y el hipocentro aproximadamente a cinco kilómetros de profundidad.

Las ondas sísmicas recorrieron el mundo entero. Nuestra tierra tembló durante muchos días sumando un total de más de 1500 sismos. La energía liberada por el sismo principal se ha calculado en varias decenas de bombas atómicas y se le ha situado como el cuarto o quinto más desastroso del siglo XX. Este golpe demolió el 25 % de las casas y dañó el 35 % de las construcciones, dejando sin hogar a más de un millón doscientas mil personas en toda la república. Según el informe final del Gobierno fueron veintitrés mil muertos y más de setenta y cinco mil heridos. Sin embargo, pienso que estos informes no fueron fiables, fueron más los fallecidos que no figuraban en este balance. Información no oficial cifraba en cerca de cincuenta mil las víctimas mortales.

Los terribles y desconcertantes estruendos me despertaron. En ese momento no pude siquiera intuir lo que sucedía ni mucho menos la dimensión de la tragedia. Aterrado por el miedo quedé inmovilizado. Los chillidos pavorosos procedentes de toda la vecindad me devolvieron a la realidad e intenté levantarme de la cama, esta se movía de un lugar a otro y esto hacía imposible poner los pies en el piso (las camas metálicas similares a las usadas en los hospitales que eran comunes entonces, llevaban incrustados en los soportes, rodillos, y desplazarlas de un lugar a otro de la habitación era cosa de niños). En medio de aquella absoluta oscuridad y aquella total desubicación quise ir en busca del interruptor eléctrico y ver lo que estaba ocurriendo, e intenté levantarme de nuevo pero para mí desaliento caí nuevamente desplomado sobre la superficie áspera rellena de paja del duro colchón (este tipo de relleno era el más usado por entonces en la mayoría de los hogares). Lo intenté por tercera vez pero los movimientos oscilatorios de tierra me derribaron con más virulencia sufriendo un desmedido encontronazo con la cabecera metálica. El primer impactante movimiento vertical seguido de otro horizontal provocó aquel descontrol. O viceversa. Este detalle no lo recuerdo muy bien pero podría casi asegurar con convencimiento que aquel fue un movimiento poco común, oscilatorio y trepidatorio. Es decir: fuimos expulsados hacia arriba y luego sacudidos hacia los lados.

A continuación, se escuchó otro ruido escalofriante, esta vez lo oí perfectamente pues habrían ya pasado unos 25 segundos, el sonido procedía del patio de la casa. Mantenerme en pie y franquear la distancia que me separaba de la puerta fue una ardua tarea, por fin logré afirmarme al piso que aún seguía el ritmo de aquella aterradora danza. Luego el vaivén se detuvo, y el terrorífico silencio fue interrumpido de nuevo por los chillidos desgarradores de desesperación que circundaron por doquier los entornos vecinales aquel desconsolado amanecer. Al alcanzar la puerta de doble hoja conseguí separarlas, en mi ofuscación nunca pude recordar ¿cómo?, ya que el soporte superior había cedido un tanto y presionaba levemente las hojas contra el piso. La luz opaca apenas apreciable de aquella triste madrugada dejó al descubierto la dimensión de los estragos ocasionados por aquel colosal golpe de la naturaleza. Muebles desbaratados por el piso de la habitación y escombros de cornisas desparramados en el patio de la casa conformaban el desconsolador panorama. Mi padre, por ironías de la vida se había dado por esos días a la tarea de reconstruir la casa sin imaginar aquel golpe imprevisto de la naturaleza, y montones de tablones yacían apilados a lo largo de la pared que al caerse provocaron aquel segundo estrepitoso y angustioso ruido. El primer estallido, fue provocado por un aparato de televisión que al ser expulsado por la fuerza de los movimientos telúricos desde lo alto de una cómoda, la pantalla al chocar contra el piso de cerámica explotó provocando la terrible detonación, esto fue lo que en principio me aturdió, asociando el espantoso ruido al cataclismo que todavía no terminaba de asimilar mucho menos comprender.

Los gritos desesperados de los vecinos, que repetían: "¡Salgan! ¡Salgan! Que está temblando la tierra", me hicieron entonces comprender lo que verdaderamente estaba ocurriendo. Como pude tomé una chaqueta. Las mañanas de febrero solían ser muy frías. Había apenas llegado a la puerta exterior de la casa cuando las sirenas de patrullas de policía, bomberos y ambulancias nos estremecieron aún más con el estridente bullicio. Por averías o posiblemente por seguridad el suministro eléctrico había sido interrumpido. Los más creyentes aclamaban al Altísimo, otros más tranquilos cambiaban impresiones, pero todos tenían algo en común, en sus rostros se podía apreciar la angustia y el terror vivido. Recorrían con miradas tristes los destrozos ocasionados en las fachadas de sus viviendas y alguno en medio de la terrible ofuscación pateaba con rabia los escombros desparramados sobre la acera. Los minutos pasaban lentamente, la luz del día parecía no llegar nunca. La oscuridad en ocasiones era interrumpida por la luz de los faroles de algún vehículo conducido seguramente por un trasnochador desesperado por llegar a casa, y desvelaba los rostros demacrados y afligidos de los aprensivos vecinos. Fue un dolor colectivo. Compartido.

Incitados por la aparente calma muchos entraron a sus casas para ir en busca de objetos de valor o porque los necesitaban, y en muchos casos por tratar de salvar a alguien que había quedado atrapado bajo los escombros, y ahí, en plena faena fueron sorprendidos por el segundo sismo ocurrido a las 3:30 de esa misma madrugada, algunos de ellos fallecieron en esa segunda sacudida. Afortunadamente, en la ciudad capital no hubo muchas pérdidas humanas sin embargo los destrozos materiales fueron cuantiosos. En el interior de la república las calles se llenaron de voluntarios que se dieron a la tarea de rescatar a las personas que habían quedado atrapadas bajo los escombros.

Las ambulancias no se daban a vasto y los hospitales estaban totalmente abarrotados. Fue la única vez que yo recuerde, que civiles y militares se organizaron en brigadas de rescate. Armados con lo que pudiera servir se dieron a la tarea de salvamento, palas, piochas, azadones y más de uno que otro exasperado lo hizo con lo primero que encontró a la mano. O con sus propias manos.

A las tres cuarenta y cinco de la madrugada, quince minutos después del segundo movimiento de tierra temiendo lo peor nos dirigimos hacia el Hospital Roosevelt, días atrás a causa de una dolencia que le había tenido convaleciente, mi tía Fernanda, había sido ingresada en este centro, temiendo su desplome decidimos ir por ella. Es difícil describir aquellos momentos. Algunos somos más perceptivos lo que favorece que hagamos valoraciones diversas de los mismos hechos. Por mi sensibilidad, fue muy doloroso ver aquel trágico escenario: mujeres y ancianos con bolsas de suero incrustadas en los brazos arrastrándose por el piso, gritando de horror ante la impotencia de no poder caminar, a muchos de ellos se lo impedía alguna enfermedad y a otros la vejez ya les había alcanzado. Este fue el primer impacto al entrar a la primera planta. Ignorar aquel acontecimiento impresionante.

Imposible. Fuertes emociones difíciles de digerir. Como pudimos seguimos hacia la tercera o cuarta planta, este detalle no lo recuerdo con claridad. En cada una de ellas las escenas eran las mismas. Las estremecedoras réplicas sísmicas aunque más leves no cesaban. Escuchábamos el crujir de las estructuras metálicas clavándonos miedo en el cuerpo. El ir y venir de las ambulancias me erizaban los pelos. En sus días de convalecencia, la habíamos visitado pero en medio de aquella oscuridad las cosas se complicaron. Fui el primero en tomarla en brazos. Empezamos el descenso de la infinidad de escalones. A pesar de su escaso peso fue una fatigosa tarea. Los gritos de desaliento de los internos se escuchaban en todo la policlínica. El llanto de un niño me hizo instintivamente girar la cabeza y buscarle con la mirada. No fue posible ubicarle. Supuse que en algún rincón aterrorizado trataba de buscar refugio. El peso del cuerpo aunque menudo impidió detenerme. Tampoco mis amigos reaccionaron. ¿Tal vez fui el único en escucharle?, ¿o a lo mejor fue mi propio nerviosismo el que mi hizo creer que se trataba del llanto de un niño? Realmente estábamos muy liados. El miedo nos traía estresados y este factor tal vez me desubicó.

Mis ojos recorrían las paredes y techo de aquel tambaleante hospital atento al menor ruido. Al alcanzar la calle respiramos con tranquilidad. Por nuestra parte. Ya que dentro permanecían montones de personas que fueron menos afortunadas. Sé que sobrevivieron ya que el hospital se mantuvo en pie pero ellos vivieron la peor pesadilla de sus vidas. Hoy juzgo que fuimos un tanto desconsiderados al dejarlos abandonados a su suerte. Pero eran muchos y tampoco teníamos recursos para actuar —mucho menos preparación en primeros auxilios.

A las primeras horas de la mañana cuando el sol apenas alumbraba el corazón de los guatemaltecos amanecía lleno de angustia, dolor y tristeza. Edificios e iglesias se doblegaron ante la furia de la naturaleza, ventanas y columnas sujetas casi por inercia permanecían guindando por sus costados. La angustia de los guatemaltecos se volcó hacia los medios de locomoción. Todos necesitaban saber de sus seres queridos. Los que no poseían vehículos tuvieron que caminar los kilómetros que los separaban de ellos. Las gasolineras no se daban abasto. Cientos de desesperados hacían largas filas tratando de prepararse para lo peor... Pero el vital líquido se había agotado.

Las filas de vehículos como gusanos serpenteantes saturaron todas las calzadas. El claror comenzaba a dejar al descubierto la realidad que habíamos vivido en la oscura madrugada. Fue desconsolador ver por las calles la desesperación de la gente al ver que lo habían perdido todo. Miraba ya casi con indolencia el constante ir y venir de bomberos, ambulancias, carros de policía y vehículos militares; y me preguntaba si esto no sería nada más el comienzo de algo más trágico que estaba a punto de suceder.

Ante la imposibilidad de atención dentro de los centros asistenciales se improvisaron camas de emergencia en las afueras de los hospitales para atender a los heridos. Algunos presentaban contusiones de carácter leve otros agonizaban por la gravedad de las heridas. Estas escenas dramáticas, penetrantes, se han quedado en el tiempo pero permanecerán en la mente de todos aquellos que las vivimos como de igual forma prevalecerá en nuestros corazones la confraternidad, la unión y generosidad de la gran familia guatemalteca. Sé que todavía hay gente buena y quiero creer que algún día los injustos se arrepentirán y entonces nuestro planeta será un edén donde podamos vivir en paz y harmonía.

Horas después comenzaron a llegar informes del interior de la república. San Pedro Cuesta Arriba, había sido arrasado. No quedaba casa en pie. Los presentimientos volaron por mi mente. Mi padre, después de marcharse don Chepe había quedado solo en nuestra «casa verde». Alberto, había iniciado la carrera de agricultura, en la Escuela de Bárcenas, en Villa Nueva. Internado. Instituto situado a pocos kilómetros de Amatitlán. Y Alejandra, mi hermana mayor residía en New Yérsey, Estados Unidos, y el que hoy escribe este trágico pasaje al igual que mi hermana más chica, Elba Nineth, en Ciudad de Guatemala. Desesperados, sin perder más tiempo iniciamos la marcha hacia el pueblo. No sabía lo que me aguardaba no obstante quería llegar cuanto antes y saber lo que verdaderamente estaba sucediendo. Montículos de cascotes obstruían lo que había sido la entrada. Todo aquello irreconocible. Casas destruidas y cables de alta tensión retorcidos entre los escombros presagiaban la magnitud de la horrorosa experiencia vivida por los tranquilos pobladores de San Pedro Cuesta Arriba. Allí, ante nuestros pies quedó pulverizado el esfuerzo y el sacrificio de miles de personas.

«Jamás pensaron recibir semejante castigo del cielo».

"¿Porque? ¿Porque?", gritaban desesperados. A lo largo de la calle no quedaban más que ruinas. Los vecinos con desesperación frenética se dedicaban a limpiar y buscar sobrevivientes entre los restos de escombros de adobes (bloques de barro) y tejas, el primero había sido para la gente pobre el principal material de construcción y fue el causante de los miles de muertos. Alejandra, que casualmente se hallaba de visita en Guatemala, en compañía de sus dos hijos, la tarde de aquel 3 de febrero visitó a mi padre, casualmente esa noche volvieron a la capital. Como pudimos comenzamos a avanzar. El bullicio aterrador del vocerío de los desesperados verdaderamente desgarraba las entrañas.

Hoy en el tiempo que llamo a mi memoria estos recuerdos relatarlo es obviamente más fácil, entonces, nuestras confundidas almas trepidaban de desconsuelo y pavor. Es muy difícil apreciar la vida si jamás hemos estado a punto de perderla. Es muy fácil censurar a los que luchan por una vida digna cuando se ha tenido todo. Los seres humanos necesitamos vivirlo para sentirlo. Para comprender el dolor lo tenemos que compartir, tópico triste y cruel pero es nuestra naturaleza. Ese día comprendí que entre la vida y la muerte no había más que un paso y que las trivialidades de la arrogancia y la soberbia no tenían razón de ser. Usando como herramientas sus propias manos muchos de los pobladores trataban de desenterrar a los soterrados que bajo los escombros gritaban de impotencia. Nos apresuramos. No había tiempo que perder. Al llegar a nuestra vieja casa verde, la parte frontal con las dos puertas separadas por la pequeña ventana aún se mantenía milagrosamente en pie, apenas soportada por el único cuarto que logro aguantar la embestida de la naturaleza. Al menos por algunas horas. Esta pequeña habitación había sido ocupada por don Chepe pero cuando mi padre quedó sólo en aquel caserón la hizo suya. Eligió dejar aquel dormitorio grande en donde nos apilábamos con mis hermanos en nuestros años de infancia, en el que entrada la noche huyendo de la oscuridad y de las historias "desquiciadas" de los adultos nos refugiábamos buscando su compañía. En medio de aquella tremenda tragedia habíamos tenido suerte, sí este cataclismo hubiese acaecido años atrás, el día de hoy no gozara del franquicia de contar este relato.

Venturosamente, mi padre estaba a salvo y se encontraba en compañía de algunos vecinos tratando de ayudar en lo que podía. Habían ya pasado varias horas y las réplicas continuaban. Ya nadie pensaba en sus pertenencias personales. Lo único que urgía era salvar las vidas de los que estaban bajo tierra. Esa misma mañana retornamos a la capital llevándonos a mí padre. Aunque los temblores no cesaban dos días después volvimos para salvar algunas pertenencias. Ese día viernes 6 de febrero, al medio día, volvió a temblar la tierra, nos agarró por sorpresa y en plena actividad, esta vez la vimos muy cerca, corrimos hacia lo que había sido el patio para ponernos a salvo. A los pocos minutos lo que quedaba de aquella memorable casa se desplomó como castillo de naipes. Allí, bajo los escombros quedaron todos los recuerdos de mi infancia y adolescencia. Fue un trago amargo. Cómo si algo dentro de mí también hubiese muerto. Hasta el día de hoy tengo presente ese viernes fatídico que me arrebató los pocos recuerdos que quedaban de mi madre. Probablemente mi padre pensando en el retorno de Alejandra había dejado que ella equipara nuestra habitación. Siempre soñó que ella volvería un día para quedarse con él en aquella casa paterna para siempre, y prefirió hacer la habitación de don Chepe la suya. Esta sentencia le salvo la vida, la alcoba de nuestra niñez quedó completamente arrasada, techo y piso se fundieron, terminando en una sola masa de escombros. Si bien Alejandra jamás regresó —el simple deseo indultó a mi padre de la muerte.

El guatemalteco satirizaba hasta su propio sufrimiento y esta ocasión no fue la excepción. Mi tío Francisco había aprovechado los buenos tiempos cuando las tierras se adquirían muy baratas para hacerse de una buena porción. Estos terrenos estaban ubicados en la ciudad de Guatemala, en el barrio popular: Las Majadas, situado en las periferias de la Calzada San Juan. El día de hoy este barrio está repleto de gente desconocida y sus calles no han sido ajenas a la violencia de las pandillas. Esta enorme propiedad con el tiempo quedó rodeada por las construcciones vecinales. El sueño de todo padre es tener a sus hijos siempre cerca, él fue más afortunado que mi padre pues vio cumplida esa ilusión. Las cuatro o cinco casas erigidas daban al placentero y espacioso patio, en tiempos de sosiego y armonía las reuniones familiares en un espacio grande y al mismo tiempo en total privacidad fueron la mar de placenteras. Cada sábado no faltaban estos encuentros en los cuales la presencia del "chef" de cocina —don Ricardo— se había hecho inexcusable. Activo impulsor y cocinero vitalicio de estas sanas y entretenidas fiestas sabatinas. Su apasionada devoción por aquel evento puntual contagiaba a todos los comensales y le daba ánimo y alegría a las horas de convivio. Residía en la población de San Juan Cuesta Abajo, a veinticinco kilómetros de la ciudad, distancia que no frenaba su febril entusiasmo. Muy de mañana se presentaba al pintoresco bario como escolar entusiasmado a la escuela, con carnitas, chicharrones y verduras frescas. En este mismo patio alzamos un improvisado campamento familiar. Los primeros días fueron de mucha zozobra. El constante traqueteo de las placas tectónicas y los estruendos que provenían de las mismas entrañas de la tierra acrecentaban nuestra inquietud. Sabíamos que la tierra se había agrietado en otras regiones del país y ya no nos sentíamos seguros ni fuera de las viviendas.

Las noches en el improvisado campamento comenzaron en lo que cabe, a pasarse mejor. El humor chapín se encargó de ello. Habían pasado apenas unos días y los chistes alusivos al desastre ya circulaban. «Muchas noches fueron de fiesta». Mi hermano Marco, que desde niño ha sido un virtuoso de la música hacía de aquel desconsuelo un rato ameno, las notas sugerentes y alegres de su acordeón se escuchaban por todo el vecindario, así como las destempladas voces de algunos espontáneos que haciéndose de sartenes, ollas u otros artefactos caseros trataban de seguir el ritmo de las canciones. Aunque no faltó el enfado de alguna ama de casa por el lamentable estado en que terminaron aquellos artilugios domésticos. Todo este escándalo "hacía olvidar" al menos por un instante —la cruda y triste realidad que destrozó a miles de familias guatemaltecas—.

Debido a que los actos de pillaje y saqueo habían comenzado por acuerdo vecinal para mantener el orden y proteger las propiedades se organizaron grupos de vigilancia. Los atrevidos amigos de lo ajeno amparados por la oscuridad no escatimaban esfuerzo para vaciar las viviendas. Valiéndose de la zozobra de los ciudadanos actuaba a sus anchas. Aunque, como siempre suele pasar en estos casos, muchos inocentes cayeron víctimas de los enfurecidos vecinos.

Algo que no podría pasar por alto, la respuesta de todos los países hermanos que se solidarizaron con nuestro sufrimiento enviando medicinas, alimentos y tantas otras cosas que eran de extrema necesidad, entre otros, Suecia. Igualmente, debo por justicia, reprochar el aprovechamiento de las autoridades de turno que se apoderaron de gran parte de esa asistencia. Las carpas acabaron en las playas en manos de los menos necesitados. Los pobres como siempre solía en mi sufrida Guatemala ocurrir, se quedaron esperando la ayuda.

Guatemala, desgraciadamente es un país que está situado en una de las zonas más volcánicas de nuestro planeta. Destacan los volcanes: Tajumulco (4,220 m), el pico más alto de América Central. El de Fuego (3,763 m). El de Santa María (3,772 m). El de Agua (3,760 m). Y el de San Pedro y Tolimán a orillas del hermosísimo lago Atitlán, con una altura de 3000 y 3158 metros respectivamente. El origen de los sismos en Guatemala se debe a que está ubicada sobre la triple unión de placas tectónicas que forman en parte la corteza terrestre. El territorio nacional de la república está repartido en tres placas tectónicas: Norteamérica, Caribe y Cocos. Los movimientos relativos entre éstas fijan los principales rasgos topográficos del país. El contacto entre las placas de Norteamérica y las del Caribe es de tipo transcurrente, y entre las placas de Cocos y del Caribe convergente, en el cual la placa de Cocos se mete por debajo de la placa del Caribe (fenómeno conocido como subducción), este proceso da origen a una gran cantidad de temblores y formación de volcanes. El contacto entre estas dos placas se halla a unos 50 kilómetros frente a las costas del océano Pacífico y es también conocida como la falla del Motagua, causante del terremoto de 1976. Cabe destacar la importancia de esta falla, para investigadores norteamericanos radica en su similitud con la falla de San Andrés, California. Viéndolo de manera global, Guatemala se encuentra en el Cinturón de Fuego, toda una línea de fricción entre placas. Muchas de ellas de subducción. La tectónica de placas y volcanes se traduce en sensibilidad sísmica para Guatemala. En la última mitad del siglo XX se produjeron erupciones y terremotos, además de los continuos movimientos sísmicos necesarios para la liberación de energía. Si se reprodujera lo ocurrido en el siglo XX, podría Guatemala sufrir un movimiento de magnitud considerable alrededor del año 2015. El pronóstico anterior fue hecho ya hace varios años. Nota: El territorio guatemalteco fue sacudido nuevamente por un terremoto el día 7 de noviembre del año 2012 que alcanzó una magnitud de 7.4 grados, y luego el 6 de septiembre del año 2013 volvió a temblar la tierra, esta vez alcanzó una magnitud de 6.5 grados. Y en el año 2014, el 7 de julio, alcanzó un nuevo movimiento telúrico los 6.4 grados.

MONTREAL CANADÁ 1976

En las semanas post terremoto si algo tuve de sobra fue tiempo para reflexionar especialmente sobre el futuro inmediato que era el que más me preocupaba. Haber visto tanta amargura dolor y muerte me había íntegramente roto emocionalmente. Muchos habitantes citadinos permanecieron en la ciudad que aunque tambaleante se mantuvo en pie por lo que no percibieron la dimensión destructiva del cataclismo en el interior del país.

Como venía haciéndose ya costumbre tropecé una mañana con mi primo Andrés que exasperado de la situación imperante en el país me hizo una espontánea propuesta. Le escuché con atención. No parecía descabellada… a fin de cuentas en aquel momento cualquier proposición podría ser interesante.

Pero… ¿Así de sopetón?

— ¿Te gustaría viajar a Canadá?

— ¿A Canadá? Pregunté, vehemente.

— ¿Qué te parece?

Algunos amigos habían vivido por esa región, y como si de un viaje de placer a la playa se tratase en lo que tomábamos un café detallamos hasta el último pormenor. Todo estaba decidido. Él se encargaría de convencer a mí padre, de antemano sabíamos que accedería. Días después con el fin de indagar más sobre el país anfitrión decidí ir en busca de Benjamín, que residía en San

Antonio del Valle, situado a unos 40 kilómetros al noroeste de la capital de Guatemala. Este poblado tenía algo muy particular que a pesar de su cercanía a San Juan Cuesta Abajo lo hacía diferente —el acento y la tez blanca de sus pobladores— típicas peculiaridades que terminaron convirtiéndose muy distintivas de esta región. Aquí vivía nuestro buen amigo. Este empresario del transporte había vivido en Toronto. Relató su experiencia por las tierras gélidas del norte con un poco de morriña y, según él, era un país de muchas oportunidades. Gracias a su amena charla terminamos convencidos que valía la pena intentarlo. Ema, que casualmente también había vivido en la misma ciudad, tenía las mismas impresiones, los halagos y consejos fueron los mismos. "Sí pudiera regresar lo haría mañana mismo", comentó nostálgica.

Andrés renunciaba a todo, trabajo, vehículo, dejaría también a su familia, se lo jugaba todo sin saber siquiera si ganaría aquella partida. Pero así era él. Siempre decidido y optimista. Yo por el contrario no tenía nada que perder ni que vender. Así que la suerte estaba echada. Aprovecharíamos los juegos olímpicos de verano que se celebraban en el mes de julio en la ciudad de Montreal. Flor, media hermana de Andrés, consintió darnos alojamiento. Hasta aquí era muy poco lo que sabíamos de esa enorme ciudad que por aquel tiempo conservaba el primer lugar en importancia del país. Los guatemaltecos gozábamos por aquel entonces del privilegio de no precisar visa turística para ingresar legalmente al país. Reservados los boletos con tres meses de antelación —sólo quedaba esperar el día de la partida—.

La vida en el país comenzaba a normalizarse. Si bien muchos como mi padre perdieron sus casas y debieron empezar de nuevo los que tenían medios económicos irguieron mejores viviendas. Aprovechando subsidios y préstamos fáciles la gente humilde terminó reubicándose en casas prefabricadas. Así nacieron los asentamientos que se propagaron con el tiempo por toda la periferia de la ciudad capitalina. Las réplicas continuaron y la tierra temblaba de cuando en cuando. El fantasma del miedo rondó por mucho tiempo en el subconsciente de muchos de nosotros. A pesar de haber ya pasado semanas la gente aún se inquietaba al rechinido causado por la dilatación de las maderas. El tráfico del transporte pesado en las carreteras representó otro suplicio para algunos que les hacía recordar el desastre.

¡Por fin llegó el día! En los días previos habíamos sufrido el patente y desagradable nerviosismo. No sabíamos que pasaría. Y aunque estábamos preparados para lo peor comprensiblemente nos inquietaba fracasar. Fuimos despedidos por un grupo de amigos, algunos de ellos optimistas, otros menos, envueltos en aquella atmosfera de incertidumbre tomamos rumbo a México. Era mi primera experiencia por los aires y todo aquello me traía hecho un nudo de nervios. Horas más tarde y felizmente después de un viaje agradable y tranquilo, aterrizábamos en el aeropuerto Benito Juárez de la ciudad de México. Teníamos muy poco tiempo pero de igual forma nos entusiasmaba visitar algunos de los lugares más emblemáticos de la ciudad. Sobre todo, La Plaza Garibaldi y el Teatro Blanquita, que por excelencia representaban el folclor mexicano que los guatemaltecos teníamos arraigado a través de sus canciones y sus artistas.

La Plaza Garibaldi, se encontraba en la zona centro norte de la ciudad y se caracterizaba por ser un lugar muy popular para todos los amantes de la música ranchera. Aquí se reunían los Mariachis más populares de México que hacían gala de sus mejores y más vistosos atuendos. Por las noches las luces y su ambiente de fiesta hacían de esta plaza un espectáculo. Es grato saber que aún en la actualidad este simbólico lugar continúa su actividad artística. Por el Teatro Blanquita han desfilado los mejores artistas de México. Por la poca información que pude recabar, el Teatro Blanquita surge del Teatro Margo que debido a su deterioro fue demolido en el año 1958. En este lugar fue construido el Teatro Blanquita, en honor a Blanca Eva cervantes.

Probablemente hija del fundador del popular Teatro Margo. Este detalle podría ser no exacto. Lamentablemente los deseos quedaron en eso, ni una ni otra cosa pudimos realizar. Gastamos la tarde más rápido de lo que pudimos imaginar. Si bien, las condiciones no estaban para hacer turismo marcharnos de México sin comer las sabrosas carnitas y los deliciosos tacos habría sido un sacrilegio.

Las lamparillas de la habitación me despertaron, me sentía cansado, sabía que no habían pasado muchas horas. Frente al espejo, contoneándose Andrés trataba de sentirse cómodo en aquel refinado traje que sería su cómplice en aquella atrevida aventura. Resté importancia a la ocurrencia y traté de conciliar de nuevo el sueño. Teníamos aún algunas horas de oscuridad y había que aprovecharlas. Esa mañana no podía disimular el nerviosismo. Sabía que en unas horas terminaría aquel tormento.

¿Cómo?, no quería ni pensarlo.

El aeropuerto estaba repleto de viajeros. Algunos de ellos perdían el tiempo en las tiendas y otros calmaban con un aperitivo en algún bar los nervios que por antonomasia nos afecta a la mayoría de los mortales cuando debemos volar.

El Aeropuerto Internacional de la ciudad de México fue inaugurado en 1952, cuando la población de la capital contaba con tan solo tres millones de habitantes y la economía de México era doce veces más chica. Hoy, es evidente que las necesidades de infraestructura han aumentado de manera considerable. Con una población que supera los 21 millones, incluidos los municipios conurbados, y actividades económicas muy significativas que representan cerca del 30% del total nacional y un voluminoso intercambio con el exterior en términos de carga y pasajeros, la demanda de tráfico aéreo también se ha multiplicado con gran rapidez y requiere de infraestructura de transporte que garantice el movimiento de entre 20 y 30 millones de usuarios al año.

Abordamos la aeronave que nos trasladaría a Montreal y a medida que el tiempo pasaba la intranquilidad me acosaba y acorralaba y presentía que todo se iría por la borda. Después de circunvalar por varios minutos la ciudad francófona a espera de derecho a pista, por fin, el ruido estrepitoso de la portezuela al liberar las ruedas y el no menos escandaloso encontronazo con la pista de estas anunciaba que el tiempo se nos había agotado. Ya estábamos tocando tierra. Una enorme inscripción clavada en la fachada principal de la formidable terminal de Mirabel "nos daba la bienvenida".

El Aeropuerto de Mirabel, originalmente conocido como Aeropuerto Internacional de Montreal estaba ubicado en la localidad de Mirabel, Quebec, Canadá, 39 kilómetros al noroeste de Montreal. Fue inaugurado el 4 de octubre de 1975 y funcionó como aeropuerto de pasajeros de vuelos regulares hasta el 31 de octubre de 2004. Esta obra arquitectónica fue inaugurada un año antes de los Juegos Olímpicos de Montreal. Su construcción estuvo rodeada de polémica debido a la gran cantidad de terreno que se expropió para su edificación y a la reyerta política que suscitó la decisión del lugar de su emplazamiento. En su tiempo, fue el mayor aeropuerto del mundo por superficie proyectada, con un área de 396,6 kilómetros cuadrados, una superficie mayor que el término municipal de Montreal, la principal ciudad a la que servía, y más de diez veces que la superficie en 2013, del Aeropuerto Charles de Gaulle de Paris.

Permanecí sentado dejando que los pasajeros abandonaran sus asientos, a los pocos minutos hice lo mismo. Lo intuido. Quizá por mi edad las cosas se complicaron. Fui retenido e interrogado por espacio de una hora. Para mi fortuna la barrera idiomática jugó a mi favor. Agotados por la espera infructuosa del traductor, después de consultas y deliberaciones los agentes de la Oficina de Migración por avenencia resolvieron admitirme. Desconociendo la suerte corrida por Andrés apresurada y marcadamente preocupado me dirigí a recoger mi equipaje. Con el corazón en un puño, escudriñé por los alrededores buscando la salida, ansiaba desaparecer del lugar lo más rápido posible. ¿Y ahora qué? Murmuraba para mis adentros. ¡No conozco a nadie! No hablo inglés ni mucho menos francés. Los malos augurios fueron desfilando por mi mente. Cegado por el estrés tomé casi tropezando con otros transeúntes el corredor más amplio de aquella moderna edificación decorada con gusto exquisito, sin siquiera sospechar que era la mejor apuesta, al doblar a la derecha, este, conducía al exterior. Al final del pasillo unas manos se agitaban tratando de llamar mí atención. Andrés, en compañía de dos jóvenes que ni él ni yo conocíamos esperaba por mí. Ellos, al igual que nosotros eran centroamericanos, salvadoreños, que habían acudido a despedir a un pariente y Andrés no malgastó la ocasión.

En Bullion 40, lugar donde pernoctaríamos algunas semanas según lo planeado, esperaba por nosotros, Flor. Ya había pasado lo más difícil, aunque sabíamos de buena tinta que pronto seriamos dos más que engrosarían la lista de indocumentados y a partir de aquí habría que estar alerta preferíamos no intrincarnos la existencia con cosas que podrían suceder. Ya estábamos en el gélido territorio canadiense y las preocupaciones las dejaríamos para cuando llegaran. Por ahora lo prioritario era unirnos a la embriaguez olímpica y lo mejor de todo —sin temblores de tierra—.

En el año 1972, Alemania acogió los Juegos Olímpicos. Múnich, fue la ciudad elegida. Luctuosamente recordada por los sucesos violentos que sacudieron al mundo. Un comando palestino secuestró y asesinó a nueve deportistas israelíes. Este suceso hizo tambalear aquella justa deportiva, sin embargo a pesar de la incertidumbre los juegos continuaron. Esto hizo que 4 años más tarde el despliegue de seguridad fuera prioritario para evitar que se repitieran los sucesos lamentables que enlutaron a la familia deportiva. Conjuntamente con la ciudad francófona presentaron también su candidatura para acoger los Juegos Olímpicos de aquel año, Moscú y los Ángeles, las últimas dos ciudades celebraron curiosamente por el mismo orden las dos siguientes ediciones olímpicas: Moscú 1980 y los Ángeles 1984. Finalmente fue Montreal la votada para ser sede de los XXI juegos de la era moderna. Lejos de ser en evento lucrativo que representara ganancias económicas para la ciudad, finalizados los juegos, Montreal tuvo que cargar con un enorme déficit de cerca de 1000 millones de dólares. Montreal, situada en la provincia de Quebec era notablemente la ciudad más representativa de la población francófona canadiense, y esta relación puso en duda la capacidad de hacer frente a los costes que aquellas tan esperadas justas deportivas ocasionarían. El Gobierno Central de Canadá retiró todo su apoyo financiero por lo que la ciudad tuvo que cargar con todos los gastos económicos, terminando con el déficit antes apuntado. Temiendo un posible conflicto se acordó que el último relevo de la antorcha y el encendido del pebetero fuera ejecutado por una pareja canadiense, integrada por un atleta de habla inglesa y otro que representara a los franco-canadienses. Ajeno a estos complejos contratiempos que los quebequenses afrontaban me paseaba despreocupado por la Villa Olímpica sin siquiera imaginar la elevada inversión que habían hecho, según fuentes fidedignas fueron cerca de 22,000 millones de dólares.

Llegado de mí querida Guatemala donde reinaba el desorden y la suciedad por las calles todo aquello me parecía otro mundo. Acostumbrado a presenciar los caóticos encuentros de fútbol nacional celebrados en nuestro estadio capitalino, Mateo Flores, donde simplemente ingresar era ya tarea considerable por no hablar del riesgo de estar dentro ya que por los graderíos volaban los más variopintos objetos, muchos contundentes, que ponían en riesgo la vida de los exaltados aficionados. Al estar frente a la taquilla de aquel monumental estadio olímpico en forma de tortuga (bajo esta colosal construcción se encontraba la piscina y además albergaba el velódromo), vino a mi mente lo ocurrido en un encuentro futbolístico años atrás, en el Estadio Nacional Mateo Flores. Los equipos contendientes ajenos a las disputas que se libraban en el exterior del estadio calentaban para dar inicio a aquel choque deportivo tan esperado. Cuba, enfrentaba a nuestra selección. En mi país nos llevábamos muy mal con la formalidad y la responsabilidad y esto se manifestaba en todo acontecimiento. Aquella calurosa mañana de domingo veraniego, serían las diez treinta. Como era de esperarse ya miles de devotos se hallaban plácidamente sentados en los graderíos del estadio; estadio con capacidad para cuarenta y cinco mil aficionados, y otros cuantos miles ya con boleto en mano desesperadamente tratábamos de ingresar. Hasta aquí todo había transcurrido sin mayores incidentes pero a medida que el reloj consumía los minutos la gente comenzaba a perder la calma. Dos intranquilos agentes de la Policía Nacional, aferrados a las dos enormes puertas metálicas que hasta ese momento se mantenían cerradas a medias, intentaban a toda costa salvaguardar el orden para impedir innecesarias aglomeraciones. A eventos deportivos de este tipo nunca faltaban vándalos y agitadores. A nuestras espaldas, a escasos metros se escuchó el grito contagioso de un espontaneo que reclamaba abrir las puertas, a esta exhortación se sumaron otras voces frenéticas. El contagio no se hizo esperar. Los empellones se fueron haciendo más fuertes y esto provocó pánico colectivo. Todo sucedió en segundos. El flujo de gente abrió las puertas de par en par y los agentes del orden no fueron capaces de detener aquella arrolladora estampida humana que se movía por inercia como búfalos exasperados que huyen del acoso de sus cazadores, terminando irremisiblemente maltrechos y pisoteados. Muchos espectadores como era de esperar fueron literalmente levantados por la fuerza incontrolada de aquella marea humana y fueron desfilando sobre nuestras cabezas.

Minutos de excitación y pánico. No recuerdo las consecuencias de este percance provocado en parte por la pésima organización al sobregirar el número de boletos, pero tampoco pueden quedar exentos de culpa los cafres incitadores. Este percance pudo haber acabado en una verdadera tragedia, con docenas de muertos.

Me gustaría hacer una observación del comportamiento del guatemalteco de entonces, pasado el mal momento cada uno se acomodó donde pudo, cientos quedamos de pie, e iniciado el encuentro los exaltados gritos de los aficionados al igual que al inicio de la avalancha terminaron contagiando a las por lo menos cincuenta mil almas en ese momento ahí congregadas que ya habíamos prácticamente olvidado aquel insípido incidente y compartíamos llenos de entusiasmo y alegría aquel evento de amistad y deportividad. Por la experiencia expuesta, cuando permanecía en medio de la fila, inmóvil, frente "a la gran tortuga" no podía alcanzar a concebir que la gente fuera tan paciente, tan pasmada, y esperara el momento que le correspondía para continuar hacia las butacas sin la menor agitación.

Aquí debo hacer un paréntesis para hacer referencia a un hecho trágico similar ocurrido en el mes de octubre del año 1996 en este mismo estadio capitalino. El jueves 17 de octubre de 1996, Prensa Libre de Guatemala, titulaba así su portada: ¡Luto nacional! 77 muertos en el Mateo Flores anoche. El incidente tuvo lugar en la entrada sur del estadio Mateo Flores, minutos antes de que empezara el partido de futbol entre las selecciones de Guatemala y Costa Rica por la eliminatoria al mundial Francia 98.

Causas de la tragedia. Rolando Pineda Lam, presidente de la Federación Nacional de Futbol, dijo aquella vez que las causas de la tragedia fueron debido a que aficionados que se habían abalanzado sobre la puerta del sector de general sur atropellaran a los aficionados que estaban sentados en los graderíos, quienes murieron por asfixia y golpes al caerles encima el grupo que forzosamente buscaba entrar en el estadio. Sobreventa de boletos. Pineda Lam y autoridades deportivas informaron que la causa de la tragedia había sido la venta de boletos falsos ya que el estadio tenía la capacidad de albergar 50 mil aficionados. Uno de los aficionados que no pudo ingresar dijo que la cola era de tres cuadras, y que el estadio ya estaba a reventar, y que además algunos aficionados habían escalado los muros para ingresar sin pagar, mientras otros empujaban las puertas para forzar a las autoridades que los dejaran ingresar. Policías y reporteros que se encontraban en la gramilla, se dieron cuenta que no se trataba de ninguna riña. Sino que los aficionados estaban atrapados, por lo cual un oficial de la Policía ordenó que abrieran, en ese instante la gente se precipitó hacia la cancha. Los sobrevivientes trataban de ayudar a los demás. Los que no estaban muy golpeados sacaban en hombros a los heridos que estaban en peligro y los tiraban hacia el césped.

Otro testigo, relató que la gente estaba entrando a empujones, y a la hora de llegar a la primera grada perdieron el paso y cayeron sobre la gente que estaba ya sentada, aplastándolos. Algunos expertos en seguridad afirmaron que la muerte de los aficionados fue a causa de la falta de medidas de prevención y seguridad en el estadio.

"Estos hechos revelan la poca o nula responsabilidad de las autoridades. Pero no deben quedar incólumes de esta crítica los ciudadanos. Opino que la lógica de la vida no es tan complicada, hasta los animales irracionales soslayan los peligros usando tan solo el instinto".

Mis visitas a la Villa Olímpica para disfrutar el ambiente de fiesta que ahí se vivía se hicieron sin haberlo así programado, cotidianas. Una mañana sorpresivamente tropecé con la comitiva de la reina de la gimnasia. La ciudad de Montreal tuvo el deleite de contar con la presencia de la mejor gimnasta olímpica de todos los tiempos, la pequeña gran atleta rumana, Nadia Comanecci, ganadora de cuatro medallas de oro con un diez perfecto en todas las presentaciones. A sus escasos 14 años ya gozaba de fama y respeto en el ámbito deportivo. Para todo el mundo su éxito fue una gran sorpresa pero no así para el pequeño núcleo de la gimnasia, para ellos, Nadia era la candidata para aspirar al oro en Montreal. Había ganado ya en el año 1975 cuatro medallas de oro en el campeonato europeo. Niña pequeñita de aspecto frágil, en la calle aquellos que como yo la vieron no pudieron intuir el furor que levantaría por todo el mundo después de su extraordinaria primera presentación. En el año 1982, sin habérmelo propuesto visité Rumanía, a pesar del paso del tiempo aún la recordaban con admiración.

Teófilo Stevenson, púgil cubano también hizo historia, fue otro fabuloso fenómeno deportivo que destacó en el certamen de Montreal, pasó a la historia como el mejor boxeador amateur de los juegos olímpicos y fue el más temido y respetado de todos los tiempos. Se hizo con el título de superpesados en tres olimpiadas consecutivas: Múnich, Montreal y Moscú. Teófilo recibió varias propuestas lucrativas que rechazó, jamás aceptó convertirse en profesional. Muchos expertos en boxeo afirmaron que pudo haber obtenido fácilmente el título mundial de pesos pesados.

Alberto Juantorena Danger, otro connotado y admirable atleta cubano, especialista en las pruebas de 400 y 800 metros. Se proclamó campeón olímpico de ambas distancias en los Juegos Olímpicos de Montreal, 1976, hazaña que nadie ha conseguido hasta ahora. Cuba tuvo gran dominancia deportiva en eventos olímpicos, sobre todo en las modalidades del boxeo.

MANUEL COLOM ARGUETA

Antes de dejar para siempre Guatemala, en 1979-1980, viví dos acontecimientos de carácter relevante que sacudieron la opinión pública de mí país y del mundo democrático: El asesinato de Manuel Colom Argueta, y la quema de la Embajada de España, en Ciudad de Guatemala. Estos fueron los dos últimos sucesos violentos que debí presenciar ya que dejé mi país al corto tiempo. Manuel Colom Argueta, político prestigioso y exalcalde de la ciudad de Guatemala y precandidato a la Presidencia de la República por el Frente Unido de la Revolución, FUR, había despertado expectativas en los guatemaltecos oprimidos y más necesitados, los jóvenes lo veíamos como "el mesías libertador de Guatemala", los opresores lo sabían y fue amenazado de muerte muchas veces.

Quiero extenderme un poco en este suceso porque su muerte me estremeció. Sin lugar a dudas era el único líder que podía promover un cambio político que representara verdaderamente a las mayorías. El día de su muerte lloré como un niño, no pude evitarlo, sentía rabia, frustración y congoja. Con él se fueron nuestras aspiraciones de ver una Guatemala más justa, pluralista y respetuosa de los derechos humanos, una sociedad encaminada hacia la democracia donde se hicieran valer los derechos de las masas.

Por la seriedad de este suceso me apegaré a los hechos reales para no caer en especulaciones. Su eliminación física se planeó en distintos períodos de gobierno.

Durante el período presidencial de Miguel Idígoras Fuentes (3 marzo 1958-30 marzo 1963) fue enviado prisionero a la República del Salvador. Luego, durante el gobierno de Kjell Eugenio Laugerud García (1970-1974) sufrió un atentado cuya ejecución se le adjudica a un oficial del Ejército de Guatemala. En esta oportunidad resultó herido de un brazo, y arrastrándose varias cuadras logró llegar al Cuerpo Voluntario de Bomberos. Durante su mandato como alcalde, 1970-1974, alcanzó gran popularidad y se ganó el cariño y la simpatía de la población, en esos años fue víctima de amenazas y acosos. Siendo alcalde escribió una carta de su puño y letra en la que reveló la existencia de un plan gubernamental para darle muerte. La afirmación vertida por Colom Argueta en el citado documento concuerda con la información contenida en documentos desclasificados de la CIA. En marzo de 1979, uno de estos informes señalaba:

"Es de opinión de los oficiales que Colom debería haber sido asesinado durante el período 1970-1974, cuando él era Alcalde de la ciudad o en su defecto a la salida de este cargo". En ese momento había un plan para matar a Colom... según estos documentos habían pruebas que Colom, el Alcalde de la ciudad capitalina, era 'la cabeza clandestina intelectual' de la izquierda radical, en ese entonces comprometida en la guerra de guerrillas urbana".

DÍA DE SU MUERTE

El 22 de marzo de 1979, desde muy temprano fueron vistos agentes de seguridad en los lugares que Manuel Colom Argueta frecuentaba y en las cercanías de su bufete profesional. Colom salió de su oficina ubicada a poca distancia de la Embajada de Estados Unidos, en la 6ª. Calle, 7-55 de la zona 9, con rumbo a la Universidad Autónoma de San Carlos. Conducía su vehículo marca Toyota color rojo y era escoltado por un Mercedes Benz color azul, en el que viajaban sus dos guardaespaldas, Héctor Barillas Zelada e Hilario Hernández Quiñones.

Alrededor de las once de la mañana el automóvil Mercedes Benz fue atacado por los ocupantes de otro vehículo de color verde y blanco, quienes lo acribillaron. Posteriormente, se agregó otro vehículo color negro; los dos de fabricación estadounidense. Eliminados los guardaespaldas, un automóvil de color rojo y dos motocicletas comenzaron la persecución de Colom Argueta, quien intentó huir del lugar donde se había producido el tiroteo, para ser interceptado a la altura de la 3ª. Avenida y 5ª. Calle de la zona 9, donde fue ametrallado. Manuel Colom recibió el impacto de 24 proyectiles calibre 45 milímetros. La mayor parte de las heridas de bala se concentró en el cráneo, la cara y el tórax. Los familiares de Colom Argueta aseguraron que el operativo fue dirigido desde un helicóptero que sobrevolaba el área y que entre sus tripulantes se encontraba el general David Cancinos, jefe del Estado Mayor del Ejército. Esta versión ha sido confirmada por la misma Comisión de Esclarecimiento Histórico mediante las declaraciones ofrecidas por un testigo, quien asegura lo siguiente:

"Cancinos, desde un helicóptero personalmente supervisó el operativo que se había planificado en una forma de círculos concéntricos; si salía del primer círculo del operativo le esperaban en un segundo y así sucesivamente. Efectivamente no lo lograron en el primer punto, sino en un siguiente círculo del operativo".

A los pocos días del asesinato de Manuel Colom Argueta, el Ejército Guerrillero de los Pobres, movimiento revolucionario, dio un ultimátum al entonces presidente Fernando Romeo Lucas García para esclarecer los hechos caso contrario se ejecutaría al responsable o responsables. El gobierno estaba acorralado. Tratando de ganar tiempo Lucas García ofreció castigar a los culpables. Él sabía que esto era nada más que una nueva artimaña. Jamás serían castigados. El tiempo se encargaría de borrar lo sucedido y así como otros asesinatos este también quedaría impune. Sin embargo esta vez se equivocó y el asesino de Manuel Colom Argueta pagó con su vida. El general Cancinos fue ajusticiado. Atribuyéndose la acción el Ejército Guerrillero de los Pobres (EGP). Organización que confirmó la versión del involucramiento de dicho oficial en la ejecución de Colom Argueta.

"El siguiente artículo, apareció en la edición impresa del periódico Internacional: El País de España, el Martes, 12 de junio del año 1979". El jefe del Estado Mayor del Ejército guatemalteco, general David Cancinos, ha sido asesinado en Guatemala, cuando viajaba en un automóvil acompañado de dos guardaespaldas. El general Cancinos fue ametrallado en el centro de la ciudad. Con él murieron sus acompañantes. Ningún grupo ha reivindicado todavía la muerte del militar, de 65 años, y tercer hombre en la cadena de mando de Guatemala, después del presidente, general Lucas García, y el ministro de Defensa, Oto Spiegler. Cancinos era virtual candidato a la presidencia de la República en 1982. En un comunicado difundido ayer por la tarde, el cuartel general del Ejército califica a los autores del atentado de «extremistas y totalitarios». La nota asegura que la unidad granítica castrense se mantendrá y que se intensificará la lucha contra las facciones clandestinas, «que siembran el terror y la muerte». Los militares se refieren a los grupos izquierdistas armados que luchan contra la dictadura.

Y por último quiero agregar un fragmento de un comunicado que explica la seguridad con que actuó el grupo guerrillero:

"Teníamos compañeros que trabajaban en el Gobierno, en diferentes ministerios incluido Gobernación. Permanentemente obteníamos información desde allí y por eso logramos recabar información cercana a Cancinos, quien andaba dirigiendo la operación del asesinato de Manuel Colom Argueta desde un helicóptero, con al menos otros dos jefes".

La vida siguió su cauce. La muerte de Colom fue una pérdida irreparable. Irreversible. Hasta el día de hoy dudo que Guatemala haya tenido un líder honesto como él. David Cancinos estaba postulado para ser el nuevo presidente de Guatemala en las urnas o por la fuerza, lo supe antes de su muerte. Santiago, un primo, copropietario de una imprenta que había comenzado a ganar prestigio a nivel nacional había recibido el encargo de imprimir la propaganda electoral a favor de Cancinos antes de la muerte de Colom. Todo indicaba que sería el sucesor de Lucas García. El gobierno de Lucas García no se intimidó ante la muerte de Cancinos. La represión continuó. Y así unos meses después se consumó la horripilante masacre en la Embajada de España.

Hecho execrable que puso de manifiesto el talante psicópata e irracional de los chacales que dirigían el destino de nuestro país por aquellos lúgubres y funestos días.

QUEMA DE LA EMBAJADA DE ESPAÑA

La represión contra comunidades del interior del país cobró mayor fuerza en la década de los 80. De hecho, el inicio de 1980 fue marcado por la llegada de una comisión de campesinos de Uspantán, Quiché, a la capital, quienes buscaban llamar la atención nacional e internacional sobre la violencia que sus comunidades sufrían. En agosto y septiembre de 1979, nueve indígenas de las comunidades aledañas a Uspantán habían sido asesinados, lo que significaba el desplazamiento de la represión hacia el Occidente de Guatemala. Para la dictadura luquista la presencia de un grupo de campesinos indígenas que exigían el respeto a sus derechos humanos era un acto de subversión, más aún cuando los manifestantes estaban asesorados por el Comité de Unidad Campesina (CUC) y estudiantes universitarios del Frente Estudiantil Revolucionario "Robin García" (FERG), grupos legales pero vinculados al Ejército Guerrillero de los Pobres.

En un principio los indígenas, por medio del dirigente de FUR, Abraham Rubén Ixcamparic, buscaron una audiencia en el Congreso de la República. Pero en respuesta, agentes del gobierno mataron a tiros a Ixcamparic frente al palacio de la Policía Nacional. Ante este vil y cínico crimen, los campesinos consideraron que era urgente hacer públicas sus demandas. No obstante y tomando en cuenta el alto grado de represión, una marcha pública resultaba arriesgada y por lo tanto imposible. En tales condiciones, el CUC y el FERG decidieron que lo mejor era tomar una embajada, ya que la extraterritorialidad dificultaría y en el mejor de los casos impediría un ataque por parte del gobierno. Los líderes eligieron la Embajada de España por su ubicación cercana a varias rutas de transporte y por el diseño del edificio que facilitaba la toma. Algunos de los campesinos de Quiché acordaron ir con ellos. El resultado fue uno de los momentos más infames del terror estatal en Guatemala.

Siguiendo el plan de ocupación, los participantes salieron del campus universitario en la zona 12, a bordo de buses del servicio urbano, hacia la zona 9. Cuando los primeros grupos ingresaron al edificio de la embajada, rápidamente se dispuso el cierre con candados de las puertas de acceso. Para suerte de los invasores, en el interior de la misión diplomática se encontraban dos altos exfuncionarios del gobierno quienes fueron tomados de rehenes. Todo iba bien. El grupo fue recibido por el embajador, Máximo Cajal y López, a quien se le pidió su mediación para formar una comisión que verificara la represión en Quiché. Los ocupantes colgaron mantas afuera del edificio y colocaron un equipo de sonido en el balcón para comunicarse con la prensa y las fuerzas de seguridad.

Las tertulias callejeras de repudio manifestaban el rechazo y el cansancio del pueblo. Nos preguntábamos hasta cuando se acabaría aquella horrible pesadilla. Rigoberto, estudiante de Derecho tampoco era ajeno a todo aquel escándalo. Todavía agitado y entre tartajeos trataba de exponer lo sucedido:

"Ayer, cuando salía de la facultad los vi… eran campesinos y obreros, y por lo que entonces explicaron su única intención era tomar pacíficamente la embajada en protesta por las masacres. ¡No hay derecho! Querían nada más llamar la atención de la opinión pública y obligar al Gobierno a dialogar y que se hicieran valer sus demandas. ¡Eso era todo!". Calló unos segundos, respiró sutilmente y casi susurrando, repuso: "Compañeros del Frente Estudiantil Revolucionario Robin García se unieron a la marcha, entre ellos Sonia Magaly, ¿no sé porque lo hizo? ¿No lo sé?", concluyó con voz entrecortada. Sonia Magaly Welchez Valdéz, murió al igual que lo demás ocupantes de la embajada, calcinada.

Quizá su compromiso por defender el bienestar de los pobres al igual que Rogelia, le indujo a unirse aquel grupo de campesinos y obreros que sin saberlo caminaban al encuentro con la muerte. Quiero reproducir integro el texto que da fe de lo acontecido aquel día. Este acto horrendo de barbarie ha quedado plasmado en los anales de nuestra historia. Como muchos otros crímenes este también quedó en total impunidad. Antes de continuar me gustaría citar a otra de las víctimas que murió abrasada por las llamas: Vicente Menchú, progenitor de Rigoberta Menchú, galardonada con el Permio Nobel de la Paz, 1992.

A las 11.00 de la mañana del día 31 de enero de 1980, 29 hombres, de ellos 23 campesinos de Quiché y el resto dirigentes de organizaciones populares de la ciudad de Guatemala, en forma ordenada y pacífica ingresaron a la Embajada de España. En el interior de la embajada se hallaba el embajador Máximo Cajal López, además de sus funcionarios dos conocidos políticos: El exvicepresidente de la República, Eduardo Cáceres Lehnhoff y el exministro de Relaciones Exteriores, Adolfo Molina Orantes. Según numerosos testimonios recibidos por la Comisión, la embajada fue rápidamente rodeada por unos 400 policías. El gobierno de la República sostuvo que la policía llegó a solicitud de la embajada. El embajador Cajal López, así como medios de prensa, radio y televisión aseveraron que los hechos fueron completamente diferentes. Los ocupantes dieron su palabra de salir pacíficamente (en pares) con los rehenes si la fuerza policíaca se retiraba. El embajador Cajal por intermedio del uso de un megáfono, le dijo a la policía que su presencia no era requerida y al mismo tiempo señaló que estaban violando la inmunidad diplomática. Tanto Cáceres Lehnhoff como Molina Orantes lo respaldaron, resaltando que dichas acciones violaban las disposiciones internacionales. A la 1.30 de la tarde la policía tomó posesión del techo y balcones de la embajada. A las 2.00

de la tarde los agentes encargados de la operación recibieron instrucciones de sus superiores, por intermedio de la radio de los patrulleros y a las 2.15 de la tarde rompieron un tragaluz del segundo piso donde estaban los ocupantes y rehenes. El embajador les recordó nuevamente que no estaban respetando la inmunidad diplomática de la Misión. Cuando los periodistas y funcionarios de la Cruz Roja, que intentaron negociar, dejaron la embajada, oyeron hachazos rompiendo la puerta de la sala donde estaban los campesinos y rehenes. Oyeron tres tiros seguidos y una explosión y se produjo un incendio. El embajador salió corriendo, gritando "son unos brutos, son unas bestias". Las últimas palabras de Molina Orantes fueron: «Dios, señores qué han hecho».

El embajador fue detenido por la policía durante diez y tantos minutos, en uno de los patrulleros. Un oficial de la Embajada de los Estados Unidos intervino, y el embajador Cajal fue liberado (Nótese en esta injerencia la influencia yanqui). El programa de televisión "Aquí el Mundo" reportó que la policía no hizo nada cuando el fuego empezó. El público en la calle gritaba "se están quemando vivos, rompan la puerta", mientras tanto la policía se mantuvo totalmente pasiva. Después de salir quemado y herido de la embajada, el embajador habló con periodistas españoles.

"En todo momento pensé que el asunto podría arreglarse negociando. Estábamos en mi pequeño despacho unas treinta o cuarenta personas cuando la policía comenzó a destrozar con hachas la puerta. En ese momento se produjo una gran confusión, sonaron algunos disparos, no puede precisar de quién y uno de los ocupantes lanzó un "cóctel Molotov" contra la puerta. Yo estaba muy cerca de la salida y salté hacia afuera, con las ropas ardiendo como los leones en los circos". Según el informe oficial del Gobierno español, "el embajador de España intentó repetidas veces entrar en contacto con el Ministro del Interior y con el Director General de la Policía, sin obtener respuesta alguna a sus reiteradas peticiones de que la fuerza pública se retirara de los alrededores de la embajada y se abstuvieran de intervenir". Ante esta difícil situación, el embajador Cajal López se dirigió en persona al mando de las fuerzas que rodeaban la sede de la embajada, reiterándole dicha petición y notificándole que los ocupantes estaban dispuestos a abandonar pacíficamente el edificio en compañía del propio embajador. A pesar de estas apremiantes gestiones la policía irrumpió en la sede de la misma, donde se habían refugiado los ocupantes y sus rehenes.

Hubo solamente dos sobrevivientes: El embajador Cajal López y el campesino Gregorio Yula que estaba gravemente herido. Los dos fueron internados en el Hospital Herrera Llerandi. El 1° de febrero, a las 20.30 de la noche un grupo de civiles fuertemente armados ingresó al Hospital Herrera Llerandi y secuestró al sobreviviente Gregorio Yula. Posteriormente su cuerpo fue arrojado desde un auto frente a la oficina del Rector de la Universidad de San Carlos en la zona doce. En sus ropas se halló una nota amenazante que decía:

"Ajusticiado por traidor, correrá el mismo riesgo el embajador español".

El embajador Cajal López fue trasladado del Hospital Herrera Llerandi a la Embajada de los Estados Unidos "para asegurar su integridad", según una fuente diplomática.

A principios de los años 80, Elías Barahona en su gira por Europa que de paso sea dicho estuvo en Estocolmo, denunció el hecho, y la participación directa de Lucas García al haber ordenado personalmente el asalto a la misión española. Elías Barahona, ocupó el cargo de secretario de Prensa del Ministerio de Gobernación y fue hombre de confianza de Romeo Lucas García entre 1976 y 1980. Narró la conversación mantenida por el general Lucas García con el entonces ministro de Gobernación, Donaldo Álvarez Ruiz: "Sáquenles a como dé lugar", ordenó el

Presidente. "Están dentro Molina y Cáceres", dijo el ministro de Gobernación, refiriéndose a dos exministros que se encontraban en el interior de la Embajada de España y que posteriormente murieron en el asalto. Estas palabras fueron escuchadas tanto por el ministro de Asuntos Exteriores, Castillo Valdés como por el jefe de relaciones públicas de la Presidencia, Toledo Vielman, quienes se hallaban junto a Donaldo Álvarez. "No importa, sáquenlos". —La respuesta del dictador—.

En los primeros años de la década de los años 80, al poco tiempo de la quema de la Embajada de España por razones que aquí no entraré en detalles, me encontré con Manuel, párroco español que tenía por entonces a su cargo la parroquia de Uppsala (San Lázaro). Al enterarse de mí procedencia, aunque su intención no era ser descortés, movido por la curiosidad lanzó la incómoda pregunta.

— ¿Estabas en Guatemala cuando quemaron la Embajada de España?

Respondí con un movimiento de cabeza afirmativo y agregué, me da vergüenza.

— ¿Por qué? Sí no fue culpa tuya.

No sabía que decir. Tampoco hizo falta. Ya que él, adivinando mi incomodidad —añadió.

— ¿Sabías que Máximo está aquí?

—No, contesté notoriamente sorprendido.

—Es el embajador de España en Suecia.

—Está muy mal, créeme, le afectó mucho todo aquello.

Que pequeño es el mundo. Al parecer el embajador al igual que yo, quería pasar página a ese capítulo amargo refugiándose lo más lejos de aquellos ásperos y dolientes recuerdos.

La muerte de otro célebre y valiente periodista que admiraba, igualmente me impactó, fue vilmente asesinado por los mismos fratricidas que merodeaban como aves de rapiña amparados por el anonimato y "la justicia". Mario Monterroso Armas, Director del noticiero "Enfoques Radiofónicos" fue abatido a tiros al salir de su noticiero, el 27 de marzo de 1974. En la capilla ardiente hice guardia junto a su féretro, una hora. Sabía cómo había muerto sin embargo tomé la decisión de hacerlo. Allí, erguido a un metro del ataúd esperé paciente el relevo que nunca llegó. Eran tiempos difíciles y todos sabíamos sin la menor duda que aquel recinto se hallaba infestado de "soplones" y nadie quería exponerse. Su vida no se segó en vano. Las ideas jamás mueren y las suyas aún siguen vivas en cada uno de los que vivimos aquellos tormentosos tiempos.

El terror y las sinrazones se habían institucionalizado y en consecuencia se suprimió al igual que muchas otras libertades, la libre expresión del pensamiento llegando al guatemalteco de la calle la única verdad que al régimen le ajustaba. Nuestras tertulias de tintes políticos en las cantinas las hacíamos en voz baja. "Sabíamos que las paredes tenían oídos" (sabias palabras de don Rodrigo, mi confidente en la selva petenera). Estos lugares estaban repletos de delatores.

Un año antes de la muerte de Manuel Colom Argueta, asomó por mí barrio un personaje "atípico" salido de la media común. Flaco, nariz aguileña y cabellos ondulados. Pero todos aquellos atributos terminaban opacados por la frondosa melena a todo estilo afro que apenas le dejaba al descubierto los ojos vivaces y la sobresaliente protuberancia área respiratoria. La abundancia de su pelo contrastaba con el pequeño "manchón" en la barbilla que no alcanzaría más del centímetro de ancho por dos de longitud vertical. Una tía suya vivía por esta vecindad y a eso se debía su espontanea visita. Una fría noche tuvimos ocasión de conversar e intercambiar algunas impresiones y, ya en confianza, surgieron las preguntas rigorosas:

— ¿Dónde vivís? Pregunté intrigado.

—En Huehuetenango —respondió.
Por su aspecto resultaba difícil creer que llegara de la provincia.
Adivinando mis pensamientos, repuso.
—Realmente vivo en Europa, en Suecia.
—Tengo ya nueve años "de estar perdido por allá".
— ¿Te gustaría irte? No te arrepentirías te lo puedo asegurar, comentó sonriente.

Habiendo vivido en Canadá y tomando en cuenta el delicado rumbo que estaban tomando las cosas no me pareció disparatada la invitación. Antes de desaparecer de la misma forma que llegara, me expuso las posibilidades y su manifiesta buena voluntad de ayudarme. Sí algún día decidía hacerlo. Su oferta rondó por mí cabeza durante muchos días. Pero pasadas las semanas como casi siempre suele suceder en estos casos, me fui olvidando de mi amigo, Ignacio. Que seguramente ya se paseaba por las calles sosegadas de la fría Escandinavia.

Dos años más tarde la providencial visita cambió la trayectoria de mí vida. El 7 de mayo de 1980, abandoné Guatemala. Con un maletín como único equipaje. No necesitaba más que eso. En el deposité prácticamente mí vida. Me marché de casa contra todos los pronósticos. Mi hermano Marco, trató por todos los medios persuadirme pintándome los posibles discrepantes escenarios:
El idioma, la distancia, la economía...
A pesar de su congruente y bien intencionada prédica no logró convencerme. El, en ese momento al igual que yo, ignoraba que Suecia mi destino final estaba paralizada a causa de una huelga general de lo que me puse al corriente a última hora. Pero la suerte estaba ya echada y no daría marcha atrás. Muy pocos supieron de mí "desaparición". Mi padre entendió que retornaba a Canadá, por lo que mi primera carta fechada en Escandinavia le tomó por sorpresa. Sé que en el fondo debió estar triste, pero seguramente también le llenaría de alegría y orgullo saber que ya era un muchacho independiente y sobre todo —que ya no le

daría tantos dolores de cabeza. Esa fresca y soleada mañana me hallaba sumamente nervioso, la compañía de mis dos únicos amigos fue de poco apoyo moral, distraídos con las turistas no advirtieron la angustia en mi rostro. No sabía que me aguardaba mucho menos sí mi amigo Ignacio me había contado toda la verdad. Estaba al tanto que de ser rechazado sería repatriado y de sobra sabía que caería en "la boca del lobo". En Guatemala, por aquellos turbulentos tiempos con o sin pecado nadie se salvaba de las injusticias. Todos los deportados acababan en las dependencias de la temida y tenebrosa policía secreta para ser interrogados, y corrían el riesgo de ser maltratados y torturados si sus respuestas no satisfacían las expectativas de estos "agentes del orden".

Gasté en compañía de ellos mis últimos minutos de espera. En el fondo me llenaba de envidia verles cómo entre risas y bromas permanecían a gusto charlando sin la menor inquietud. En lo personal debo admitir que aquellos fueron momentos muy significantes e inolvidables. A partir de aquel instante mi vida daría un giro de 180 grados. Un chasquido irritante en los altavoces seguido de la vos sensual de una chica anunciaba la primera llamada de abordaje. Altamente alterado, con un adiós y un estrechón de manos me despedí de ellos. Fue un momento muy extraño, una sensación difícil de explicar, era como iniciar un viaje hacia ningún sitio. Con apenas referencias emprendía una aventura hacia lo ignorado confiando únicamente en mí propia intuición. El saludo cortés del personal de cabina de la aeronave me sacó de mis revueltos pensamientos. Volaría con IBERIA, aerolíneas españolas. Y mi primera escala sería Santo Domingo. ¡Muy buenos días! Repliqué con una tranquila y fingida sonrisa, y continué en la dirección indicada por la amable aeromoza. Treinta minutos más tarde impulsada por los fuertes motores la nave emprendía el despegue. Santo Domingo, "ardía". No sé hoy, pero entonces se caminaba de la pista hacia las dependencias de aduana y migración. Al descender por las escalerillas del avión percibí el cambio de clima, el fresco del aire acondicionado del interior de la cabina contrastaban con el calor tropical abrazante, típico de estas regiones. A mí, no me cansaré de decirlo, me encanta. A muchos les agobia. Yo disfruto del clima tropical. Caminamos pasmosamente hacia la sala de espera; a la espera, valga el reflujo dialéctico, del vuelo que nos llevaría a Madrid. No recuerdo el tiempo "perdido" en aquella pequeña sala. Debo admitir que para mí esto era irrelevante. Nadie me esperaba. Daba lo mismo permanecer allí dos horas, tres o las que hicieran falta.

Por fin los altavoces anunciaban la salida del vuelo. Se repitió el mismo acto, marchamos como autómatas hacia el exterior de las instalaciones del pequeño aeropuerto: Las Américas. La nave, por ser transatlántica era de mayor envergadura. En su interior se respiraba ansiedad y mucho nerviosismo. Para muchos viajeros esta sería su primera experiencia por los aires y no podían ocultar su incomodidad. Aferrados fuertemente al descansabrazos de la butaca esperaban el arranque. La inevitable secreción sudorípara cubría sus rostros que apenas advertían. Quedaba mucho mar que recorrer para alcanzar las costas andaluzas. Consientes de este martirio ninguno estaría tranquilo hasta entonces. Superado el despegue y el mal rato que este acostumbra a causar, alcanzamos suficiente altura para deshacernos de los cinturones de seguridad y estirar las piernas. Un sinnúmero de pasajeros continuaron "pegados" a sus asientos no se sentirían con ánimos hasta tocar suelo español. La noticia de la huelga general que afectaba Suecia comenzaba a inquietarme y me preguntaba: ¿qué haría al arribar a la ciudad de Madrid? Las tensas sacudidas provocadas por las turbulencias me sacaron de mis reflexiones y agarraron en plena labor a una joven aeromoza que caminaba por los pasillos con una humeante y aromática jarrilla de café, inevitablemente perdió el balance y al derramarse la taza de café sobre la bandeja no pudo ocultar el nerviosismo. Este "descuido profesional" avivó el pánico en más de uno de aquellos nerviosos viajeros.

"Les habla el capitán Antonio Rubio: ¡Tenga ustedes un buen día! Nos estamos aproximando a las costas españolas y según los pronósticos tendremos un día estupendo y muy soleado". La tranquilizante voz aunque paulatinamente fue envolviendo la atmosfera de confianza y los rostros pálidos fueron recobrando su color. Las barcas pesqueras que faenaban por los alrededores de la costa y el merodeo de las gaviotas ponían de manifiesto que estábamos en efecto a punto de entrar a tierra. El paisaje cambió radicalmente, el manto azul del extenso océano Atlántico fue quedándose a la zaga y fue reemplazado por un mapa en relieve tapizado de plantaciones de olivos, y pequeñas casas y diminutos automóviles. El aterrizaje bien conseguido que pasé inadvertido por el acrecentado nerviosismo fue premiado por los viajantes con aplausos de júbilo que me hicieron retornar a la realidad.

Mi próxima escala y teóricamente la última, sería el aeropuerto Internacional Kastrup, en Copenhague, Dinamarca. En Madrid, aquel cálido día era como cualquier otro para los madrileños no así para mí que empezaba a advertir las dimensiones del complejo escenario. La suspensión del transporte en todo el territorio sueco todavía seguía vigente.

"Tiene dos alternativas: quedarse en España hasta que la huelga termine o viajar a Dinamarca esta misma tarde. Sé que todo esto es de mal gusto… pero eso es lo que hay", en tono amable repuso el solícito hombre que atendía las oficinas de IBERIA aquella mañana. Muchas gracias por su ayuda. Apostaré por la segunda, gentilmente contesté. Quedarme en aquellas circunstancias no me apetecía. "Que tenga mucha suerte. Verdaderamente la va a necesitar", apenadamente comentó el cordial funcionario. Me encaminé al puerto de embarque para continuar mí viaje hacia Escandinavia. Además de la huelga ahora me preocupaba sobre manera la admisión en territorio sueco. Llegando a Copenhague sabía que no había ya nada más que hacer. Aquí tendría que esperar horas, días. Ni idea. Y nuevamente se repitió un aterrizaje perfecto que apenas reparé. Sumido en profunda extenuación, con desgana contagiosa, no perdía de vista el invariable y eterno recorrido del ir y venir de la banda mecánica en espera de mi bizantino maletín que levanté casi con fastidio. Un hedor a licor me entretuvo por un instante pero el flujo de transeúntes que circulaban por el estrecho pasillo me devolvió al entorno y me arrastró con él. Unos cuantos metros más adelante. Lo inevitable. Una joven funcionaria de inmigración tratando de ocultar su intranquilidad pretendió mantener las normas acostumbradas de control, pero para mí fortuna, la marea de gente y aquel manifiesto estrés no se lo permitió, apenas alcanzó a ojear mi pasaporte y con un gesto casi involuntario me invitó a continuar hacia el final del pasillo.

Aunque los países nórdicos tenían y tienen hasta el día de hoy, tratado de cooperación y de migración estos privilegios están reservados a los oriundos de estas tierras. Es decir, que aunque me encontrara ya en territorio danés obligatoriamente debería ser admitido por el Servicio de Migración y Naturalización de Suecia. El día de hoy la libertad de locomoción se extiende a los 28 miembros de la Unión Europea. Noruegos, islandeses y suizos se mantienen fuera de ella. El Reino Unido, por decisión de la mayoría de ciudadanos deja la Unión Europea. Los partidarios de dejar la UE consiguieron un 52% de las papeletas, por un 48% de los que optaron por quedarse. El referéndum se llevó a cabo el 23 de junio del año 2016.

El aeropuerto Kastrup llegó por aquellos tiempos a ser el más importante de Escandinavia. Y por el grado de puente aéreo para conexiones internacionales habitualmente acostumbraba a tener enorme afluencia de pasajeros pero aquella tarde sus largos pasillos se hallaban desolados. El transporte entre Dinamarca y Suecia como era de esperarse, aún estaba paralizado. La idea providencial de un atento empleado de las oficinas de IBERIA en Copenhague me sacaría de aquel atolladero.

"Diríjase a la estación de trenes, caso se suspenda la huelga le será más fácil continuar hacia el norte ya que por vía aérea podría representar mucho más tiempo e inconvenientes". Agradecí de todo corazón su buena intención sin embargo creí que en aquella desesperada situación poco esto aportaría. Pero para mí fortuna esta vez me equivoqué. Resignado subí al primer taxi libre sin imaginar que esa sería la apuesta más segura. El cuadro en la estación de trenes era desolador. Algunos que probablemente habían ya permanecido en las instalaciones muchas horas, o quizá días, descansaban plácidamente tumbados en los sillones de la sala de espera. A pesar del cansancio el nerviosismo no me dejaba pegar ojo. Con mí maletín a cuestas con el propósito de conocer un poco más de la ciudad y dejar pasar el tiempo, abandoné el edificio y me perdí por las calles aledañas.

El hedor a "desinfectante" de nuevo.

Entonces caí en la cuenta. Estúpido de mí. La botella de ron destinada a mi amigo Ignacio envuelta en mis escasas prendas de vestir era la causante de aquella pestilencia. «Hasta aquí llego mi compañera de viaje».

Al menos sí de consuelo aquello me servía sabía que no era el único afectado por aquel imprevisto conflicto. Volví a la estación para continuar la espera. Allí pasaría la noche o las que hicieran falta. No me movería de sus instalaciones. En mi escaso inglés fui superando algunas barreras de comunicación. Aún no estaba todo perdido. En medio de aquella adversidad parecía estar de suerte. Esa misma noche, 9 de mayo, a las doce en punto saldría el primer tren hacia Estocolmo. "Así, que mientras esperan el tren de la medianoche conmigo, les relataré al menos en parte, las causas que llevaron a los suecos a despertar de su letargo". El conflicto de esa primavera de 1980 comenzó el primero de mayo y finalizó el 12, aunque realmente había dado inicio el 25 de abril, cuando 14 000 personas se lanzaron a la huelga y la patronal respondió con un lockout. Es decir: la patronal suspendió a los empleados de sus puestos de trabajo. Fue el mayor conflicto de clases abierto de más importancia desde la Gran Huelga del metal en 1945. Suecia quedó paralizada durante diez largos días, cientos de miles de trabajadores y funcionarios públicos se fueron a la huelga. En ella participaron casi la mitad de los 2,3 millones de miembros afiliados en esa época, a las organizaciones: LO y TCO. La primera agrupaba a todas las organizaciones obreras del país y la segunda a los funcionarios públicos. Los dos canales de televisión dejaron de emitir y dos de las tres únicas estaciones de radio quedaron en silencio. Todas estatales. El metro igualmente quedó inmovilizado. Fue un impresionante y contundente despliegue de poder de la clase trabajadora que tomó por sorpresa tanto al Gobierno como a los capitalistas, de igual forma a la dirección del Partido Social Demócrata y a la de los mismos sindicatos.

Este gran conflicto terminó con una moral victoria para los trabajadores. Aunque la clase patronal empecinada no daba paso atrás, se vio obligada a encontrar una solución que se tradujo en un aumento salarial del 6,8%. También este conflicto puso final al viejo orden de la política laboral y obviamente los capitalistas advirtieron el mensaje. Estos acontecimientos marcaron un antes y un después en la sociedad sueca.

Ya regularizado a medias el trasporte colectivo lo único que quedaba era meterse en ese ansiado tren. De antemano sabía que aquella noticia correría como reguero de pólvora y sin pensarlo dos veces me encaminé a una de las ventanillas que hasta ese momento había permanecido completamente solitaria. Unas diez personas hacían ya cola, paciente y ordenadamente. Los dos hombres últimos de la fila tenían un aspecto un poco diferente, morenos y pelo oscuro. Hasta ese momento habían permanecido sin articular palabra. Uno de ellos rompió el silencio y sin poder evitarlo logré enterarme de que se encontraban en la misma situación. También se dirigían a la capital sueca. Me parecía de muy poca educación iniciar una charla con personas que no me conocían de nada pero no quería desaprovechar la oportunidad. Y me acerqué... pero una chica atraída por la lengua se aproximó a ellos, y me detuve. "¿Españoles?" preguntó. Uno de ellos sin poder evitar el agrado, dijo entusiasmado. "¡Si!, de Valencia". "Estupendo, yo de Madrid pero vivo desde hace quince años en Estocolmo", subrayó la chica. No pude más y aproveché la espontanea incorporación de ella a la oportuna charla y me presenté excusándome por haber escuchado sin poder evitarlo la plática. Su redentora presencia me sacó de aquel atascadero. Laura, que así se llamaba aquella amable chica, conociendo esta ruta que ya había hecho más de una vez, se ofreció solícitamente a adquirir los boletos. La alegría de seguir el resto de mi aventura en compañía de mis hallados amigos me llenó de tranquilidad.

Por aquel tiempo el recorrido entre la capital danesa y la ciudad sureña sueca de Malmö, se efectuaba a través de ferri, el día de hoy la moderna infraestructura ha cambiado esta dinámica agilizando la comunicación. El estrecho de Öresund, separa la isla danesa Sjælland, de Skåne provincia del sur de Suecia. Öresund es uno de los tres estrechos daneses que conectan el Mar Báltico con el Mar del Norte, es una de las vías marítimas más utilizadas del mundo. El Puente de Öresund enlaza las dos áreas urbanas: la capital danesa de Copenhague y la ciudad sueca de Malmö. Esta obra arquitectónica cuenta con dos líneas de tren y seis pistas de carretera, siendo el puente combinado tren-carretera más largo de Europa. La ruta internacional europea E20 pasa por este puente. El tramo final fue completado el 14 de agosto de 1999. La inauguración oficial tuvo lugar el 1 de julio del año 2000. El puente fue abierto al tráfico ese mismo día. El puente posee uno de los mayores vanos centrales de los puentes atirantados del mundo, con 490m. El pilar más alto mide 204m. La longitud total es de 7845m y su peso es de 82000 toneladas. El resto de la distancia se cubre mediante la isla artificial de Peberholm 4500m, y luego un túnel de 3500m del lado danés. Las dos líneas de ferrocarril se encuentran bajo las pistas de la carretera. El puente tiene una altura libre de 57 metros. El ciclo de salidas de los trenes Malmö- Copenhague cada 20 minutos y el precio menor que el peaje cuando viaja una sola persona hace que los viajeros de negocios se decanten por estas lanzaderas que cruzan el Öresund en 25 minutos.

Antes de ingresar a territorio sueco, Laura, nos ponía al corriente del colosal problema de alcoholismo que afectaba a la juventud sueca. Infortunadamente es una conducta sempiterna que ha y seguirá ocasionando estragos en este conjunto frágil de la sociedad.

Los cientos de viajeros afectados por la huelga que habían permanecido encallados en Dinamarca, enterados de la partida del primer tren, llegaron en estampida colapsando en apenas minutos la estación. Estrujados en medio de aquel mundo de gente terminamos en los pasillos. Para mí esto no era nada nuevo, acostumbrado a escalar o descender de buses en marcha, o viajar colgando en sus puertas, esta peripecia no representaba ningún reto, por el contrario me traía gratos recuerdos y me sentía como en casa.

Hacerse de un asiento. ¡Imposible! Así que continuamos por los pasillos. Al llegar al primer vagón de primera clase echamos en cuenta que se hallaba totalmente vacío. Nadie lo había ocupado. Y decidimos probar suerte. Nos acomodamos plácidamente en los suaves sillones a espera de la más que probable expulsión. Felizmente todo fue como viento en popa. Laura, entre bostezos y estiramientos espontáneos de brazos, comentó: "Ya dejamos el límite fronterizo. Así que no habrá control de migración. ¡Están salvados!", complementó en tono ocurrente. Los otros no sé. Pero yo, estaba más que salvado.

El sueco se caracterizaba por seguir las reglas a rajatabla no obstante así lo hiciera contra su voluntad. Las reglas estaban hechas para cumplirse. Este era un razonamiento muy propio de su naturaleza. Pero esa noche fue la excepción, no lograron controlar el Yo interno y viajaban sublevados dejando de lado principios y reglas. Aunque sospecho "que por lo ahorrativos" que por naturaleza son, prefirieron saltarse el vagón de primera. No fuera a trastocarles el bolsillo la mala suerte.

A eso de las diez de la mañana molidos y casi entumidos arribamos a Estocolmo. En aquel lugar me despedí de mis dos cordiales y simpáticos ibéricos amigos. Laura hizo lo mismo y amablemente continuó a mi lado. Por experiencia sabía lo difícil que era estar en país ajeno sin siquiera entender palabra. A ella le había tocado un día lo mismo. Por la hora o tal vez a causa de la huelga que aún no terminaba, eran muy pocos los pasajeros que por la estación deambulaban. Esta vez corrimos con suerte, la pequeña oficina de venta de boletos se hallaba totalmente vacía. Le escuché hablar un sueco fluido o al menos eso parecía. Ya lo dice el viejo refrán: "En tierra de ciegos el tuerto es rey".

Era mi tercer día sin pegar ojo y apenas podía mantenerme en pie. Ella aunque visiblemente abatida continuó conmigo hasta la plataforma número 10, la única que llevaba a Uppsala, como pude tiempo después confirmar en mis acostumbradas visitas a Estocolmo. Aquí estampó dos besos en mis mejías y se despidió: "Buena suerte majo. Ahora todo depende de ti".

Abordé el tren y continué mí recorrido hacia el norte. A 72 kilómetros en esa dirección quedaba Uppsala, ciudad a la que llegaría para quedarme. Sentía pesadez en los párpados y ansia lánguida de silencio y deseos de estar tendido sobre una blanda cama y dormir como un gandul para recuperar las derrochadas fuerzas indeliberadamente. Las noches enteras de desvelo previas al viaje acabaron aportando más desgaste a mi amolado cuerpo que ya no resistía más. Pero temeroso de terminar perdido en otra ciudad saqué fuerzas de la flaqueza y permanecí en vigilia. La pequeña ciudad de Uppsala, llegando de Estocolmo, es la tercera estación. Eso lo sé hoy, aquel día ni siquiera recuerdo cuantas veces el tren se detuvo. Después de una treintena de minutos de viaje ya inquieto no soporté más y me acerqué nerviosamente a una chica que entretenidamente leía un libro. Ella percibió mí estado de ánimo y correspondió amablemente con una leve y silenciosa sonrisa, en se punto nuestras miradas se cruzaron y vi como sus tersas mejías tomaban una tonalidad más intensa. Tartamudeando, en mi limitado inglés pregunté ¿sabes cuándo llegaremos a Uppsala? Muy risueña respondió: "En cinco minutos".

No dio tiempo para más. Un chico rubio que rondaría el metro 80, indiferente, sin siquiera percatarse de mi presencia se acomodó junto a ella, recostando la cabeza en su hombro cerró los ojos y se echó a dormir. Interrumpiendo nuestro pequeño diálogo. Ella, levantó la vista y me lanzó una última picara y sugestiva mirada. Por aquellos días los extranjeros morenos resaltaban y resultaban exóticos y atractivos para los lugareños. El día de hoy esto ya forma tan solo parte del pasado; pasado nostálgico que se ha quedado en el limbo del recuerdo.

Acostumbrado al escándalo Uppsala me pareció una ciudad muerta. Esculcando en los bolsillos me encaminé a la solitaria cabina telefónica. Verdaderamente el solo hecho de pensar me agobiaba. Con desgano incontrolado abrí la pesada puerta que se resistía a mis flacas fuerzas. Por más que rebuscaba y palpaba sobre mis ropas el anhelado trozo de papel, no aparecía. Actuar coherentemente en aquellas adversas condiciones. ¡Imposible! No hubo forma de hallarlo. ¿Y ahora qué? Me preguntaba. Apoyado por el hombro y con todo el peso de mi enclenque cuerpo empujé la puerta hacia afuera. Serían ya la 12 del mediodía sin embargo el viento primaveral todavía se tornaba un poco frio y el sol no terminaba de calentar. Encorvado y con desgano me acomodé en el rustico banco de madera «sembrado» a escasos metros de la caseta telefónica. Necesitaba ordenar mis pensamientos. El paisaje era desolador. En la vida había visto tantas bicicletas juntas como aquel día primaveral. Cientos de ellas en filas muy bien ordenadas. Este pormenor me arrancó de mis displicentes pensamientos.

¿Pero dónde está la gente? Me dije. ¡Por fin!, vi llegar a un hombre mayor, rondaría los 60 años, se introdujo en aquella marea metálica y sacó de su bolsillo una pequeña llave y procedió a abrir el candado asegurado en la parte trasera sobre el tenedor de la armazón que sostenía la rueda. Y con maestría y agilidad de adolecente saltó sobre la esquelética armadura. Pero a pocos metros se detuvo abruptamente como si hubiera olvidado algo, y con la misma agilidad abandonó el elevado sillón, advirtió que la cadena le podría embadurnar los pantalones y procedió a introducir los ruedos en los calcetines. A pesar de tanta confusión en mi mente y la perdida de la percepción del tiempo, rememoré este detalle.

¡Sí!, en los calcetines, claro… allí…

En mi viaje a Canadá ya había aplicado con éxito "esta técnica", esculqué en ellos eufórica y torpemente hasta palpar la superficie áspera y retorcida del estrujado y bien aventurado papel, con cuidado extremo fui extendiendo los malogrados dobleces casi adheridos entre sí como si de una sola pieza de papel se tratara, se resistían a mis pacienzudos intentos de desvelar su contenido. Felizmente, aunque borroso, todavía podía leerse la dirección y el número telefónico de Ignacio. Saqué de mis bolsillos un cúmulo de monedas sobrantes del importe pagado en la central de trenes de Estocolmo y con ellas en la mano quedé pensativo. En mi cabeza resonaban las palabras de aquella noche, del año 1978, de mi amigo Ignacio. "¿Te gustaría irte? No te arrepentirías te lo puedo asegurar". ¿Pero qué tal si todo aquello solamente habían sido palabras? ¿Y si no viviera aquí? ¿Ya han pasado dos años y además apenas alcancé a conocerle? De ser así era ya demasiado tarde. Me encontraba a miles de kilómetros de mí país y él era mí único contacto en aquel desconocido lugar. En mí relato de la selva petenera elogié a mi fiel compañera. La intuición. Tuve siempre la impresión de que podía confiar en él. Deje sonar varias veces el teléfono… Por un instante creí que nadie contestaría. A punto de colgar para confirmar si no me había equivocado, escuché una voz al otro lado de la línea que me desconcertó aún más. El rosario de extrañas palabras que emanaban del auricular casi me hace cancelar la llamada, no obstante dejé que se concretara aquel extraño enunciado, concluido con una locución familiar: "Ignacio". Pude intuir entonces que "la jerigonza" que acababa de escuchar llegaría ser mí segundo idioma. El sueco. Y que las extrañas palabras que antecedían a la presentación correspondían al número telefónico de mí amigo. Más sereno caminé fatigosa y torpemente en busca de un taxi que me acercara a casa de mi anfitrión. Él, y su compañera sentimental Eva que hablaba un español excelente esperaban por mí. Me brindaron altruista y generosamente un espacio en su vida privada. Ignacio en su corta estadía por mi barrio apenas alcanzó a conocerme. Y para Eva, manifiestamente era un desconocido sin embargo me trataron como un viejo amigo. Este detalle nunca en la vida podré dejar de agradecer.

La ocasión de alternar con otros compatriotas que habían llegado algunos años atrás, y los que llegaron por esos días, entre ellos Felipe, de quien me he referido en más de una ocasión, hicieron menos triste mi vida de recién llegado.

En el verano de 1982, Ignacio terminó convenciéndome y nos embarcamos en una inolvidable "aventura". La tierra del conde

Drácula y de "la pequeña gigante" Nadia Comanechi, Rumanía, esperaba por nosotros. Sería mi primera salida al exterior desde que llegara a territorio escandinavo. En un avión fletado (chárter) por una compañía sueca, volamos hacia Constanza, ciudad junto al Mar Negro. Durante viajes fuera de sus fronteras como este el sueco manifestaba un cambio notorio de personalidad y su huraña y tímida conducta como por arte de magia se desvanecía. A simple vista resultaba incomprensible entender aquel contraste radical de conducta, sin embargo aquellos que residíamos dentro de sus fronteras hallábamos una definición simple a este estilo de vida: "absolutismo social". Las reglas añejas y casi infantiles turbaban a fuereños que como yo no encontraban ni cabeza ni pies a estas pautas sociales. La opresión social por aquellos tiempos tenía avasallada a la sociedad sueca. Y esto explicaba estos conatos de libertinaje de los súbditos del reino, despertando en ellos las pasiones frívolas impasibles adormecidas por el yugo de la "coerción" de las reglas y las composturas sociales. Aunque debo admitir que parte del cambio era motivado por la euforia de olvidarse de los largos inviernos y "las eternas noches" de los países nórdicos, pero manifiestamente el factor detonante que colaboraba a despertar la atípica personalidad, era el alcohol, haciéndoles olvidar aunque fuera por unos instantes "la jaula de oro". En Suecia entonces no se conocía la pobreza. Sin embargo la sociedad sueca padecía sin pertenecer a los países del bloque soviético prohibiciones y reglamentos vetustos. Por ejemplo: las bebidas alcohólicas no se servían en ningún bar o restaurante hasta pasadas las seis de la tarde. El mercadeo de estas bebidas si bien estaba autorizado se mantenía bajo el monopolio de la licorería oficial: Systembolaget. A diferencia de otros países vecinos como Dinamarca, donde el vino podía comprarse en las gasolineras aquí se mantenía y se sigue manteniendo hasta nuestros días el monopolio estatal. Sin embargo a partir de la integración a la Unión Europea muchas cosas han cambiado. Las privatizaciones están a la orden del día. Escuelas, farmacias y otros servicios públicos se están privatizando y en consecuencia las prerrogativas sociales y el proteccionismo a sus habitantes, particularidad que caracterizó a este país escandinavo se están lamentablemente perdiendo. Algo que en absoluto debió suceder. Para que luego unos cuantos deshonestos sinvergüenzas digan que el capitalismo es la única solución para las mayorías. Las privatizaciones forman parte en una sociedad de la corrupción legal que casi nadie echa de ver. Bastaría con hacer una pequeña investigación para saber quiénes son y qué relación tienen con los que mandan los compradores de estos patrimonios estatales. España, por ejemplo, es un paraíso de corruptos donde hablar de corrupción es algo natural y los políticos increpados de la forma más desfachatada se hacen los suecos. Hasta el año 2017, 900 cargos del Partido Popular español habían sido imputados por corrupción. Los casos de corrupción en este partido político se han vuelto tan habituales que se dan cada semana, si no cada día. Altos dirigentes están acusados de implicación en hechos de lucro ilícito, de financiación ilegal y de desvalijamiento público.

¡Vaya Por Dios! Para que luego tengan cara algunos de tachar a los países de América Latina de repúblicas bananeras. Pero lo más sorprendente, penoso y vergonzoso de todo esto es que se mantengan en el poder y que la gente ingenua siga votando por ellos a sabiendas de los delitos. No obstante debo añadir que la corrupción por fin ha tumbado a este partido político, con Mariano Rajoy al frente, fue sometido a una moción de censura que se celebró entre el 31 de mayo y el 1 de junio del 2018, prosperó y los socialistas y otras fuerzas políticas entre ellas Unidos Podemos, la tercera fuerza, se han hecho con el poder.

El Partido Popular no levanta cabeza, volvió a sumergirse en un nuevo escándalo de corrupción ante la sospecha de que su nuevo líder, Pablo Casado, obtuviera como "regalo" un máster universitario en Derecho Autonómico y Local, organizado por el Instituto de Derecho Público de la Universidad Rey Juan Carlos.

Con más que desconfianza y nerviosismo abordamos el avión de fabricación rusa propiedad de la Aerolínea Estatal Rumana, TAROM. Antes de ocupar nuestros asientos percibí que la mayoría de los viajeros se comportaban de una manera un poco impropia. O diferente. En mis dos años en el país nunca había a excepción de lo ocurrido en el tren de medianoche en mayo de 1980, visto esta conducta tan poco conservadora de los suecos. A dos butacas al frente, en hilera opuesta un pasajero se empinaba una pequeña botella de wiski, sería de un octavo de litro. Me hizo recordar la botella tradicional de aguardiente que otrora debió coserme el hígado. A pocos minutos alcanzar la elevación que permitía deshacerse de los cinturones de seguridad todo aquello se volvió fiesta, carcajadas y canciones. Una pareja de ardientes enamorados, al calor de las copas, acabó riñendo iracundamente, ella fastidiada eligió dar por zanjada la enredada discusión que claramente no les llevaría a ningún acuerdo y optó por el silencio el resto del viaje.

Al llegar a la ciudad de Constanza, fuimos informados que lamentablemente nuestro hotel, se hallaba abarrotado por lo que nos alojaríamos en el hotel: "El Pelicano". No sé qué diferencia habría entre uno y otro. En el fondo tampoco nos importaba. Creo que ni siquiera lo habríamos notado. El guía turístico, apenado, trató de dar todas las posibles disculpas pretendiendo no truncar aquellos días vacacionales de muchos.

Para alcanzar la puerta principal del nuevo alojamiento era ineludible superar una docena de gradas, en las primeras, el Romeo enamorado que discutía acaloradamente en vuelo, tumbado y exánime dormía como un lirón bajo los rayos tormentosos del sol de Constanza. Al parecer la chica cansada del él, prefirió dejarlo tirado. Nunca mejor dicho. Dos días después en compañía de otra pareja se paseaba por las periferias de la playa. Así vivían los suecos de aquellos inolvidables tiempos sin complicaciones amorosas ni prejuicios. A lo mejor fuimos informados de este detalle pero lo pasamos inadvertido y esto estuvo a punto de dejarnos esa noche con el estómago vacío. Ignorando llevar en nuestros relojes una hora de diferencia nos presentamos con un concierto de tripa al amplio restaurante. El mesero, que se daba a la tarea de sacudir manteles y limpiar mesas con un tanto de pena reflejada en el rostro, señalándonos el esferoidal reloj que colgaba en la pared a nuestra izquierda, nos indicaba que estábamos sobre el tiempo. Efectivamente ya habían pasado quince minutos del cierre. Nuestro paquete turístico incluía desayuno y cena. Justo, la que habíamos perdido.

Con el estómago intranquilo abandonamos el hospedaje en busca de algún restaurante donde atenuar el hambre. Habíamos sido advertidos de los chanchullos de la calle. No cambiar por ejemplo, dinero, ya que el riesgo de ser engañados era más que inminente. Siguiendo estos sanos consejos evitamos convertirnos victimas de aquel remunerativo negocio. Lo hacían con cautela ya que de ser sorprendidos por la policía se exponían a ser apaleados y detenidos. Muchos suecos cayeron víctimas de esta maniobra, motivados por el ahorro del desembolso bancario del cambio, escogieron hacer las transacciones en la calle llevándose menuda sorpresa al regresar al hotel al descubrir que la mitad del fajo era simplemente papel recortado.

Aquel sitio menos aglomerado parecía una buena propuesta, en el pequeño y placentero restaurante quedarían un par de mesas libres. "Ignacio, hizo ostentación de sus conocimientos de italiano". Todavía me pregunto si el acomedido camarero que amablemente nos invitó pasar a nuestra mesa y volvió con la carta del menú, entendió realmente el encargo. O todo ese protocolo era parte de la ya habitual atención al cliente. Un par de minutos habrían transcurrido cuando el mesero nuevamente se acercó llevando una cubeta repleta de hielo y cervezas. Sin proferir palabra la puso al pie de la mesa. Tomó dos. Las destapó solemnemente y llenó los vasos que llevaba en sus manos que colocó a nuestro lado y se retiró en silencio como había llegado. Hasta ahí no habíamos entendido de que iba aquello. A pesar de las pocas horas de haber arribado a Rumanía ya había notado que muchos de los lugareños no podían ocultar el bien cultivado abdomen. El elixir lo teníamos a nuestros pies. "La cubeta mágica". En Rumanía era tradición beber al mismo tiempo que se comía. "Y no se podía evitar" por la insistencia de los meseros. En otras palabras: "los suecos habían hallado el paraíso terrenal". Días más tarde aconteció lo que pensé antes de dejar Suecia era un sinsentido, una utopía, negociar con nuestras pertenencias personales, chaquetas, pantalones jeans y todo lo que deseáramos compartir con aquel grupo de jóvenes.

No podía alcanzar a concebir, ¿por qué todo aquel escándalo por prendas que no valían casi nada? Luego alcancé a comprender toda aquella vehemencia casi impulsiva de estos chicos por hacerse de estas "deterioradas" prendas. Los comercios de artículos exclusivos extranjeros admitían en sus transacciones comerciales única y exclusivamente dólares, y los ciudadanos rumanos no tenían acceso a ellos.

Previo aquel viaje habíamos recibido indicaciones de llevar prendas sugerentes que pudiéramos vender. Entonces, pensé que era exagerado aquel estigma que se tenía de estos países pero lamentablemente pude por mí mismo comprobar que no eran solamente rumores sino formaba parte de una cruda realidad. Las personas que vivían bajo el yugo dictatorial comunista la pasaban muy mal. No quiero decir que fueran más infelices que nosotros. Las tiranías latinoamericanas eran igual de crueles y brutales. La única y pequeña diferencia: en nuestro patético mundo teníamos la completa libertad de envenenarnos con cigarrillos Marlboro, y el alcohol occidental. Y naturalmente, darnos "el lujo" de usar pantalones jeans. A pesar del control policiaco algunos rumanos se la jugaban. Una tarde, paseando por Constanza casi fuimos sorprendidos por un grupo de jóvenes que atraídos por nuestra facha de fuereños trataron acorralarnos. No creo que el aspecto físico haya influido. Ya que en una ocasión creyéndonos rumanos fuimos conminados por el administrador a dejar el hotel. Al percibir que no entendíamos el idioma advirtió que éramos huéspedes. Fueron otros factores determinantes los que nos delataron aquella cálida tarde. Vestimenta. Cámaras y relojes. Y sobre todo el síndrome del turista. Andar con la boca abierta. Cuando todo parecía perdido, casualmente, apareció a lo largo de la avenida un agente del orden. Esto persuadió a los cacos que al notar su presencia se detuvieron. Ocasión que aprovechamos para apresurar el paso y desaparecer del lugar.

Las tardes junto al Mar Negro fueron muy especiales. A pesar que el sol aún no se escondía en el horizonte la oscura superficie de sus aguas daba una sensación muy rara. Quizá los recuerdos agoreros de mi infancia formaban una imagen distorsionada de aquel abrupto paisaje. Entrada la noche el cielo y el mar se fundían formando una sola superficie, la marea tímidamente empujaba las olas hasta la orilla de la playa haciendo un ruido levemente suave como único indicio de que sus aguas no eran parte de aquel oscuro firmamento.

Hay varias teorías sobre el nombre de negro: puede ser una antigua asignación de colores a los puntos cardinales. El negro del Norte. El rojo del Sur. Y el amarillo del Este. Pero hay otra que creo es la más apropiada y viene del color de sus aguas profundas. Al estar más al norte que el mar Mediterráneo y ser sus aguas mucho menos salinas la concentración de micro algas es mucho mayor haciendo que el color de las aguas sea oscuro. Hay una capa de sulfuro de hidrogeno que empieza a unos 200 metros por debajo de la superficie y, es base de una población microbiana que produce sedimentos negros, probablemente debido a la oxidación anaeróbica del metano. La visibilidad en el Mar Negro es aproximadamente de 5,5 metros, en comparación a un máximo de 35 en el Mediterráneo.

Y para concluir me gustaría hacer un pequeño repaso histórico de lo acontecido en los postreros tiempos de la dictadura feroz de los Ceausescu. Gobernada por la mano dura de Nicolae Ceausescu y su esposa, Elena, Rumanía se encontraba sumida en los días más tenebrosos de toda su historia. En 1965 Ceausescu se convirtió en líder del PCR Partido Comunista Rumano. Y en el año 1967 llegó a la presidencia del Consejo del Estado (órgano supremo del país). Gracias a su política opositora que desafiaba la influencia de la Unión Soviética en el país se convirtió rápidamente en una figura popular. La policía secreta rumana mantuvo firme control sobre la libertad de expresión y los medios de comunicación, y bajo ninguna circunstancia toleró la existencia de la oposición. En esos años se intensificó el control sobre todo lo que se podía percibir contrario al régimen. Ceausescu instauró un culto a su persona otorgándose a sí mismo el título de Conducător (Conductor).

Los órganos institucionales criminales represivos rumanos diferenciados única y exclusivamente de los guatemaltecos por sus doctrinas políticas, operaban exactamente igual. No había incompatibilidad en sus métodos a la hora de aplicar el terror contra sus opositores, y porque no decirlo contra su propio pueblo. "De esto podemos concluir que la maldad radica en el ser humano y no en las doctrinas políticas o religiosas que este profesa".

En los últimos días de diciembre de 1989 explotaron una serie de conflictos y enfrentamientos, esto fue el principio del fin para la dinastía de los Ceausescu. Los actos violentos que ocurrieron en varias ciudades rumanas lo obligaron abandonar el poder y apresuraron su huida de Bucarest, en compañía de su esposa. Las manifestaciones iniciadas días atrás culminaron con la revuelta popular apoyada por el Ejército. Y la dictadura llegó a su final. Nicolae Ceausescu no dio pie con bola, movió pieza equivocada y tras el fusilamiento del ministro de la Defensa por negarse a disparar a las multitudes, los militares le dieron la espalda. La guardia secreta del dictador se enfrentó a los soldados en las calles de Bucarest, llenándolas de cadáveres. La policía valiéndose de vehículos blindados atacó a la muchedumbre reunida ante la sede central del Partido Comunista desde donde habló al pueblo el Comité de Salvación que a partir de ese momento se hizo cargo del Gobierno provisional.

El 25 de diciembre Ceausescu y su mujer fueron condenados a muerte por un tribunal militar en un juicio sumarísimo sin la más mínima garantía jurídica, validez legal ni posibilidad de defenderse de las imputaciones en su contra. Bajo los siguientes cargos: genocidio, daño a la economía nacional, lucro indebido y uso de las fuerzas armadas en acciones en contra de civiles. Fueron ejecutados por fusilamiento en un cuartel militar en Targoviste. Cuando era llevado al patíbulo, Ceausescu exclamó: "¡Viva la Republica Socialista de Rumanía! ¡La Historia me vengará!". Al instante de su fusilamiento. Desafiante murió entonando el Himno de la Internacional Socialista.

—Reconozco, que aunque "loco" los tenía bien puestos. A diferencia de otros desalmados criminales que matan con drones desde sus ratoneras, escudándose cobardemente en argumentos triviales sin sentido para justificar estas cobardes y sanguinarias acciones de primitivo salvajismo—.

VIAJANDO POR ANDALUCÍA

En el verano de 1984, en un avión fletado por el consorcio propiedad del magnate danés, Simone Spíes, en compañía de mí esposa e hijos viajamos al sur de la soleada España, Andalucía. Sus precios asequibles y sus ofertas de viajes que incluían todo:

vuelo, comida, hospedaje e impuestos hicieron única a esta empresa que llegó a ser la compañía chárter más grande de toda Escandinavia. Era nuestro primer viaje en familia y aunque los niños aún eran muy chicos e intuíamos de antemano que esto conllevaría a sacrificios y ciertas privaciones, dábamos por hecho que valía la pena realizarlo para compartir con ellos en un ambiente diferente y sobre todo poder expresarnos en nuestro propio idioma que tanta falta nos venía haciendo.

España estaba emergiendo del absolutismo franquista, su joven democracia todavía era cuestionada por algunos soñadores que les costaba creer que los tiempos de Francisco Franco eran ya tan sólo recuerdos del pasado; un pasado tenebroso que nada tuvo que envidiar al de Nicolae Ceausescu o a las dictaduras tétricas de Guatemala. Estaba gobernada por Felipe González Márquez, secretario general del Partido Socialista Obrero Español (PSOE), que había llegado al poder dos años atrás. Desempeñó el cargo de secretario del partido desde 1974 a 1997 y gobernó durante trece años y medio consecutivos. Es uno de los mandatos más largos de la historia moderna de España. Un año antes de iniciar su periodo presidencial se sucedieron algunos hechos que hacían pensar que las libertades no estaban del todo restauradas. La dimisión de Adolfo Suárez, y el Golpe de Estado encabezado por Antonio Tejero fueron pruebas manifiestas de la fragilidad y de la poca madurez política a la que tendría que enfrentar Felipe Gonzales.

Respecto a la dimisión del primer presidente de la democracia española, Adolfo Suárez, el 29 de enero de 1981, han circulado numerosas versiones: acoso en el interior de su partido, acoso de la opinión pública, acoso de los poderes económicos ante una gestión deficiente que llevaba al país hacia una inflación y un paro desmesurados, además del acoso de la Iglesia por impulsar una legislación anticatólica, igualmente algunos analistas sugieren que pudo existir acoso militar. A principios de enero de 1981, con motivo de una visita a Canarias para entrevistarse con el presidente de Venezuela, Herrera Campins, Suárez recibió al capitán general González del Yerro, quien le dijo que, sí los políticos no resolvían la enredada situación, el Ejército tendría que intervenir. Las amenazas Del Yerro se cumplieron. El 23 de febrero se produjo el golpe de Estado relámpago de Tejero. Muchos españoles vieron estupefactos las imágenes emitidas por la televisión española de un Tejero jactancioso rociando de balas el techo del Congreso de los diputados. Indudablemente, los ahí reunidos entre ellos Suarez, la pasaron peor.

Al ver aquel día las imágenes en la televisión no podía dar crédito a lo que veía, pensé que estos disparates eran exclusivos de mi patria Guatemala.

Un año atrás, el Gobierno español había sido contundente al condenar la quema de su Embajada en la ciudad de Guatemala, sin embargo su delicada democracia no le permitió progresar en sus protestas. Que quedaron en eso. Los españoles estaban al tanto y de sobra sabían que los yanquis apoyaban al Gobierno fascista de Guatemala. Estando al corriente de esto, les alarmaban más las consecuencias políticas que aquellas querellas pudieran arrastrar y optaron por afianzar los lazos amistosos con los opresores de América Latina. Y se hicieron de la "vista gorda". Temerosos que sus alegatos terminaran aislándoles de nuevo y que los logros democráticos alcanzados se estancaran acabando en retroceso de sus libertades, dieron vuelta de tuerca y ahí quedó zanjado todo aquel embarazoso episodio. Al fin y el al cabo los muertos los pusimos nosotros. España necesitaba del apoyo internacional y como casi siempre suele suceder en estos casos, los intereses económicos prevalecen e infelizmente en muchas ocasiones son más importantes que la propia vida.

Tejero hizo revivir el temor en los españoles. Felizmente para ellos, fue nada más un acontecimiento que terminó solidificando la democracia. En los años setenta y ochenta, Felipe González formó parte del solido triunvirato socialdemócrata europeo que compartía con dos grandes hombres, activistas de derechos humanos: Olof Palme (sueco), y Willy Brandt (alemán). Estos dos últimos fueron los baluartes que instituyeron y atizaron la política socialdemócrata inspirando a las juventudes a creer que un mundo sin armas nucleares y en paz era posible. Palme, fue asesinado pero sus ideas han quedado plasmadas en la mente y en los corazones de todos los que lo conocimos. Más adelante, dedicaré un espacio para recapitular sobre su vida y muerte por considerar que fue un eterno defensor de los países del tercer mundo y un paladín benefactor de la humanidad. Se pronunció desafiante en contra de la maldita guerra de Vietnam, y además, fue acérrimo antagonista yanqui frente al oportunista y polémico proyecto de desplazamiento de armas nucleares en Escandinavia, talante que le hizo ganarse el desapruebo de "los empáticos" imperialistas estadounidenses.

Considero de igual forma que la vida de Herbert Karl Frahm (Willy Brandt) galardonado con el Premio Nobel de la Paz por su política de acercamiento a los países del Este, merece también un repaso. Político alemán, nació en la ciudad de Lübeck el 18 de diciembre de 1913. Se adhirió al movimiento obrero de su ciudad natal en 1930, cuando apenas contaba con dieciséis años. Como militante socialista participó activamente en la oposición al nazismo, hasta que, en 1933, se vio obligado a huir a Noruega. Allí adoptó la nacionalidad noruega y cambió de nombre y apellido: Karl Herbert Frahm se convirtió en Willy Brandt.
En la guerra civil española combatió en el bando republicano. Se graduó en la Universidad de Oslo, Noruega, y se dedicó al periodismo. Sin embargo la invasión alemana de Noruega en 1940, le obligó a exiliarse en Suecia donde actuó de enlace entre los movimientos de resistencia noruego y alemán. Acabada la Segunda Guerra Mundial regresó a Alemania (1945) y se instaló

en Berlín, donde se afilió al Partido Socialdemócrata (SPD). Tres años más tarde recuperó la nacionalidad alemana y, en 1949 entró en el Bundestag. Merced a su firme dinamismo personal y por supuesto a su habilidad política, revitalizó el socialismo democrático y trazó las coordenadas que seguiría su partido durante los momentos más tensos de la guerra fría entre las potencias occidentales y la URSS. Como Alcalde de Berlín, entre los años 1957 y 1966 destacó por su firme actitud frente a soviéticos y alemanes del Este. Al formarse la «gran coalición» presidida por Kiesinger, desempeñó la cartera de Asuntos Exteriores entre 1966 y 1969, año en que su partido ganó las elecciones y él, con el apoyo de los liberales del FPD, se convirtió en canciller. Dirigió Alemania Federal de 1969 a 1974. Murió de cáncer a la edad de 78 años.

Proseguimos con nuestra historia. Después de cuatro horas y media de vuelo por fin arribamos a Málaga. En el interior del aeropuerto, a unos metros mientras seguía con la mirada el recorrido de la banda del equipaje que iba y venía soltando por momentos chirridos que destemplaban los dientes, escuché hablar español con un acento muy peculiar. En los años 70, huyendo de la feroz dictadura de Augusto Pinochet se habían radicado en Uppsala cerca de 3000 chilenos, por lo que llegué a conocer sus costumbres y modismos. E incluso a entender "el chileno". Ricardo, que era el nombre de pila de aquel exasperado viajero que esperaba por su equipaje, advirtió seguramente mí origen latino y su curiosidad le soliviantó a salir de la duda.
— ¿Hacia dónde van? Preguntó
— ¡A Torremolinos! Contesté.
— ¡Qué bien! Nosotros también. Corrió hacia su equipaje y alzó la mano y con sofoco, añadió, ¡ya nos miraremos!
Le imité maquinalmente con un gesto similar. Así lo espero, respondí. Francamente lo dije sinceramente. Lo vi a toda prisa

alejarse, entonces comprendí su agobio, su esposa lo esperaba con su pequeña hija en brazos. En las afueras de la terminal el calor era insoportable, en aquel lugar esperaban por nosotros varios autobuses que nos llevarían a nuestro destino final: La Costa del Sol. En 1980, a mí paso por Madrid tuve ocasión de conversar con personas cuyo lenguaje refinado era manifiesto, pero aquella tarde en Málaga me parecía estar oyendo otro idioma. Por primera vez escuchaba el acento andaluz y la voz ronca e imperante de los españoles de la calle. El choque de culturas puede a veces sin percibirlo provocar desagrado y sobre todo incomodidad. El conductor, acondicionaba las maletas en la parte baja del autobús con desgano y poca cortesía, y en medio de chillidos conminaba a los pasajeros apresurarse. Quizá el sol abrumador y el tremendo calor de Andalucía le habían agotado la paciencia. O probablemente se le hacía tarde para "tumbarse a la bartola" (hacer la sagrada siesta).

Superados los inconvenientes del equipaje comenzamos a desfilar al interior del bus que gracias al aire acondicionado mantenía la temperatura ambiental en un punto agradable y refrescante. Nuestro "cordial conductor no dejaba títere con cabeza", por el más mínimo detalle, en cada esquina gritaba y reprendía con enfadado a los demás conductores. Esta conducta como más tarde pude comprobar era muy habitual en muchos automovilistas. Las conductoras por su naturaleza preventiva llevaban la peor parte. Continuamente eran el blanco de estos fastidiosos oprobios.

Finalmente, llegamos al hotel, ubicado a escasa distancia de Arroyo de la Miel. Esta localidad pertenece al municipio de Benalmádena, provincia de Málaga, ubicada en la comunidad de Andalucía. En este acogedor hotel de apartamentos viviríamos como en casa, haríamos nuestras propias compras y esto nos daría oportunidad de conversar con la gente de la calle y aprender "el andaluz". Después de cuatro años en Escandinavia hablar por las calles sin que la gente tratara de agudizar las orejas para tratar de entendernos, para mí fue una experiencia muy bonita. En Suecia, tanto en dependencias públicas como por la calle esta es una actitud familiar bastante irritante. Aunque creo es factor de costumbres, no descarto del todo el poco deseo de cooperación. Los yanquis con un elemental diccionario de viaje se daban a la aventura por nuestra república y jamás se desorientaban. No creo que "su sagaz inteligencia" determinara este éxito. Con paciencia y buena voluntad, usando un lenguaje básico y entendible los asistimos, con única y buena intención de orientarles con el fin de que llegaran a su destino de una manera placentera y segura.

Esa misma noche bajé en solitario al bar con el propósito de relajarme y de paso mitigar el calor. En el umbral de la puerta me detuve al creer conocer a la persona que se alejaba a toda prisa hacia la recepción, olvidándome del bar lo imité y continúe por esa misma orientación. En efecto, como me imaginé, se trataba de mí espontaneo amigo con el que horas atrás había tropezado en el aeropuerto malagueño.
— ¿No me digas que también estás hospedado aquí?, preguntó entusiasmado.
—Ya ves. Contesté e ironicé —habiendo tantos hoteles en la Costa del Sol, y tenías que hallarme aquí. Reímos la ocurrencia.
— ¿Quieres tomar algo en el bar? Repuse.
—Bueno... Tengo que volver a la habitación pero sí me esperas bajo en seguida.
—Estupendo —espero por ti —no tardes.
Dio unas cuantas zancadas para volver por el pasillo por donde había llegado, pero como impulsado por algo, de sopetón se detuvo, y volviéndose me pide perdonar su poca cortesía.
—Mi nombre es Ricardo. De igual forma me excusé y me presenté. A los pocos minutos lo vi entrar por el umbral de la ancha puerta, labrado al igual que esta, en madera fina y maciza,

ambos bañados en un color barniz oscuro bastante sobrio. Mientras bebíamos una cerveza bien fría, charlamos como dos verdaderos viejos amigos. Esta conducta propia de nuestra cultura nos distancia de otras culturas. En Suecia, por ejemplo: compartir de esta forma es muy difícil. La sociedad es fría, reservada y sobre todo desconfiada. Aunque esta conducta a través de los años ha ido cambiando, sigue siendo el clásico estereotipo social. El sueco, casi siempre mantiene un trecho prudente, esto se manifiesta hasta en situaciones tan simples: en los paraderos de autobuses mantiene distancia considerable para no entrar en conversación. Esta actitud no es cuestionada por los pobladores ni mucho menos criticada. ¿Y cómo? Sí es parte de la idiosincrasia de un pueblo huraño, aislado y celoso de compartir lo que posee. No quiero decir que sean malas personas. Es lo que ellos conocen. Lo que han percibido de su entorno desde tierna edad. Y esta actitud ha ido moldeando su personalidad.

Ricardo, trabajaba para una empresa sueca como ingeniero informático en la comunidad de Märsta. Esta localidad forma parte de la municipalidad de Estocolmo. Nos despedimos con impetuoso arrebato. Según la agenda acordada volveríamos a encontrarnos para hacer un recorrido por los alrededores de la costa en compañía de nuestras familias. Fue hasta el fin de esa misma semana que coincidimos en los pasillos. Acompañado, de su esposa y de su pequeña hija se dirigía a la playa, teniendo otros planes para ese día nos despedimos pero no sin antes concretar otra nueva cita esa noche en el mismo lugar de nuestro primer encuentro.

"Tengo algo que proponerles. Ya te lo explicaré. Por cierto, en el bulevar de la playa hay un tablado de flamenco, estupendo. ¡Se los recomiendo! ¡No lo olvides!, en el bar esta noche", repuso.

Las notas suaves de la melodía orquestal de corte tropical que emanaban de los altavoces circundaban el acogedor recinto. A excepción de dos chicas españolas y hasta ese momento este servidor, los consumidores presentes en aquel lugar esa noche eran de origen sueco. Los ciudadanos de este país escandinavo se constituyeron en el grupo europeo que por aquella época más viajaba. Suecia gozaba de una holgada economía. Si bien la sigue teniendo los tiempos han cambiado y esta alteración cíclica han eclipsado muchos privilegios colectivos.

Mientras esperaba me entretuve bebiendo una cerveza San Miguel; cerveza con un agudo alto grado de alcohol que "arañaba" la garganta. A los pocos minutos, Ricardo, llevando una selección de interesantes folletos turísticos en sus manos, con una despabilada sonrisa apareció por el umbral del enorme salón.

—De esto quería hablarte.

—Pero siéntate hombre que ya no vas a crecer —ironicé.

— ¿De qué se trata? Pregunté intrigado.

—Ruth, y yo hemos decidido hacer un viaje a través de toda la Costa del Sol. Llegar a Gibraltar, luego subir a Cádiz, continuar hacia Jerez de la Frontera y prolongar el itinerario hacia Córdoba. Para luego extender nuestro viaje a Sevilla y Jaén, y por último regresar a Málaga vía Granada para conocer la Alhambra.

—Arrendamos un auto por una semana, ¿qué te parece?

Ricardo previamente había repasado catálogos turísticos de los lugares más interesantes y emblemáticos de cada ciudad que visitaríamos. Esto naturalmente haría el viaje más ordenado y ahorraríamos tiempo, según él. Entusiasta como un crio continuó con un chorro de argumentos y explicaciones que al final de la noche terminó "catequizándome". Estaríamos una semana fuera. Al fin y al cabo nosotros teníamos cinco largas semanas para disfrutar todo lo que Andalucía nos ofrecía. Siendo día sábado teníamos un día para hacer los preparativos. Convencer a mí esposa no sería difícil, estaba completamente seguro que a ella también le encantaría la idea. Esa mañana de lunes el calor ya comenzaba apretar. Los pocos vehículos que quedaban en la pequeña agencia de alquiler, del modelo Ford Fiesta, tomando en cuenta que en conjunto sumábamos siete pasajeros, nos pareció chico. Pero si queríamos realizar tan ansiado viaje no había otra opción. Tendríamos que sacrificarnos. Por aquellos días los cánones de conducta de los españoles no diferían mucho de los nuestros por lo que aquel detalle lo pasamos desapercibido. No recibimos la mínima indicación prohibitiva al momento de rellenar el contrato de alquiler. El dependiente y propietario del pequeño consorcio, retuvo por unos instantes el carné de conducir de mí amigo.

"¿De Suecia?" Preguntó.

"Así es", respondió Ricardo.

"Yo también he vivido en Escandinavia, en Noruega, pero para ser franco no me gustaría volver", enfatizó con una sonrisa. Realmente no le faltaba razón. No es fácil vivir en países con características climáticas tan severas, y sí a esto agregamos el abismal cambio cultural, aunque se suele decir y seguramente hay algo de cierto en todo esto: que el hombre es una animal de costumbres que se adapta a las condiciones más adversas del terreno. "Algo más, si pasan por Gibraltar no podrán entrar, lo podemos hacer solo los españolitos". Sonriendo levantó la mano como último gesto de saludo.

No visitaríamos Gibraltar, aunque si bien pasaríamos por el peñón nuestra intención no era entrar a la ciudad.

Quisiera extenderme y exponer tantos acontecimientos que tuvieron lugar por estas comarcas pero resultaría demasiado complicado, ya que cada hecho histórico lleva a otro y sería un nunca acabar. Así que me limitaré a describir a grandes rasgos estos bellos lugares de Andalucía. Antes de partir con destino a Gibraltar, que será uno de nuestros puntos escogidos el día de hoy. Me gustaría iniciar mí narración en Málaga. Dado que será la ciudad y sus alrededores donde pasaremos la mayor parte del tiempo durante nuestra agradable estancia en la bella Andalucía.

MÁLAGA

Esta encantadora ciudad situada a orillas del Mar Mediterráneo, puerta a la Costa del Sol, fue fundada en el siglo VIII A.C. por los fenicios que la bautizaron con el nombre de Malaka. Según la historia estuvo en manos de los cartagineses pero fueron los romanos quienes la convirtieron en ciudad. El día de hoy Málaga es una ciudad importante y moderna que cuenta con puerto comercial, universidad y su propio aeropuerto. La hospitalidad aquí como en todos los lugares que vistamos era manifiesta, gente agradable, sencilla y atenta. La herencia de los cientos de años de dominancia árabe ha quedado plasmada en el tiempo. Algunas arterias como: Calle Granada o la Calle Fresca conservan este patrimonio. Málaga se distingue por sus grandes parques y alamedas que rodean sus avenidas. Al final del Paseo del Parque se encuentra la Plaza de Toros.

La Semana Santa se conmemora muy solemnemente por estas tierras andaluzas, este puntual evento litúrgico se repite cada año a partir del Domingo de Ramos al Domingo de Pascua. Las diferentes Hermandades llevan a vírgenes y cristos en hombros en solemnes procesiones por toda la ciudad. En estos eventos participan vecinos de todas las edades.

Los malagueños tienen una forma muy peculiar de pedir el café: todo va en función de la relación entre la cantidad de café y leche que quieren en su tasa. En realidad hay 8 diferentes formas de servir el café aunque la mayoría solo distingue 4: sólo (sin leche), cortado (con una gotitas), mitad (la misma cantidad de leche que de café) y sombra (más leche que café). Málaga goza al igual que casi todas las ciudades andaluzas durante todo el año de un clima agradable. Sus magníficas playas atraen a muchos turistas. Además ofrece en su famoso teatro Cervantes así como en otros de la ciudad, eventos culturales como conciertos y obras de teatro. En este lugar nació Pablo Picasso. Aquí los amantes de la pintura pueden deleitarse con una visita al museo que lleva su nombre. Fue montado en el año 2003 en honor a uno de los artistas más influyentes del siglo XX. Este nuevo museo presenta una amplia gama selectiva de las obras de Picasso y de las colecciones privadas de su familia. El Teatro Cervantes fue inaugurado en 1870, años más tarde fue prácticamente destruido por un feroz incendio. El edificio estuvo casi en ruinas durante mucho tiempo hasta que a mitad de los años ochenta las autoridades de la ciudad de Málaga decidieron reconstruirlo. En la actualidad es uno de los lugares más visitados de la ciudad gracias a las variedades artísticas de sus obras.

El viento Soplaba tímidamente y el sol radiante presagiaba un viaje caluroso. La falta de aire acondicionado terminaría siendo la combinación perfecta para desesperarnos, fundamentalmente a los viajeros más chicos. Como conseguimos nos amontonamos en aquel pequeño cochecito, la peor parte la llevó Ricardo, amén de su metro ochenta de estatura debió acomodarse como pudo. Sin embargo pudo más la ilusión ante el cúmulo de desánimos. Dejamos Arroyo de la Miel. Recorreríamos toda la extensa zona costera de Málaga hasta alcanzar Algeciras. Nos habíamos trazado este itinerario. No nos detendríamos en Ronda ni tampoco en Mijas. Estos lugares los visitaríamos al retornar de nuestra gira por el resto de Andalucía. Según nuestros cálculos este recorrido tomaría cinco días. Así que tendríamos el día sábado para descansar y el domingo para visitarlos. La corta distancia entre estas comunidades auguraba que tendríamos tiempo de sobra. Quedaba otra propuesta pendiente fuera de programación. Sí el tiempo lo permitía: visitar Sierra Nevada. En camino a Algeciras, interrumpimos la marcha en Marbella, ciudad también conocida como Riviera Española. Su situación geográfica y su agradable clima atraen cada año a miles de turistas constituyendo esto una fuente de ingresos para la comunidad. En aquel entonces se daban por aquí cita, famosos, y naturalmente lo más granado del Jet set. Apenas quedaba espacio en sus atestados muelles de lujosas embarcaciones. En un corto tiempo de tan sólo cincuenta años lo que fue una antigua ciudad musulmana se ha transformado convirtiéndose de un pequeño pueblecito de pescadores en un destino turístico internacional. El día de hoy cuenta con once campos de golf, 26 kilómetros de bellas playas y una extensa gama de hoteles. Un dato curioso, Marbella tiene alrededor de cien mil habitantes, sin embargo durante la temporada turística de verano este número aumenta a casi un millón. El día de hoy sus visitantes más devotos provienen del norte de Europa, del Reino Unido y de Irlanda; pero por aquellos tiempos, suecos, finlandeses y daneses atestaban los lugares turísticos de estas regiones.

El aire caliente al fusionarse con el fresco de la brisa del mar se tornaba tibio y agradable. El leve recorrido por sus pintorescas calles y su hermoso litoral dejó huella en el recuerdo. Sus amplias y encantadoras playas apenas daban abasto para acoger a tantos turistas extranjeros y naturales, ya que también los marbellíes disfrutaban de los encantos de esta ribera.

Horas más tarde según lo proyectado, arribábamos a Gibraltar. Gibraltar es un territorio subyugado del Reino Unido y ostenta el estatus de Zona Británica de Ultramar y amplias capacidades de autogobierno. Está situado en el extremo meridional de la Península Ibérica, al este de la bahía de Algeciras y se extiende sobre la formación geológica del peñón de Gibraltar que domina la orilla norte del estrecho homónimo, comunicando el mar Mediterráneo y el océano Atlántico. Limita con España y alberga una población de cerca de 29.000 habitantes en una superficie de menos de 7 kilómetros cuadrados. Fue integrada en la corona de Castilla desde la mitad del siglo XV. Fue ocupada en 1704 por la escuadra anglo holandesa. Y posteriormente terminada la guerra de sucesión española fue conferida a la corona británica en aplicación del Tratado de Utrecht en 1973. Desde entonces ha sido un escollo en las relaciones hispano-británicas, su soberanía es reclamada por España. La prosperidad permitió a Gibraltar convertirse en el año 2008 no solamente en el territorio británico más próspero y estable sino también en uno de los países y territorios con mejor calidad de vida.

"Nos detendremos un pequeñísimo momento para retomar las reclamaciones españolas sobre Gibraltar".

La vida está desbordada de paradigmas y desconciertos que no tomamos en cuenta. O simplemente no deseamos hacerlo porque no nos ajusta. En el año 2007 se suscitó un conflicto diplomático entre España y Marruecos que terminó en una alteración de las relaciones internacionales entre ambos países, de breve duración y de relativamente baja intensidad, tras el anuncio de la visita oficial de los reyes de España a Ceuta y Melilla, ciudades ocupadas por España, situadas en territorio africano y reclamadas por Marruecos que, dado a su situación geográfica y política deben pertenecer al país africano. "Digo yo".

«—El pez grande se seguirá comiendo al chico».

En la distancia el "bruñido" peñasco despuntaba presuntuoso escondiendo celosamente a la ciudad gibraltareña. A pesar de haber decidido de antemano no entrar en ella, acordamos acercarnos y apreciarla aunque fuera desde su exterior. Alguna vez durante mis años escolares había escuchado sobre Gibraltar. Más nunca pensé que un día, yo, estuviera inmóvil frente aquella pequeña histórica metrópoli. A pocos kilómetros de allí, nos aguardaba Algeciras, municipio de la comunidad autónoma de Andalucía que pertenece a la provincia de Cádiz. Es la mayor ciudad del Campo de Gibraltar y es la sede de la mancomunidad de municipios de dicha comarca. En este lugar unen sus aguas el mar Mediterráneo y el océano Atlántico. Esta ubicación le ha otorgado el privilegio de poseer el puerto marítimo con mayor tránsito de mercancías de España. Al igual que en el peñón, nuestra visita aquí fue breve. A pocos kilómetros de este lugar teníamos otro pequeño lugar interesante que aunque no programado, no queríamos perder la ocasión de visitar. El cabo o Punta de Tarifa. Tarifa sirve de divisoria a las aguas del Mediterráneo y del océano Atlántico que se cruzan justo enfrente de la propia ciudad situada en la parte más angosta del Estrecho de Gibraltar, a una distancia de 14 kilómetros de las costas marroquíes, lo que la convierte en la ciudad europea más cercana al continente africano.

Al dejar Tarifa, tirando por todo el litoral comenzamos a reducir los 106 kilómetros que nos separaban de Cádiz. El calor y el sol se habían hecho inaguantables. Nuestras pobres mujeres llevaron la peor parte al ir estrujadas con nuestros hijos en la parte posterior del coche, aunque tampoco nosotros quedamos exentos del martirio, el penetrante e incansable sol "perforó" el vidrio delantero terminando la jornada del día más quemados que una suela de zapato.

CÁDIZ

Serían ya las seis de la tarde cuando arribamos a las costas gaditanas, desesperados buscamos refugio en la primera playa que se cruzó por nuestro camino. El viento en su mar abierto refrescó nuestros cuerpos molidos de cansancio. Pero éramos felizmente, entonces, jóvenes y apenas hablábamos de ello. Hoy lo recuerdo con nostalgia cuando mí cuerpo ya se siente cansado por el transcurrir del inevitable paso del tiempo. Cuando en medio de todas las incomodidades y sacrificios emprendimos aquella "aventura" sabía de antemano que todo aquello valdría la pena, que los ineludibles recuerdos serían plausibles e imperecederos y que permanecerían fundidos en el tiempo y en nuestras vidas.

Esa noche pernoctaríamos en la ciudad porteña. Con sus casi 160.000 habitantes, Cádiz, se asienta en una extensión de 10,5 kilómetros cuadrados. Fue fundada por los fenicios en el año 1100 A.C. La ciudad está situada sobre una isla unida a otra a través de una estrecha franja arenosa, este fue el único medio que la mantuvo unida al firme continente hasta 1969 cuando fue construido el Puente Carranza. Cádiz está emplazada entre dos mares, el Atlántico y Mediterráneo. Posee un largo litoral de playas de aguas cristalinas y dunas de fina y blanca arena.

El Carnaval de Cádiz se realiza en el mes de febrero, durante sus diez largos días de celebraciones la ciudad entera se viste de regocijo y sus habitantes se echan a la calle disfrazados de las formas más variadas, y a veces hasta atrevidas. Los bares se atestan de parroquianos que cantan y bailan al compás de divertidas e ingeniosas canciones. Cádiz como muchos lugares de Andalucía alberga bellos pueblos habitados por gente sencilla y amistosa. La gastronomía y sobre todo su encantador clima que oscila entre 14 y 20 grados centígrados la convierten en una ciudad sugestiva y atrayente. En la primavera las temperaturas medias giran alrededor de los 19 grados centígrados. En el verano en torno a 20 y en otoño rondan los 17. Con la anterior estadística podríamos decir que Cádiz goza de más de 300 días de sol al año. Sin embargo el día de hoy Cádiz tampoco ha sido indiferente al cambio climático.

Desde hace 45 años, el barco Adriano III realiza el recorrido entre Cádiz y el Puerto de Santa María, además del inolvidable paseo ofrece conocer la Bahía de Cádiz. Este barco también es conocido popularmente como "El Vaporcito del Puerto". El puerto de Santa María está situado al noroeste de la provincia de Cádiz en la desembocadura del rio Guadalete, en la Bahía de Cádiz. El puerto de Santa María también es conocido como La Ciudad de los Cien Palacios, aunque el paso del tiempo y la dejadez han provocado que muchos de estos elegantes edificios hayan quedado casi en ruinas. Producto de la actividad comercial con la América Española o Indias, en los siglos XVII y XVIII se levantaron en la localidad auténticos palacios adaptados a las necesidades de los grandes comerciantes que también recibían el nombre de Cargadores de Indias. Con 22 kilómetros de costa la ciudad ofrece una variedad maravillosa de playas. Su privilegiada situación entre Rota, Sanlúcar, jerez, Puerto Real y el mar, hace del puerto el centro principal del arco de la Bahía. Hoy en día Cádiz es conocida sobre todo por su larga historia. Los restos fenicios, árabes o romanos hallados datados en 3100 años, tal vez le hagan la ciudad más antigua de Europa occidental. No obstante su reconocimiento no se limita únicamente al ámbito nacional sino también por su importancia en procesos como las guerras púnicas, la romanización de Iberia, el descubrimiento y conquista de América o la instauración del régimen liberal en España con su primera constitución. Cristóbal Colón salió en su segundo viaje de este lugar, el 25 de septiembre de 1493, con tres galeones, 14 carabelas y 1500 acompañantes. En este viaje llegaron a las Islas Caribes. El 4 de noviembre del mismo año descubrió la Isla de Borinquen (Puerto Rico). Y el 27 del citado mes llegó a la Española.

Había tanto que ver y disfrutar de esta bella ciudad gaditana. Anduvimos por calles y rincones cual más pintorescos. Aunque fueron numerosísimas las torres que se edificaron en tiempos del comercio para vigilar la entrada y salida de barcos, visitamos únicamente la Torre de Tavira que se convirtió en la torre oficial debido a su altura, desde aquí se puede disfrutar de las mejores vistas de la agraciada ciudad. Tampoco quedó libre de nuestra presencia la Plaza de las Flores, aquí el colorido como no podía ser de otra manera era un embobo para la vista, esta tradicional plaza en realidad se llama la Plaza de Topete aunque todos la conocen como la Plaza de las Flores ya que diario está repleta de mercaderes de bellas y coloridas flores. Igualmente no quedó incólume de nuestro huroneo y arrebato, la Plaza de San Juan de Dios, a esta se le considera la primera plaza, se comenzó a edificar en el siglo XV sobre terrenos "ganados al mar". Antes de partir hacia Jerez de la Frontera visitamos otros lugares, todos igual de interesantes. 39,5 kilómetros distanciaban estas dos ciudades.

JEREZ

La ciudad de Jerez se caracteriza por disfrutar de más de 3200 horas de sol al año, sus temperaturas son elevadas en verano y suaves en invierno, lo más aconsejable es visitar la ciudad en primavera o en otoño. Pocos lugares en España gozan de reconocimiento internacional tan amplio como el que Jerez disfruta. Gracias a su vino, el Jerez o Sherry, su nombre ha traspasado fronteras hasta llegar a universalizarse. Otro atractivo de estas tierras es la crianza de caballos y la de ganado vacuno. La agricultura destaca también con sus cultivos de frutas, cereales y hortalizas. Jerez brinda numerosas opciones al turista, por ejemplo: Espectáculos hípicos en la Real Escuela Andaluza del Arte Ecuestre. La Yeguada Hierro del Bocado que acoge la reserva de caballos de estirpe cartujana más importante del mundo también es digna de apreciarse, igualmente la visita "inexcusable" a las formidables bodegas de Jerez que por antonomasia representan a la región. A parte de las distracciones anteriores, el espectáculo de flamenco y naturalmente sus iglesias y palacios tampoco podrían pasarse inadvertidos.

Aunque nuestra visita fue corta. Inolvidable. En seguida del suculento y delicioso almuerzo dejamos la ciudad del sherry.

SEVILLA

A unos 85 kilómetros en dirección norte aguardaba Sevilla por nosotros. Sevilla está situada en el suroeste de España, es la capital de Andalucía y está considerada como una de las ciudades más bonitas de España. Durante todo el año Sevilla ofrece un abanico extenso de actividades culturales a turistas y lugareños. Su exquisita gastronomía es una gozada, al igual que la delicada hospitalidad, que pone la guinda. Indudablemente es un lugar que cautiva y obliga repetir. Una de las atracciones que más atrae al turismo a estas tierras andaluzas es la famosa feria de Sevilla, que se celebra cada año durante la primavera. Este festival es único en el mundo. En un espacio del tamaño de 54 campos de fútbol, a pesar que el evento dura solamente una semana se montan más de 1000 casetas. En esta feria los sevillanos se visten con sus mejores galas. Durante el día más de 3000 personas se pasean a caballo exhibiendo sus magníficos ejemplares equinos. Desde la una de la tarde hasta las ocho de la mañana acuden los visitantes a bailar, cantar, beber y sobre todo a pasarla bien. Se calcula que a esta feria asisten más de 500.000 personas.

Según la leyenda, Sevilla fue fundada por Hércules y sus orígenes están ligados a la civilización de los tartesios. Bajo dominio romano tomó el nombre de Híspalis, e Isbiliya durante la época árabe. Fue ocupada por fenicios y cartagineses. Así que podríamos decir que la antigua Sevilla tuvo influencia notoria de estos grupos que han dejado plasmada en su historia siglos de erudición. Las tropas romanas entran en el año 206 AC bajo las órdenes del general Escipión y acaban con los cartagineses que ocupaban y defendían la región. En una incursión encabezada por el rey Gunderico, en el año 426 fue tomada por los vándalos, cuyo principal interés era la destrucción de todo lo que tuviera que ver con el imperio romano, tras la destrucción de Sevilla, Cartagena y gran parte de Andalucía, dejó la zona para hacer incursiones en África.

En el año 712, Musa, acompañado por su hijo Abd al-Aziz ibn Mussa y con un ejército de 18000 hombres cruzó el Estrecho y procedió a la conquista del resto del territorio visigodo. Ocupó Medina-Sidonia, Carmona y Sevilla, y, por último atacó Mérida, poniendo sitio a la ciudad que resistió un año. La ciudad pasa a ser territorio musulmán. Durante esta época de oro de potestad musulmana creció considerablemente la riqueza cultural de

Sevilla, la ciudad era dependiente del Califato de Córdoba y se convirtió en la más importante de Al-Ándalus. Fue capital de uno de los reinos de taifas más poderosos desde el año 1023 hasta el año 1091, gobernado por la familia de los abadíes. Los cristianos bajo el mando de Fernando I en una incursión en el año 1063, descubrieron la débil fuerza militar que poseían los reinos taifas de lo que se valieron para hostigarles, y de este modo sin apenas resistencia a los pocos años Al-Mutamid tuvo que comprar la paz y pagar un tributo anual, convirtiendo a Sevilla por vez primera en tributaria de Castilla. Durante la dinastía musulmana de los almohades se erigieron la Giralda, el Alcázar y San Marcos. Entre finales del siglo XI y hasta mediados del siglo XII se asentó la dinastía de los almorávides en la ciudad llegando a ser esta época de mucha prosperidad.

Giralda, es el nombre que se le da al campanario de la Catedral de Sevilla. Los dos tercios inferiores de la torre pertenecen al alminar de la antigua mezquita de la ciudad, de finales del siglo XII, en la época almohade, mientras que el tercio superior es un remate añadido en época cristiana para albergar las campanas. En su pináculo se halla una bola llamada tinaja sobre la cual se alza el Giraldillo, estatua de bronce que hace las funciones de veleta y que fue una de las esculturas más grandes del Renacimiento europeo. En 1928 fue declarada Patrimonio Nacional y en 1987 integró la lista del Patrimonio de la Humanidad. La Giralda de Sevilla se convirtió en un lugar emblemático por excelencia. El viajero que visite Sevilla y se olvide de la Giralda "no lo ha visto todo". Esta torre representa la fusión de dos culturas que aun conviven el día de hoy en Sevilla: la musulmana y la cristiana. Como cité fue edificada por los musulmanes pero fue modificada posteriormente por los españoles que le añadieron campanas y "El Giradillo".

Existe una leyenda que cuenta que había que subir a caballo ya que no dispone de escaleras sino de una rampa y solamente los más ágiles jinetes con los mejores caballos podían lograrlo. Y como la tradición reza "no podíamos cometer el sacrilegio de olvidarnos de ella". Esa noche dormiríamos en la ciudad así que la propuesta para esa tarde estaba decidida: recorrer los lugares más representativos de la ciudad, entre ellos como no podía ser de otra manera la suntuosa Catedral de Sevilla que es la catedral gótica más grande del mundo.

Desde la conquista de Sevilla en 1248 se usó como catedral la antigua mezquita almohade. En 1403 comenzó a construirse la extraordinaria Catedral de Sevilla tras el derribo del edificio musulmán y sus obras alcanzarán el siglo XVI cuando se cierra el cimborrio en 1507, convirtiéndose así pues esta suntuosa obra de arte en la catedral gótica más grande del mundo hasta nuestros días.

CÓRDOVA

Otra hermosa y sugestiva ciudad rebosada de historia aguardaba por nosotros. Muy de mañana dispuestos a recorrer los 138 kilómetros que separaban estas dos ciudades nos pusimos en camino. Sabíamos que al mediodía el calor y el sol se volverían como en días anteriores. Insoportables. Encontrar sombra a lo largo de la carretera era como hallar agua en un desierto. El panorama árido y solitario se repetía. Carretera adentro, campos de olivares plagaban la campiña, todas fincas privadas, traspasar los límites hubiera probablemente creado más de algún disgusto con los propietarios de aquellos terrenos y esto era lo que menos deseábamos, con un tanto de desolación y deseo mirábamos el umbroso y refrescante paisaje que tanto ansiábamos.

Las pequeñas casitas blancas contrastaban con el color negro de los atuendos de las mujeres. Tanto el color negro de la ropa como el blanco de las casas son muy típicos de estas regiones. Todos sabemos que el color blanco durante los días de sol y los inclementes calores veraniegos. Refresca. Ahora bien al uso del color negro en la vestimenta no le encuentro explicación lógica. Pero seguramente también la tendrá. Por fin llegamos a Córdoba. Aquí como en Sevilla estaban estampados en su arquitectura y sus pintorescas callecitas muchos años de historia. Esta antigua localidad fue fundada por los romanos, convirtiéndose en una ciudad de gran valor gracias a su situación estratégica y la navegabilidad del rio Guadalquivir. Se convirtió en puerto clave, de aquí los romanos transportaban a la antigua Roma, aceite de oliva, vino y trigo. El puente principal que cruza el rio fue construido por los romanos, por lo cual lleva el nombre de «El Puente Romano».

Córdoba, se convirtió en su época de gloria en Capital del al-Ándalus, y fue entonces cuando se construyó la Mezquita que llegó a convertirse en uno de los más grandes santuarios del Islam. Fue recuperada por los cristianos en 1236, los nuevos gobernantes construyeron la catedral en el centro de la Mezquita entre arcos y ostentosas y grisáceas columnas que todavía hoy se pueden admirar. Córdoba, al igual que muchas otras ciudades andaluzas tiene lugares muy representativos: El Alcázar, fortaleza construida por los cristianos en el año 1328. El Fuerte Calahorra, construido por los árabes. La antigua sinagoga judía, entre otros. En la actualidad convertida en museo.

El atractivo Barrio Medieval de Córdoba ha sido la cuna de la comunidad judía, sus plazas pintorescas, sus calles estrechas y sus patios llenos de flores le dan un colorido muy particular a esta porción de la ciudad, aquí nos volvemos encontrar con el rio Guadalquivir que el día de ayer hemos visto discurrir por Sevilla. Este rio nace en la Cañada de las Fuentes a 1400 metros sobre el nivel del mar en término del municipio de Quezada, en la Sierra de Cazorla, Jaén. El Guadalquivir fluye por las provincias de Jaén, Córdoba y Sevilla y desemboca por Sanlúcar de Barrameda en un amplio estuario entre la provincia de Cádiz y la de Huelva. Es el quinto rio en importancia por longitud, de la Península Ibérica.

Para los cordobeses la Mezquita es un distintivo como sin duda alguna lo es la histórica Giralda para los sevillanos. «Su visita es obligatoria». La puerta de Las Palmas da acceso a la mezquita: hay unas 1.300 columnas de mármol, jaspe y granito sobre las que se apoyan trescientos sesenta y cinco arcos de herradura bicolores. El mihrab, lugar santo que señala la dirección sur y no la de La Meca, de acuerdo con la voluntad de Abderramán (hacia el río porque le llevaba hasta su Damasco natal). Ésta es una de las hipótesis, pero hoy en día está más aceptada la teoría de que la nave principal de la mezquita sigue la orientación de la calle principal, cardo, perteneciente a la antigua Córdoba Romana, Colonia Patricia, como se ha atestiguado en las importantes excavaciones arqueológicas realizadas en la ciudad.

El mihrab es un joyel de mármol, estuco y mosaicos bizantinos brillantemente coloreados sobre fondo de oro y bronce, además de cobre y plata. En el Lucernario se conservan los arcos lobulados de los muros y la cúpula. En la cabecera destacan los arcos, los mosaicos del muro y la estructura y decoración de las cúpulas a base de arcos cruzados. Tras la ansiada conquista de Córdoba por los cristianos éstos utilizaron la mezquita para celebrar su culto. En el siglo XVI cuando definitivamente el islamismo fue expulsado de la península Ibérica, los vencedores quisieron adecuarla a sus creencias y construyeron una catedral renacentista en sus naves centrales, a cargo de Hernán Ruiz llamado "el viejo", y luego de su hijo, en pleno corazón de la mezquita, alterando la perspectiva original de la antigua iglesia cristiana destruida para construir en su solar, la mezquita. Apenas quedó rastro y solo a raíz de algunos trabajos iniciados en la década de 1940 se lograron recuperar algunos de sus restos en el subsuelo de la catedral, básicamente mosaicos y pilares.

La ingesta constante de brebajes fríos nos mantenía el gusano del hambre calmoso. Después de nuestro largo peregrinar por las calles cordobesas con nuestros hijos a cuestas comenzamos a mostrar síntomas de cansancio. Por aquel tiempo España era un país con propuestas hoteleras y culinarias muy asequibles. Esa noche caímos al igual que nuestros chiquillos. Rendidos. Nos despertamos no con el canto de los gallos sino con la impaciencia de los más pequeños que a pesar de que aquel viaje no era el más apropiado para ellos se solidarizaron contagiándonos su júbilo. Este era nuestro tercer día, por lo visto el tiempo del viaje se acortaría y tendríamos a nuestro regreso "a casa" tiempo de sobra para visitar los lugares aledaños a Torre Molinos.

JAÉN

Nuestra próxima e interesante ciudad a visitar estaba emplazada a ciento veinte kilómetros. Aquella mañana aún gozábamos de una temperatura agradable y de un apetito voraz que había que aprovecharlo para hacernos de un poco de energía y continuar con nuestro irrepetible e inolvidable viaje. Jaén es considerada una de las ciudades más antiguas de España. Recientemente ha sido descubierto el yacimiento neolítico de Marroquíes Bajos en el norte de la ciudad, que aproximadamente data del año 2500 antes de Cristo, con viviendas en círculos concéntricos y una incipiente infraestructura hidráulica. A Jaén también se le conoce como capital del Santo Reino, está situada al sur de España y al noreste de la Comunidad Autónoma de Andalucía. La actividad económica de la ciudad está basada en la producción de aceite de oliva, pero también recauda ingresos de la industria agrícola y alimentaria y de un incipiente turismo cultural. Esta ciudad se caracteriza por sus calles empinadas pues se alza al pie del cerro de Santa Catalina donde se encuentra el castillo que lleva el mismo nombre, y que es una antigua construcción defensiva de acabado cristiano medieval que corona el cerro en una estribación de la Sierra de Jabalcuz a 820 metros de altitud desde la cual se divisa toda la ciudad de Jaén, los olivares y las montañas

circundantes de la zona. Por esta comarca prorrumpe el popular
rio Guadalquivir, sus inquietas corrientes se alejan hacia las
ciudades que hemos dejado atrás en nuestro recorrido por
Andalucía. Nuestra visita a esta interesante ciudad fue corta ya
que nuestro objetivo real estaba situado a 99 kilómetros de aquel
lugar. La Alhambra. En Granada.

ALHAMBRA

A esta ciudad palatina formada por un conjunto de alcázares y
jardines que albergaba una ciudadela dentro, llegamos después
del mediodía. Con antelación habíamos decidido dedicarle todo
el tiempo que fuera necesario a este hermosísimo lugar, ya que
valía la pena hacerlo por su maravillosa arquitectura e historia. El
nombre de Alhambra tiene sus orígenes en una palabra árabe que
significa "castillo rojo o bermellón", debido al tono de color de
las torres y muros que rodean completamente la colina de la
Sabika, que bajo la luz de las estrellas y la luna adquieren un color
plateado, y bajo el sol un tono dorado. Si bien la Alhambra era
un fortín construido con propósitos militares también era un
palacio y una pequeña ciudad. Todo esto al mismo tiempo. Las
numerosas tipologías de esta construcción pueden radicar en esta
triple combinación.

Se conoce como al-Ándalus al territorio de la Península Ibérica
y de la Septenaria, esta última durante la Edad Media estaba
formada por la región occidental de la provincia romana de Galia
Narbonense que comprendía el sureste de la Galia, la actual
Francia, entre los Pirineos y Massalia, que pasó bajo control del
reino visigodo en el año 462 cuando Septenaria fue cedida a
Teodorico II, rey de los visigodos. Con el avance de la
Reconquista iniciada por los cristianos de las montañas del norte
peninsular, el nombre del al-Ándalus se fue adecuando al
decadente territorio bajo dominación musulmana, sus fronteras
fueron gradualmente empujadas hacia el sur. El 2 de enero de

1492 los Reyes Católicos conquistaron Granada y el último Rey musulmán, Boabdil, abandonó la península Ibérica poniendo así fin a una ocupación musulmana que duró 700 años. El 31 de marzo de 1492 en Granada, en el edificio de la Alhambra fue editado por los Reyes Católicos Fernando II de Aragón e Isabel I de Castilla, el Decreto o Edicto de la Alhambra, en la cual se obligaba a todos los judíos de la Península Ibérica a cristianizarse o ser expulsados. El último día para cumplir este decreto terminaba el 31 de julio que terminó extendiéndose hasta el 2 de agosto a las doce de la noche.

Lugares emblemáticos y muy interesantes de la Alhambra que manifiestan el arte arquitectónico de un pasado extraordinario.

LA ALCAZABA

Se cree que es la parte más antigua de la Alhambra, está rodeada de puertas y torres, solamente es posible acceder a ella a través de unos pasadizos rectangulares, construidos probablemente con propósitos estratégicos defensivos. Esta obra fue construida por Mohammed I.

PALACIO DE COMARES

Es el núcleo principal o corazón de la Alhambra, este palacio comprendía la residencia oficial del Monarca, y está integrada por un conjunto de dependencias agrupadas en torno al Patio de los Arrayanes. Fue construida por Yusuf I. Está formado por cuatro partes neurálgicas: La Madraza de los Príncipes, el Patio de Machuca, el Mexuar con el Patio Dorado y el Patio de la Alberca con los baños, y el Patio de la Reja.

EL MEXUAR

Esta parte fue destinada exclusivamente a la administración de justicia. Fue obra de Ismail (1314-1325).

PATIO DE LOS ARRAYANES

Este patio tiene una extensa planta rectangular. Su nombre se debe a los sólidos arrayanes que bordean la alberca central, esta refleja impecablemente en sus aguas el cielo y la fachada del palacio, creando un espejismo maravilloso para deleite del espectador.

PATIO DE LOS LEONES

Fue construido por Mohammed V en el año 1378, quizá sea el patio de los leones la joya más valiosa de la Alhambra. Su nombre procede de los doce leones surtidores de la fuente que ocupa la parte central del patio, leones sobre los cuales descansa la gran taza de forma dodecagonal y que la rodean. Esta fuente de mármol blanco es una de las más representativas muestras de la escultura musulmana. Alrededor de este patio hay una galería soportada por 124 columnas delgadas de mármol.

SALA DE LOS ABENCERRAJES

Destaca por su gran cúpula de mocárabes, donde fue diseñada una estrella con ocho puntas iluminadas por dieciséis ventanas.

SALA DE LAS DOS HERMANAS

Tiene una cúpula de mocárabes de simbología celeste, apoyada en una base octogonal con dieciséis ventanas.

SALA DE LOS REYES

Su denominación se debe a una pintura que podemos observar en la cúpula central que representa a los diez primeros reyes de la dinastía nazarí (excepto los usurpadores Ismail I y Mohamed VI). Además hay otras dos cúpulas adyacentes con pinturas que muestran escenas caballerescas y románticas. Según las pistas que aporta la pintura de los reyes, podrían corresponder a los reinados de Mohamed VII (1395-1410) o de Yusuf III (1410-1424).

PALACIO DEL PARTAL

Se edificó a principios del siglo XIV, convirtiéndose así en el palacio más antiguo nazarí. Su orientación es similar a la del Palacio de Comares, únicamente la crujía norte ha llegado hasta nuestros días.

PALACIO DE YUSUF III

Se levantaba antiguamente en el área del Partal Alto, se construyó aprovechando el desnivel del suelo, únicamente se conserva parte de la alberca y el arranque de los muros de algunas dependencias, restaurados. Al parecer la construcción original data del reinado de Mohammed II (1273-1302), pero fue Yusuf III el que llevó a cabo su remodelación.

PALACIO DE CARLOS V

El edificio es de cantería y mide 63 m de lado 17,4 m de altura. El arquitecto encargado de la obra fue el arquitecto Pedro Machuca. Tiene en su interior un amplio círculo de 31 metros de diámetro y está rodeado de un ancho pórtico con 32 columnas dóricas.

EL GENERALIFE

Era la villa habitada por los reyes musulmanes de Granada. La palabra 'Generalife' ha sido traducida como "jardín del Paraíso", "plantación", o "jardín festivo". La avenida conduce al Patio de la Acequia que es el sitio más popular y el verdadero corazón del palacio. En la parte oeste hay una galería con 18 arcos. El pórtico del norte se llama el Mirador y tiene cinco arcos en la parte delantera y tres más, detrás, hechos en mármol. A través del pórtico norte llegamos al Patio de los Cipreses, que tiene un estanque en el centro. Una escalera de piedra nos lleva hasta los Jardines Superiores que antaño fueron plantados con olivos y hoy día se ha convertido en una explanada con jardines bellos y modernos. Aquí encontramos los saltos de agua descritos por

Navagiero en el siglo XVI. Siguiendo la escalera llegamos a un edificio moderno y aséptico de varios pisos. En la parte más alejada es donde se encuentra el gran escenario donde se celebra el Festival Anual de Música y Danza. Infortunadamente, una dolencia severa estomacal me importunó el disfrute de aquella hermosura arquitectónica excepcional. La Alhambra es un lugar mágico, aquel que la visite no podrá borrarla de su memoria. Recorrimos aposentos y bellos jardines, y disfrutamos sobre todo del cobijo de la frescura de sus edificaciones que buena falta nos hacía. Entrada la noche alzamos el vuelo hacia nuestro punto de partida, Málaga, para luego continuar hacia Torre Molinos y, así, cerrar el círculo de nuestro viaje. Nos esperaban 129 kilómetros de recorrido pero la frescura de la tarde presagiaba un viaje agradable.

Y aunque el viaje nos había desgastado, el día jueves, con el mismo entusiasmo abordamos el pequeño cochecito y de nuevo retornamos a la carretera. Esta vez nos encaminamos rumbo a Ronda, a 116,8 kilómetros de Málaga, recorrido que por aquel tiempo tomaba una hora y treinta minutos, el día de hoy dado al aumento del tráfico seguramente este dato no será equivalente.

RONDA

Es considerada una de las cunas de la tauromaquia moderna, surgida en el siglo XVIII, esta encantadora comarca está situada en la parte más noroccidental de la provincia de Málaga y se encuentra emplazada sobre un fenomenal barranco de 120 metros de profundidad, es considerada una de las ciudades más antiguas de España. El cauce del pequeño rio Guadalevin que divide a la ciudad en dos ha ido contribuyendo ahondar más el profundo tajo de más de cien metros de altura. Ronda es una de esas ciudades de ensueño que parece más situarse entre la realidad y la leyenda. En la antigüedad, por su ubicación y el abrupto paisaje fue refugio perfecto para fugitivos y bandidos. Según cuentan los lugareños esto favoreció atraer a esta región a muchos de ellos que por aquí merodearon a sus anchas, entre ellos los legendarios bandoleros: "el tempranillo y el tragabuches". El primero, según la leyenda fue considerado un Robín Hood que robaba a los ricos para ayudar a los pobres.

Aunque son muchos los personajes que han dejado recuerdos por estas tierras: Ernest Hemingway, premio nobel de literatura, 1954, escritor estadounidense nacido en Oak Park, Illinois, el 21 de julio de 1899 y autor de muchas novelas es uno de los más recordados. En 1925, escribió Fiesta, un relato del París bohemio que le valió el primer éxito al que siguió "Muerte en la tarde". Sin embargo el verdadero salto de Hemingway a la primera línea literaria llegaría con "Adiós a las armas", 1929. Hemingway, fue devoto a la afición taurina y a las fiestas españolas, este fervor le trajo hasta este bello lugar.

Hicimos un recorrido inolvidable por las calles adoquinadas de la ciudad. Aquí se repetía la misma arquitectura de casi toda Andalucía, casitas pintadas de blanco y calles estrechas, típicas de muchas regiones de España, y todo esto con el complemento de hermosos parajes y de puentes que hacían de miradores al abismo. Con el fresco de la tarde la Carrera Espinel también conocida como Calle de la Bola, se llenaba de transeúntes. Hoy día es la principal vía comercial de la ciudad. Aquella hermosa tarde daba la impresión que ningún rondeño se había quedado en casa, que todos se habían dado cita en aquel lugar para regocijarse del maravilloso atardecer de estas preciosas serranías.

MIJAS

Este fue nuestro último desplazamiento por Andalucía. Mijas, comunidad habitada desde la antigüedad. En principio fue un pequeño pueblo consagrado primordialmente a la agricultura y a la pesca hasta el surgimiento de la explosión turística en los años 50 del pasado siglo. Desde entonces la actividad turística y el sector de la construcción han sido los impulsores de la economía local. Actualmente es considerado municipio multicultural, pues un alto porcentaje de sus residentes es de origen extranjero. Este municipio andaluz de la provincia de Málaga está ubicado en la Costa del Sol, a uno 30 kilómetros al suroeste de la capital provincial. Aparte de otras atracciones culturales e históricas esta comunidad tiene un atractivo bastante especial: los Burros -Taxi. Según comentaban algunos vecinos, a comienzos de los años 60, trabajadores que regresaban a sus casas en burro eran requeridos por los visitantes para fotografiarse o simplemente dar una vuelta, casi siempre las propinas superaban sus salarios. ¡Surgió así!, una labor más. Hoy, los Burros -Taxi, toda una institución mujeña y uno de sus primordiales atractivos turísticos, ascienden a 60 y han forzado al Ayuntamiento a construir un aparcamiento especial para ellos. Mis hijos disfrutaron sobre manera de la graciosa atracción, en su corta vida habían visto un burro de carne y hueso.

Mi amigo Ricardo y su familia a regañadientes retornaron a Escandinavia. A nosotros por el contrario nos quedaban un par de semanas más para seguir disfrutando del candente sol andaluz. Los primeros días les echamos mucho en falta pero como todo pronto nos fuimos acostumbrando.

Quiero hacer un pequeño comentario acerca de este oficio, no quiero herir sentimientos ni mucho menos incriminar a los propietarios de estos animalitos de mal trato y crueldad, sé que muchas familias viven de él; pero tiene que ser muy duro para estos hacendosos burritos estar de pie y trabajar todo el día bajo las extremas temperaturas de Andalucía. Los seres humanos aún no estamos preparados para respetar a "los seres inferiores" de nuestro reino, inferiores porque no podemos entenderles, porque "hablamos idiomas diferentes". Más hay cosas elementales en la vida que podemos percibir, la lógica nos ha dotado de este fundamental privilegio. El maltrato animal es injustificable. Aquí hablo en otros contextos, hablo de las atrocidades que se comenten no solo en España o México, por nombrar algunos países, sino en todo el mundo. Podríamos citar las más crueles: "las emocionantes" corridas de toros, peleas de gallos y de perros. Actos deplorables y macabros que surgen de los sentimientos más primitivos de los salvajes que los aplauden y realizan. Conducta despreciable, incompresible y lamentable, de miles de seres humanos que disfrutan del dolor, la sangre y la muerte. En las plazas de toros con ojos brillosos de lujuria al igual que los romanos hace dos mil años gritan enardecidos los desalmados ahí presentes, aclamando al diestro que cumplido el macabro ritual es llevado en hombros y vitoreado como quijote justiciero.

Maltrato animal en España. El documental "Santa Fiesta" denuncia que en España se celebran 16000 festejos populares donde el maltrato animal causa la muerte de 60.000 animales al año, como: toros, gansos, caballos y cerdos. O sea 5000 animales por mes.

'Santa Fiesta' es un documental grabado de forma clandestina en España durante doce meses por un equipo de cuatro personas: productor y director Miguel Ángel Rolland, director de fotografía y operador de cámara Roberto San Eugenio, director de sonido Pablo Rodríguez y fotógrafo Kike Carbajal, que expone, según sus promotores el "genocidio animal" que se produce con motivo de las fiestas populares.

"Apoyamos el magnífico trabajo de Miguel Ángel Rolland porque consideramos que 'Santa Fiesta' es un documental necesario para llevar al debate público la crueldad de los festejos populares en España. Es inaceptable que esto siga sucediendo en nuestro país en pleno siglo XXI", señala Marta Esteban, presidenta de la Plataforma: 'La Tortura No Es Cultura'.

Es una vergüenza que esto suceda en las periferias de Europa. Como norma, pienso, la Unión Europea debe exigir un alto a estas atrocidades, pues no podemos hablar con ostentación de proteccionismo animal extremo en determinados países socios y dejar que en otros, bárbaros desadaptados torturen hasta la muerte a animales indefensos con la afrenta del disfrute macabro del dolor extremo que ocasionan. Estos actos en definitiva representan un retroceso en el desarrollo de la Unión y va en degradación de la humanidad misma.

Ojala, un bonito día a nuestros legisladores que además de ir a dormirse a las curules del congreso y a jugar con sus teléfonos celulares y, sobre todo, a poner esa cara cínica de circunstancia, se les ocurra constitucionalizar y penalizar severamente estos actos barbáricos. Aunque sinceramente, creo, son mandatos que le conciernen a la ONU. Organismo amargamente obsoleto y deshonrado que obedece descarada y fielmente los preceptos de las naciones explotadoras, y si no es siquiera capaz de arbitrar justamente los acontecimientos que afectan a países y a millones de seres humanos que mueren en las malditas guerras abatidos por las armas "de la paz", mucho menos podría importarle "tan poca cosa". ¡Qué vergüenza!

Hay tantas cosas que debemos cambiar en este inmundo mundo. La democracia moderna está diseñada para "la gente bonita", ajustada para proteger a los sinvergüenzas que sueñan un día descaradamente apoderarse del mundo empleando "una ejemplar dictadura democrática global". Cada día da más asco ver lo que acontece en el mundo, las injusticias se ven avaladas por gobiernos y organismos internacionales, tal, que ya se ha vuelto una cotidianidad absurda y un modelo mundial a seguir. Los gobiernos de tendencias izquierdistas independientemente de los resultados en las urnas serán siempre inculpados de fraude, no así los moscardones de derecha que les basta ganar con el 0,1% sobre el adversario para que se den por válidos los escrutinios. Esto es un insulto aberrante contra la legitimidad mundial y sobre todo contra los valores fundamentales que sostienen los pilares de la verdadera democracia. No puedo concebir, si hay 193 estados miembros en la ONU, ¿porque 5 de ellos deciden los destinos del mundo?

Los miembros permanentes del Consejo de Seguridad de la ONU tienen con el veto el poder de "hacer lo que les plazca". Todo esto debe cambiar, estos reglamentos añejos corresponden a la mitad del siglo pasado, estamos en el siglo XXI. El tiempo al igual que la gente ha cambiado y por ende estos estatutos anacrónicos deben hacerlo también. Este Organismo debe ser trasladarlo a otro país y naturalmente hacer una refundación en donde terminen estos abusos improcedentes. Da nauseas ver como "el respetable" en pleno aplaude cuando "los faraones" del mundo suben al podio. La sala al completo apenas deja espacio para fotógrafos y periodistas. Si no es porque se tratara de la ONU, juzgaría que se hallan en el estadio nacional de mi país donde se venden "plazas fantasmas". Sin embargo, el escenario se va transformando conforme el tema "comienza a perder interés". Cuando trepan al podio los representantes de los pueblos oprimidos que imploran justicia, la abarrotada sala permanece ya casi vacía. "A quién diablos le interesa cuántos niños mueren de hambre en el África o en la maldita guerra de Siria. O en algún otro paisito de los entornos o más allá de ellos".

Estas acciones antidemocráticas deben mudar de aires, ya no pueden seguir tolerándose. Todos los representantes de naciones grandes y chicas les corresponde permanecer en las asambleas de principio a fin, ¡les guste o no!, para eso reciben suculentas remuneraciones económicas. Lo peor de todo es que esto es contagioso y, ahora, hasta "los flamantes" eurodiputados tienen las mismas "mañas" y desplantes. El presidente de la Comisión

Europea Jean Claude Juncker se mostró molesto al llegar a un hemiciclo casi vacío al que ha tachado de "muy ridículo" y ha avisado de que no volverá a participar en debates de este tipo. No era para menos: de 751 diputados que el parlamento tiene tan solo asistieron 30. El incidente se produjo al inicio del debate sobre el trabajo de Malta al que también había asistido el primer ministro de ese país Joseph Muscat. "Si el señor Muscat fuera la señora Merkel, algo difícilmente imaginable, o el señor Macron, más imaginable, hubiese hallado una Cámara llena", recriminó Juncker, que ha pedido el mismo respeto para los países pequeños que del que gozan los grandes de la Unión Europea.

«Hagan ¡por favor!, "el sacrificio" en nombre de la democracia, y aunque les aburra escuchar el sufrimiento que deben soportar los pueblos explotados de los que muchos de ustedes cínicamente viven, tómense la molestia al menos de calentarse la espalda baja, y abandonen el hemiciclo cuando les corresponde. Y si esto es mucho pedir, entreguen sus actas y váyanse con su indiferencia al carajo, que de holgazanes está el mundo repleto».

"RICO POBRE"

En la década de los años 90 conocí por rarezas del destino a un hombre muy campechano, su vestimenta sencilla a la usanza popular lo hacía un poco diferente a los demás. Las manecillas del reloj marcaban las 8: 45 de la mañana cuando pasaba junto a nuestra mesa. Si bien no pertenecíamos a esta importante corporación, compartíamos cuarto de descanso con su personal, ya que trabajábamos para REKIT: un consorcio ingles que vendía el mantenimiento a esta compañía. El área a cubrir entre oficinas y almacenes era elocuentemente sustancial. Con el tiempo y las necesidades, y sobre toda la demanda se vio obligada esta firma a integrarse al desarrollo global, y el día de hoy la nueva edificación alcanza los 36.000 metros cuadrados, multiplicando con creces la superficie de entonces. IKEA, gozaba ya de prestigio a nivel internacional ya que se había expandido por el mundo en los años 80, abriendo nuevos mercados en países, como: Estados Unidos, Italia, Francia y el Reino Unido. Este consorcio se dedicaba a la fabricación y venta minorista de muebles. Y lo sigue haciendo hasta el día de hoy.

Aquel personaje volvió la vista hacia el rincón donde Lars, un polémico sueco y este servidor conversábamos sobre sucesos de la época, entre otros, sobre la Guerra Fría que tantos dolores de cabeza y psicosis había ocasionado entre los pacíficos residentes de Escandinavia "que miraban submarinos soviéticos hasta en la bañera". Afablemente saludó: "¡Buenos días!". Respondí de igual forma. No así mi mal humorado amigo que con desgano apenas despegó los labios. El recién llegado continuó hacia la siguiente mesa donde por ser día sábado los ahí reunidos descansaban mudos de desgano y más de uno sufría los estragos del desvelo del trasnoche. Aquellas caras largas en un santiamén cambiaron de semblante y se derritieron en cumplidos. Noté nerviosidad en el conjunto de los empleados. Aquel sencillo personaje tomó asiento y se integró a "la amena charla", nosotros por nuestra parte hicimos lo mismo, continuamos con nuestro coloquio. Al siguiente día, a la misma hora, eufórico el jefe de personal de IKEA, se acerca a "nuestro rincón" y detalla el encuentro con aquel espontaneo que, según él, en la vida se lo esperaba. "¿Saben ustedes quién era el caballero que estuvo aquí ayer?". Preguntó. Lars, mueve indolente los hombros restándole importancia a tanta algarabía y dice franco, "¡no lo sé!".

"Pues se los diré, Ingvar Kamprad, el propietario de IKEA", repuso, todavía entusiasmado. Para mí fue realmente inesperado aquel dato ya que no pude imaginar que dentro de aquella humilde y sencilla vestimenta se ocultara un empresario de tanto éxito y sobre todo un hombre de talante ejemplar. Más sencillo que las prendas que vestía. Las cualidades íntegras de personajes como Kamprad son dignas de imitarse. El hábito no hace al moje. La idiosincrasia arrogante e ignorante del frenético poderoso pone de manifiesto su ínfimo desarrollo evolutivo, según su irrisoria visión la riqueza material le da el privilegio de ser superior. Ejemplos palmarios de estos comportamientos los podemos hallar sin excepción alguna en todas las sociedades: desarrolladas y subdesarrolladas. Cualidades faraónicas que Jesús de Nazaret condenó. Donald Trump, clásico ejemplo que puede encajar en esta definición. La ignorancia envenena el talante de los hombres involucionados y débiles y los endiosa.

Una anécdota ejemplar que describe el modo y la esencia de este excéntrico millonario tuvo lugar según comentó el jefe de personal aquella mañana, en un establecimiento de la misma empresa. La cajera, al reconocer a Kamprad que se hallaba en la fila quiso agradarle y se acercó a él, y le propuso atenderle en seguida. A lo que él se negó por respeto a las personas que le antecedían.

En el año 2004 aunque la Empresa IKEA lo desmintió, se rumoraba que Ingvar Kamprad había superado a Bill Gates, convirtiéndose así en el hombre más rico del planeta. Según la revista de negocios Veckans Affaerer, la fortuna de Kamprad, evaluada por la revista en 400.000 millones de coronas suecas (53.260 millones de dólares), hacía que el empresario sueco superara a Bill Gates, fundador de Microsoft y anualmente reconocido por la revista Forbes como el hombre más rico del mundo.

El mismo Kamprad sale a su defensa cuando se le tilda de tacaño, ya que un documental desvela que a sus 89 años viste ropa de segunda mano, pero él insiste que esta política de austeridad es la que ha transferido a su empresa. En los supermercados cuando llega al estante de los lácteos, Kamprad mira con sus ojos intensamente cansados, la fecha de caducidad de los productos. Y compra los empaques de leche y los yogures que están a punto de arruinarse. "Le parece inaguantable que se tiren los alimentos y las cosas que todavía pueden tener un uso", informa un sensibilizado trabajador de la compañía.

En el año 2006 de nuevo la revista Forbes lo situó en el cuarto puesto entre los hombres más ricos del mundo cuya fortuna se estimaba esta vez en 64.000 millones de euros. A pesar del aumento de su patrimonio continuaba vistiendo de mercadillo. "No creo que haya una sola prenda de las que me pongo que no haya sido adquirida en un mercadillo de segunda mano, eso simboliza que quiero dar buen ejemplo", dijo al canal TV4 de Suecia. Tampoco es partidario de despilfarrar en peluquería, sobre todo desde que, según reveló, una factura de 22 euros por un corte en Holanda le trastocó el presupuesto. Desde entonces usa un mapa del mundo para elegir peluquero. "Normalmente me corto el pelo cuando estoy en un país en desarrollo. La última vez fue en Vietnam", explica. Hasta hace muy poco, cuando le persuadieron de que por su edad debía dejar de conducir, seguía poniéndose al volante de su robusto y duradero Volvo 240 del año 1993. En una ocasión, le fue negada la entrada a una entrega de premios al verle que bajaba de un autobús. En avión, elige viajar en clase turista. Ingvar Kamprad es de los que se hace sus cuadernos con folios usados que aún tienen una cara en blanco. "Las selvas del mundo lo agradecen", expresa. La magnánima empresa sueca posee: 318 tiendas en 41 países, 23100 millones de euros en ventas anuales y 127000 empleados, más de 1000 proveedores en 50 países distintos, 200 millones de ejemplares de su catálogo distribuidos en el mundo y 626 millones de visitantes cada año.

La revista Forbes revela "la verdad" sobre la fortuna de Donald Trump. La fortuna del magnate estadounidense Donald Trump, nuevo inquilino de la Casa Blanca, asciende en la actualidad a unos 3.700 millones de dólares, mientras que sus deudas superan los 1.130 millones, según publica la revista. Trump, que hasta la fecha se ha negado a publicar su declaración de tributaciones alegando que está siendo auditado por las autoridades, ha visto su fortuna bajar en unos 800 millones de dólares en el último año, según la revista. Forbes asegura que de los 28 activos que se calcula que tiene el empresario, la mayoría inmobiliarios, 18 han perdido valor en los últimos doce meses, debido entre otros motivos a la debilidad del mercado de bienes raíces en Nueva York. La joya de la corona de su imperio, el rascacielos Trump Tower de la Quinta Avenida de Manhattan, está valorado en unos 471 millones de dólares, unos 159 millones menos que hace un año, mientras que la deuda asciende a 100 millones de dólares.

Este arrogante personaje tendría menos de que presumir, ya que la fortuna de Kamprad le supera en más de 60.000 millones de dólares, y continúa vistiendo de mercadillo. Debo agregar que lamentablemente, Ingvar Kamprad "ya no vestirá de mercadillo". Ha fallecido el 27de enero del año 2018, a sus 92 años, a consecuencia de complicaciones pulmonares sufridas después de regresar de un viaje al extranjero.

OLOF PALME

Olof Palme, nació en Östermalm, Estocolmo, Suecia. A pesar de provenir de una familia acomodada su orientación política llegó a estar influenciada por las ideas socialdemócratas. Sus viajes por los países más necesitados contribuyeron a definir esa alineación. Su privilegiada capacidad intelectual le confirió la oportunidad de obtener una beca para cursar estudios en los Estados Unidos. Estudió de 1947 a 1948 en Kenyon College, Ohio, obteniendo el título de bachiller en artes en menos de un año. En sus viajes a través de Estados Unidos notó la profunda desigualdad y la conducta xenófoba de los privilegiados, esto probablemente favoreció en cierta medida a vigorizar sus puntos de vista.

Regresó a Suecia para estudiar Derecho en la Universidad de Estocolmo. Durante sus estudios en la universidad, se envolvió en la política estudiantil colaborando con la Unión Nacional de Estudiantes de Suecia. En 1951, se convirtió en miembro de la asociación de estudiantes socialdemócratas de Estocolmo. Al año siguiente fue designado Presidente de la Unión Nacional de Estudiantes, y en el año 1953 fue reclutado por el primer ministro socialdemócrata Tage Erlander, para que trabajara en su gobierno. En 1957, fue elegido como diputado en el Riksdag (Parlamento). Olof Palme, ocupó varios puestos importantes desde 1963. En 1967 fue nombrado Ministro de Educación.

Cuando el líder del partido Tage Erlander, renunció al poder en el año 1969, Palme fue elegido como nuevo líder del Partido Socialdemócrata y Primer Ministro de Suecia. Palme se convirtió junto a Raoul Wallenberg y Dag Hammarskjöld en el político sueco más conocido del siglo XX en el ámbito internacional, debido a sus 125 meses de permanencia en el cargo de Primer Ministro, y su polémico asesinato. Mantuvo puntos de vista muy críticos contra Estados Unidos referente a la guerra de Vietnam y a las armas nucleares. Otro escollo más, la política del apartheid en Sudáfrica. Defendió de igual forma a la Organización para la

Liberación de Palestina, y a la Cuba de Fidel Castro. Pero ante todo le caracterizaba su defensa del pacifismo y la lucha por el universalismo. Realmente sobraban razones para asesinarlo, se hizo de muchos enemigos que no le perdonaban soñar con la instauración de otro mundo posible, sin desigualdades, en paz, armonía y sobre todo libre de armas de destrucción masiva. Fue asesinado a los pocos minutos de dejar la sala biográfica Grand, estos hechos sucedieron en el centro de Estocolmo, el 28 de febrero de 1986, en el cruce Sveavägen-Tunnelgatan.

A nivel internacional se comprometió profundamente con la cruda problemática de los países del tercer mundo, así como en cuestiones sobre la democracia y el desarme. Condenó a menudo en términos drásticos y sin tapujos las actuaciones impropias de dictaduras tanto de derecha como de izquierda. Realizó una serie de misiones internacionales, entre ellas se puede subrayar su gestión como mediador de la ONU durante cierto período de tiempo en la guerra Irán e Iraq, acontecida entre los años 1980 y 1988 y finalizada sin un claro vencedor.

Noche de su asesinato. ¿Cómo sucedieron los hechos? Por lo visto la decisión para visitar el Cine Grand, fue tomada con poca antelación. Lisbet Palme, esa tarde cuando trabajaba se comunicó con su hijo Mårten para concretar su visita a la sala de cine que exhibía la película Hermanos Marx. Olof Palme que ignoraba los planes se enteró al llegar a casa a eso de la seis y media de la tarde. A eso de las 8 de la noche, al ponerse de acuerdo con su hijo y la esposa de este, tomaron la decisión de reunirse en las afueras del cine antes de la función cinematográfica. Palme que quería hacer una vida normal había rechazado la protección del servicio de seguridad. Jamás pudo imaginar lo que en las sombras de aquella fatídica noche se fraguaba. A eso de las 8 y media la pareja Palme salió de su apartamento, yendo en dirección de la estación de metro de Gamla Stan, varias personas les vieron caminar hacia la estación y según la posterior investigación policial, notaron que faltaba la presencia de los guardaespaldas. La pareja abordó el metro hacia la estación Rådmansgatan, de aquí tranquilamente caminaron al "Gran Cine". En las afueras, según lo proyectado esperaban por ellos Mårten y su esposa. Serían ya cerca de las nueve, ellos habían adquirido dos entradas con anterioridad, la pareja Palme, que aún no había obtenido las suyas advirtió en último momento que ya casi todas las plazas estaban agotadas. Al reconocer al Primer Ministro, el taquillero quiso que la familia Palme se sentara cómodamente, y les otorgó boletos para ocupar las butacas que habitualmente utilizaba el director del cine.

Al concluir la función, la familia Palme se quedó charlando en las afueras del cine durante unos momentos para separarse a las 11:15. Olof y Lisbet Palme, tomaron el lado oeste de la calle Sveavägen hacia la estación de metro Rådmansgatan por donde habían llegado, al llegar a la iglesia, Adolf Frederick (en el cementerio de esta iglesia descansan sus restos), atravesaron Sveavägen y continuaron caminando en el lado opuesto. Antes de ir hacia la estación del metro interrumpieron la marcha por un instante para echar una mirada a la vitrina de un comercio. A las 11:21, a unos pocos metros de distancia de la entrada de la estación, un hombre desconocido apareció y sin mediar palabra disparó a Palme a quemarropa. El agresor antes de salir corriendo hacia la calle de Tunnelgatan y subir por las escaleras hacia Malmskillnadsgatan y continuar hacia la calle David Bagares, donde fue visto por última vez, disparó a Lisbet hiriéndola levemente.

Su asesinato sigue sin resolverse por lo que todavía se barajan varias hipótesis en torno al hecho. En el año 1988, Christer Pettersson, alcohólico y toxicómano sueco fue detenido en relación al caso pero fue absuelto posteriormente por falta de pruebas. Sin embargo antes de señalar a Pettersson la policía contaba con el testimonio de una mujer, que curiosamente era dibujante y había descripto la cara de un hombre con rasgos extranjeros. Sin embargo extrañamente al trascurrir el tiempo se fue desvaneciendo esta pista quedando como única o casi la del drogodependiente.

Inexplicablemente hasta el día de hoy la policía sigue tan despistada como el primer día. "O simplemente se siguen haciendo los suecos". Podría asegurar casi con certeza que, Pettersson, el acusado, por su afición al alcohol y las drogas poseyera el aguante físico para efectuar el recorrido sin detenerse para no ser sorprendido por los transeúntes. Luego de cometido el crimen debió correr hacia la calle de Tunnelgatan para luego subir por las escaleras que llevan a Malmskillnadsgatan, aquí viene el meollo del asunto ya que los 88 escalones y los tres descansos que separan Tunnelgatan de Malmskillnadsgatan, por propia experiencia sé, demandan esfuerzo y condición óptima. Algo de lo que él carecía.

El crimen prescribió el 28 de febrero del año 2011, 25 años después del asesinato. Christer, fue tan solo un chivo expiatorio usado para desorientar a la opinión pública sueca que no podía ocultar su asombro: "Estas monstruosidades podían ocurrir en cualquier parte del mundo", ¿pero aquí...? En una sociedad pacifica, en un país democrático con alto índice de seguridad, y sobre todo de extremo proteccionismo, en el cual la gente confiaba completamente en sus autoridades. Donde lo más extraordinario que podía suceder que a los jubilados de una residencia de ancianos injustamente se les hubiese cambiado la hora del café. Y esta "injusticia" se divulgaba a voces en la calle y en los medios amarillistas de prensa. O que algún convicto preocupado tratara de saltarse la fila e insistiera ser recluido lo más pronto posible en la cárcel para cumplir su condena antes de sus vacaciones soñadas. Suecia despertó de su letargo, desde ese 28 de febrero ya no sería absolutamente nada igual, también era vulnerable. La ficción de la violencia en esta pacifica sociedad se había convertido en un hecho real que cambiaría las reglas del juego. Todos sin mucho esfuerzo pudimos deducir que se trataba de un complot internacional y que sin duda alguna también la policía sueca o miembros de esta, estaban involucrados. ¿Cómo podría de no ser así, explicarse lo sucedido? ¿Qué hacían aquellos hombres sospechosos apostados en las calles por los alrededores del perímetro del lugar por donde pasaría la pareja Palme?, hay un detalle más que concluyente, muchos vecinos aseguraron que estos individuos portaban walkie talkie, fuera del gremio policial era totalmente inusual ver a alguien comunicándose con un aparato móvil, por aquellos días los celulares formaban parte de una ficción tecnológica, de un sueño que con el paso del tiempo se hizo realidad, aunque más que realidad este "aparatito" se ha convertido en una pesadilla para la humanidad. Sobre todo para la colectividad nomofóbica que los ha embrutecido y convertido en zombis, a extremos inimaginables. Su vida no tiene sentido sin teléfono celular y lejos de las redes sociales. Patético pero real.

En el año 1987, únicamente el dos por ciento de la población sueca poseía un teléfono celular. Seis años después, 1993, el diez. El día de hoy, el 100 por ciento de los adolescentes poseen un celular.

Algunas teorías señalan que los autores del asesinato pudieron ser los servicios secretos de la República Surafricana, ya que por aquel entonces Palme batallaba contra el flagelo al que estaba sometida la población negra del país africano, el apartheid. Otros apuntan que pudo ser la CIA, o los servicios secretos ingleses debido a que el primer ministro sueco se destacó por su lucha contra el neoliberalismo que estaban estableciendo en el mundo Ronald Reagan y Margaret Thatcher.

El 7 de marzo del año 2008 se dio a conocer a través del diario "La Cuarta" que el periodista sueco Anders Leopold señalaba como supuesto autor del crimen a Roberto Thieme, exdirigente paramilitar chileno de ideología nacionalista-fascista: Patria y Libertad. Según Leopold, Thieme fue enviado por su exsuegro, Augusto Pinochet, a cometer el hecho. Las hipótesis son variadas pero lejos de aclarar lo acontecido estas más ensombrecen y embrollan los hechos, y posiblemente nunca se sepa quiénes fueron los asesinos materiales e intelectuales.

Aquella extraña mañana cubierta por un gris invernal, levanté el auricular, el incesante y molesto ring se detuvo, en absoluto pude suponer que después de aquella inesperada llamada aquel viernes quedaría fundido en mi memoria para siempre, quedé con el auricular pegado al oído, al otro lado de la línea, trémulo, mi amigo Ignacio me narró lo acontecido. En mí desconcierto, pensé, ¿quizá sea el día de los inocentes? No podía dar crédito a tan horrenda e imprevista noticia. Incrédulo, frenéticamente comencé a ver la televisión y a escuchar la radio. En efecto, el Primer Ministro había sido asesinado. Sentí profunda tristeza. Recuerdo. Lloré. No pude evitarlo. Al igual que la muerte de Manuel Colon Argueta acontecida en mí país años atrás, la de Olof Palme, también me conmovió. Líderes como ellos jamás volverán, más sus ideas y talante quedarán en nuestras mentes y corazones. Las ideas no mueren. Felizmente aún no existe el arma letal que las pueda destruir.

ANNA LINDH

Años más tarde se repitió la tragedia. A sus 46 años fue asesinada la ministra de Relaciones Exteriores, Anna Lindh, carismática mujer que gozaba de mucha popularidad y se daba por hecho que se convertiría en lideresa del Partido Social Demócrata, este sería el último escalón para alcanzar la primera magistratura sueca que la convertiría en la primera mandataria del país.

Anna Lindh, promovió el dialogo entre países pobres y ricos y buscó afanosamente soluciones que promovieran y permitieran la independencia de los pueblos. Luchó por la causa palestina y también se identificó con la lucha de los pueblos kurdos. Al igual que Olof Palme, defendió en una lucha sin cuartel la legalidad internacional. Contribuyó a que el despliegue de tropas de paz de la Unión Europea se canalizara para llevar esperanza a Macedonia. Llevó al marco de la Unión Europea asuntos que conciernen a todos los habitantes del mundo. El mantenimiento de la paz. Luchó enfáticamente por un tópico espinoso como es la igualdad entre hombres y mujeres. Y se implicó arduamente para luchar contra el tráfico de mujeres, dado que por la cercanía vecinal a Rusia y Europa del Este, también afecta a los países nórdicos. Su asesinato fue perpetrado por un serbio que fue calificado perturbado mental, esta teoría es totalmente absurda, pienso que el asesino no actuó solo. Fue manipulado. Y como el crimen del Primer Ministro Palme, este igualmente tuvo sus razones políticas.

Día de su asesinato, el miércoles 10 de septiembre del año 2003, después del mediodía en compañía de una amiga decidió ir de compras, al igual que Olof Palme tampoco llevaba guardia de seguridad. De acuerdo a lo expresado por un testigo el ataque fue deliberado y sistemático, fue acuchillada múltiples veces, en el pecho, estómago y brazos. Murió 9 horas después de estar luchando por su vida. Estos hechos fueron consumados en la galería donde se halla ubicado el almacén NK, una tienda de prestigio, en el centro de Estocolmo. Mihajlo Mijailovíc el asesino confeso, fue detenido gracias a las cámaras de la galería.

Los sueños de esta magnánima mujer al igual que los de su mentor Olof Palme, quizá no lleguen a realizarse nunca, vivimos tiempos difíciles, la lucha por la subsistencia diaria ya no deja espacios para la reflexión. La codicia de los ricos ha alcanzado aceleración máxima en la que puede ser la última etapa de la existencia del ser humano. Nuestras juventudes están perdidas en el mundo del alcohol, las drogas y la tecnología. Sobre toda la tecnología. Un estudio llevado a cabo en el año 2011 en el que se encuestaron 2163 personas, reveló que casi el 53% de los usuarios de teléfonos móviles en el Reino Unido tienden a sentir angustia cuando "pierden su teléfono móvil, se les termina la batería o el crédito, o no tienen cobertura de la red". De acuerdo con el estudio, alrededor del 58% de los hombres y el 48% de las mujeres sufre de la fobia, y un 9% adicional se siente estresado cuando sus móviles están apagados. La nomofobia es un nuevo padecimiento que sufre la mitad de la población mundial sin saberlo. Los teléfonos celulares y "las insanas" redes sociales nos han convertido en estúpidos, y ya prácticamente hemos dejado de relacionarnos físicamente porque lo hacemos con el celular o el ordenador, y da lo mismo que tengamos a alguien importante delante. Basta con ver a nuestro alrededor como los miembros de la familia viven desintegrados viviendo en el mismo hogar.

"Junto a la mesa sentados en silencio un padre, sus dos hijas y su hijo varón, tenían sus teléfonos, la madre no. Ella miraba por la ventana, triste y sola en compañía de su propia familia. El padre levanta la cabeza varias veces para contarles lo que ha encontrado en la red. Nadie responde. La madre saca ahora su teléfono y se integra al desolador escenario".

La tecnología se convertirá en fulminante adormecedor de la sociedad mundial, invadirá la privacidad y controlará a todos los seres del planeta. Esto es un hecho casi irremediable, un proceso gravemente peligroso y maquiavélicamente manipulado por los lobbies dominantes del planeta. El día de hoy es posible activar a distancia el micrófono de un celular aunque este se encuentre apagado, y escuchar al usuario sin que este lo note. O conectarse a una computadora aunque esta no esté conectada a la red. Esto se ha logrado gracias a la complicidad desvergonzada de algunos fabricantes de computadoras que han instalado un microchip con este propósito.

Los datos acerca de la vigilancia mundial son una serie de revelaciones sacadas a la luz por la prensa internacional entre los años 2013 y 2015 respectivamente, que demuestran la vigilancia que las agencias de inteligencia de Estados Unidos con apoyo de otros países aliados han estado ejerciendo de manera masiva y abusiva sobre la población mundial. Las víctimas inocentes de este espionaje descarado y arbitrario podrían cuantificarse en cientos de millones alrededor del mundo, al mismo tiempo los medios periodísticos también revelaron que cientos de líderes mundiales, incluyendo jefes de Estado están siendo escuchados y vigilados, al igual que importantes empresarios. La información salió a la luz gracias a las denuncias que el excontratista de la NSA y la CIA, Edward Snowden, viene haciendo. Snowden filtró miles de documentos clasificados de alto secreto mientras trabajaba para Booz Allen Hamilton, uno de los mayores contratistas tanto militares como de inteligencia del Gobierno norteamericano. Los documentos secretos extraídos por Edward Snowden, que en conjunto superarían los 1,7 millones, además de miles de documentos secretos de las agencias de inteligencia de Estados Unidos, también contendrían miles de archivos secretos de países como Australia, Canadá o Reino Unido, gracias a su acceso a la exclusiva red Five Eyes.

La Microsoft hasta hace un tiempo estaba empecinada que todos los internautas del mundo de forma gratuita obtuvieran su sistema operativo, Windows 10. Ejecutivos de Microsoft han querido aclarar el asunto espinoso de las copias piratas ya que estos "clientes" no contributivos igualmente tienen "derecho" a instalarlo gratis. «Las versiones piratas de Windows podrán sin ningún problema actualizarse a la nueva versión de Windows 10... pero infortunadamente seguirán considerándose versiones piratas», explicó un representante de la empresa.

Estos razonamientos son risiblemente incongruentes a no ser que detrás de esta táctica "generosa" prexista un interés creado. "Control absoluto sobre la sociedad mundial".

Si alguna vez has tenido la intranquilidad de que tu teléfono podría estar mirándote, no creas estar paranoico. Un estudio confirma que tu teléfono te está observando, los resultados de una investigación demostraron que en efecto ciertas aplicaciones telefónicas tienen acceso libre a las cámaras y micrófonos de los teléfonos y pueden activar esas funciones en cualquier momento. Investigadores de la Universidad de Northwestern, en Boston, EE.UU., pasaron un año tratando de establecer si las aplicaciones de los teléfonos de última generación registran sin permiso nuestras conversaciones privadas para obtener y enviar datos personales a los anunciantes, informa Gizmodo. Los resultados del estudio, por su parte, han traído dos noticias, una buena: tu teléfono parece no estar escuchándote (o por lo menos no puntualmente), y otra mala: te está observando. De acuerdo con los investigadores, ciertas aplicaciones de teléfonos inteligentes graban secuencias de video de nuestras pantallas, toman capturas de pantalla de nuestra actividad y luego lo pasan todo a terceros.

El estudio reveló que más de la mitad de las aplicaciones examinadas tenían 'permiso' para acceder a las cámaras y aun a los micrófonos de los usuarios, lo que significa que pueden activar esas funciones en un determinado momento, con tal de que la aplicación esté abierta.

En lo personal, creo, esto es grave, y nada más es el pico del iceberg. 'Hackers', cámaras, drones, Google y Facebook están acabando con la intimidad de las sociedades. Según los expertos, aunque los datos personales podrían parecer estar a salvo en el celular, el riesgo se da cuando se copian automáticamente en la nube. Esto genera comprensiblemente un peligro porque quedan almacenados en otros servidores donde irrecusablemente podrían convertirse en objetivo de hackers, que, como se ha comprobado más de una vez, pueden fragmentar la seguridad de estos servidores y divulgar fotos, correos electrónicos y todo tipo de datos almacenados en estos aparatos. Lamentablemente todos somos vulnerables a este mal, cada cual debe saber que las interacciones sociales, financieras y comerciales por la red son susceptibles de que alguien las vea en cualquier lugar y momento.

EXPERIMENTOS DE EE.UU. EN GUATEMALA

Un periódico, en septiembre del año 2011 titulaba el artículo de la noticia así: Experimentos de EE.UU. en Guatemala, "propios de la Alemania nazi".

Aunque precedido a mi época recuerdo haber escuchado a mi padre alguna vez hablar de estos atroces hechos. Esto acaeció en Guatemala en la década de los años 40, según un informe publicado por una comisión presidencial de Estados Unidos, 1300 guatemaltecos fueron infectados deliberadamente con sífilis, gonorrea y otras enfermedades de transmisión sexual, entre 1946 y 1948 para probar la eficacia de la penicilina. En realidad, de acuerdo al presidente del Colegio de Médicos de Guatemala, Carlos Mejía, la cifra de infectados podría alcanzar los 2.500 después de haber revisado los archivos históricos guatemaltecos en los que se citan dichos experimentos. Los injustos experimentos fueron hechos con prostitutas, soldados y enfermos mentales. El objetivo de los experimentos era hallar un modelo humano de infecciones de transmisión sexual que les permitiera evaluar la capacidad de prevención que tenía la penicilina para las tropas estadounidenses desplegadas en distintas partes del mundo. De acuerdo con las autoridades de ambos países, estas pruebas se hicieron sin el consentimiento de los pacientes, que fueron infectados con enfermedades contagiosas como la sífilis o gonorrea. Para transmitir la infección, se inocularon concentrados de bacterias en los ojos, el sistema nervioso central y los genitales de los varones. Este experimento se realizó en un contexto en el que ellos mismos (Estados Unidos) estaban juzgando a los doctores alemanes que habían estado haciendo experimentos de tifus y malaria con prisioneros de guerra. Los alemanes utilizaron cruelmente a polacos, rusos y judíos, y los estadounidenses, guatemaltecos. Aunque han transcurrido ya varias décadas desde entonces, Guatemala todavía está padeciendo las consecuencias de los experimentos. En la Unidad de Enfermedades Infecciosas del Hospital Roosevelt de Ciudad de Guatemala, se ha examinado a cinco ancianos, de los cuales cuatro presentaron evidencias de haber sido víctimas de las atrocidades llevadas a cabo por los estadounidenses en nuestro país. Acción deplorable diga de seres anacrónicos deshumanizados, retrógrados y criminales.

Quiero terminar, con estos dos últimos artículos, el primero puede estar relacionado con el arma HAARP, descripta en páginas anteriores. Y el segundo es un artículo titulado: Vuelve la contrainsurgencia en Guatemala. Elaborado por el periodista Marcelo Colussi, que podría explicar en cierta forma que mis presentimientos no son pálpitos imaginativos sino constituyen parte de una realidad que en pleno siglo XXI sigue arraigada en la esencia misma de la sociedad guatemalteca. Continúan como una pesadilla eterna las injerencias extrajeras.

Lamentable verdaderamente lamentable.

Según el conocido escritor y periodista Nil Nikandrov aunque formalmente la Comisión Internacional Contra la Impunidad en Guatemala (CICIG) está patrocinada por la ONU, que ha aportado en 11 años 167 millones 3 mil 243. 42 dólares para su financiamiento, en realidad la lidera el Departamento de Estado de EE.UU. y la CIA.

—O sea que los Estados miembros de la ONU pagan la nota y otros aprovechan y matan dos pájaros de un tiro: mantienen el patio trasero libre de incomodidades como antaño, y sacan musculo presumiendo con sombrero ajeno—.

El sismo de magnitud 6,9 registrado el martes 21 de agosto 2018 en Venezuela, aunque según los meteorólogos estadounidenses fue de magnitud 7,3, y que no dejó víctimas mortales ni daños materiales significativos, ha estado provocando toda clase de presunciones. Una de ellas es expuesta por Juan Cigala, director del Departamento de Sismología de la Central de Emergencias Iquique, en México, quien considera que la Tierra se comportó de manera "inusual" durante el movimiento telúrico. Según Cigala, esto puede considerarse un evento excepcional.

"La dirección hacia donde fue liberada la energía no es usual, no es hacia donde debería ser. Las placas del Caribe se deben mover a la derecha, hacia el océano Atlántico, y la de Suramérica, a la izquierda, al oeste, al océano Pacífico. El sismo ocurrió cerca de donde inician su contacto las dos placas", dijo, citado por El Nacional (periódico digital de Venezuela). El experto sismólogo, quien comparó los sismos registrados en septiembre del año pasado en México con el recién ocurrido en Venezuela, afirma que el comportamiento atípico explica por qué el movimiento tuvo impacto en Trinidad y Tobago y en Colombia. "Hay gente que lo sintió a 1.732 kilómetros de distancia, lo que no es normal. La Tierra no se comportó como debería haberlo hecho, según la teoría de las placas, y que debe ser lo usual en la liberación de energía en este punto del planeta", aseguró, después de predecir que "aumentará" la probabilidad de que ocurran eventos telúricos en la zona.

Curiosamente este fenómeno "natural" ocurrió después del fracasado magnicidio contra Nicolás Maduro. Muy extraño...

VUELVE LA CONTRAINSURGENCIA EN GUATEMALA

En Guatemala, salvo el ya lejano gobierno revolucionario de 1944-54, nunca hubo una propuesta gubernamental de izquierda. El retorno de esta "democracia" en 1986 marcó, en todo caso, la salida de los militares de la primera línea del espectro político. Pero nunca, en ningún caso, algún gobierno tuvo posiciones de izquierda, ni militares ni civiles. Sucede, sin embargo, que en este momento del actual gobierno de Jimmy Morales, todo el accionar se vuelca peligrosamente hacia posiciones de ultra derecha. ¿Por qué decir "peligrosamente"? Porque la dinámica que se está viendo muestra un tremendo retroceso que nos acerca a posiciones que parecían ya superadas, aquellas que tuvieron lugar durante los peores años de la guerra contrainsurgente. Todas las administraciones que, luego de interminables años de generalato durante la guerra, continuaron a la iniciada en 1986 con Vinicio Cerezo, fueron de derecha. Eso está fuera de discusión. Impunidad y corrupción siguieron siendo práctica cotidiana, tanto en la forma de hacer política (con la llamada "clase política") como en el mundo de los negocios. Empresariado, políticos mafiosos y militares —en todos los casos con la venia de la omnipresente embajada de Estados Unidos— continuaron sin variantes su dominación de clase. El supuesto voto popular no modificó en nada todo este panorama (¿por qué habría de modificarlo? ¡No seamos ingenuos!)

Guatemala, más allá de la administración política de turno, continúa siendo un "país bananero" (capitalismo periférico agroexportador, con elementos socioculturales aún de cuño semifeudal, casi medieval). Esa estructura no cambia: el 12% de sus exportaciones son minerales, el 9.3% son bananos, el 8.7% está dado por el azúcar, el 6.2% lo representa el café, mientras que la palma africana para biocombustibles aporta el 3.4%. Y la población trabajadora que produce todo esto sigue —igual que siempre, con guerra o sin ella— en situación de pobreza crónica: 60% de la población vive con 2 dólares diarios, sin prestaciones, sin seguridad social, marchando muchas veces como migrante irregular hacia Estados Unidos como única opción para "salvarse". ¿Por qué entonces decir que ahora la situación política se está derechizando peligrosamente? Porque los sectores que detentan el poder: empresariado —con negocios tradicionales y nuevos negocios "calientes" (narcoactividad, contrabando, crimen organizado) – defendido por la casta militar y asegurada por la legislación de una clase política corrupta, cerraron filas al verse cuestionados por la protesta popular. Durante el 2015 asistimos a un supuesto "despertar" ciudadano, que se movilizó contra la corrupción de los funcionarios públicos. Ello —ahora puede verse con más claridad— fue una movida de Washington, que trajo como consecuencia el fortalecimiento de la Comisión Internacional Contra la Impunidad en Guatemala —CICIG— y el encarcelamiento de algunos personeros, más en un show mediático que como una forma real de atacar la corrupción. En otros términos: gatopardismo (cambiar algo para que no cambie nada). De ahí que resultaron presos algunos funcionarios de la administración anterior. Ante cierto estado de movilización que ese montaje anticorrupción produjo, los factores de poder buscaron una salida "gobernable". Fue así que apareció la figura de Jimmy Morales, como candidato presuntamente "honesto".

Lo que sí preocupa de verdad a esa clase poderosa que siempre se ha movido en la impunidad, es la movilización popular. En este caso: de los movimientos campesinos e indígenas. La respuesta a este avance de la protesta de base es una estrategia de "guerra sucia". La llegada de Enrique Degenhart al Ministerio de Gobernación fue el punto de inflexión.

Su presencia va ligada a una desestructuración creciente de la Policía Nacional Civil, su falta de apoyo al Ministerio Público y a la CICIG, y el retorno de prácticas de terrorismo de Estado. Con el debilitamiento del cuerpo policial (a través de la remoción de cuadros orgánicos profesionales y la inclusión de personal militar) se abren las puertas para la reaparición de grupos paraestatales (CIACS: cuerpos ilegales y aparatos clandestinos de seguridad). Ello puede evidenciarse en la cantidad de luchadores populares (de las organizaciones campesinas movilizadas) que vienen siendo asesinados con total impunidad, como en las peores épocas de la contrainsurgencia (casi 20 en lo que va del año). El ataque a cualquier intento de organización popular es extremo. Esta derechización articula diversas acciones: cambio de la Fiscal General, bombardeo contra el Procurador de Derechos Humanos, bloqueo de todo intento de acción progresista (ley por el aborto, por ejemplo). Así se mantienen los privilegios de clase y se asegura la impunidad. La reciente medida el gobierno, en un acto de soberbia y enviando un mensaje de fortaleza a la población con la plana mayor del ejército secundándolo, de no renovar la permanencia de la CICIG en el país, es un llamado a la corrupción impune. Con esto se detiene cualquier intento de profundizar la lucha contra la corrupción que, más allá de ser una estrategia de Estados Unidos para "modernizar" la democracia guatemalteca, tuvo algunas implicaciones interesantes. Ahora claramente puede verse que corrupción e impunidad seguirán inalterables. Y al que proteste, ¡palo! De democracia solo queda el nombre.

Corrupción e impunidad están hondamente enraizadas en la cultura histórica de la sociedad. Los finqueros, los empresarios, los políticos de profesión, los mandos militares, todos son exponentes de ellas en su accionar. Cambiar todo eso con un par de manifestaciones sabatinas como las del 2015 —donde había más vuvuzelas fiesteras que propuesta política— es una quimera. Pero a lo que sí teme ese pacto de empresarios-políticos-militares, que estos días anuncia el retiro de la CICIG, es a la auténtica movilización popular. Por eso, como comienza a haber sectores organizados que levantan banderas de reivindicación social (además de la lucha contra la corrupción), la respuesta no se hace esperar. Y ahí están los grupos clandestinos reactivándose, asesinando líderes populares, activistas de base, campesinos.

Solo con organización popular se podrá enfrentar esta derechización en marcha. 4 de septiembre 2018.

Templo de Esquipulas, santuario de estilo barroco ubicado en la ciudad de Esquipulas, Guatemala. Es el templo católico más grande de Centro América y el Sur de México. Y el único en América con 4 torres de campanario. Fue construido en el año 1758.

Muy pocos momentos en la vida generan mejores recuerdos, sublimes sentimientos y mayor tranquilidad que un atardecer. Atardecer en la Costa del Sol, Andalucía, España, siglo XX.